古代歷史文化 研究輯刊

初 編

王明蓀 主編

第 18 冊

明代書院講學的研究

王崇峻 著

國家圖書館出版品預行編目資料

明代書院講學的研究／王崇峻 著 — 初版 — 台北縣永和市：
花木蘭文化出版社，2009〔民98〕

目 2+176 面；19×26 公分

（古代歷史文化研究輯刊 初編：第 18 冊）

ISBN：978-986-6449-46-8（精裝）

1. 書院　2. 書院制度　3. 明代

525.99　　　　　　　　　　　　　　　　　98002377

古代歷史文化研究輯刊
初　編　第十八冊　　　　　　　ISBN：978-986-6449-46-8

明代書院講學的研究

作　　者　王崇峻
主　　編　王明蓀
總 編 輯　杜潔祥
出　　版　花木蘭文化出版社
發 行 所　花木蘭文化出版社
發 行 人　高小娟
聯絡地址　台北縣永和市中正路五九五號七樓之三
　　　　　電話：02-2923-1455／傳真：02-2923-1452
網　　址　http://www.huamulan.tw 信箱 sut81518@ms59.hinet.net
印　　刷　普羅文化出版廣告事業
初　　版　2009 年 3 月
定　　價　初編 20 冊（精裝）新台幣 31,000 元　　　版權所有·請勿翻印

明代書院講學的研究

王崇峻　著

作者簡介

王崇峻，一九六四年生。國立台灣大學歷史系學士、國立台灣師範大學歷史研究所碩士。曾任國民小學教師，現任國立東華大學鄉土文化學系副教授。著有專書《維風導俗：明代中晚期的社會變遷與鄉約制度》（文史哲，2000）、《續修花蓮縣志：民國七十一年至九十年，教育篇》（與黃熾霖合著，花蓮縣政府，2008），學術論文〈明代中晚期江右王門學者的鄉村運動——以江西吉安府為中心〉、〈從李紱的罷黜看雍正帝的政治目的〉等十餘篇。

提　要

　　明代的書院興起於十五世紀中葉前後，原因除了是滿足社會對教育的需要之外，更重要的是學術風氣的轉變，尤其是王守仁、湛若水以及他們弟子的孜孜講學，大力創建書院，使書院講學到十六世紀後達於鼎盛。

　　然而，在書院興起後，隨即發生了三次大規模的毀禁書院措施。第一次是在嘉靖十六年（1537），主因是禁止王守仁的學說。第二次是在萬曆七年（1579），主要是王門弟子大力講學所引發的問題，如干進斂財、專務空談、崇黨立戶等，自不能被以「儒體法用」為治術的張居正所容忍，於是產生了第二次毀禁書院。第三次在天啟五年（1625），也就是萬曆中葉以來東林與反東林兩派鬥爭的副產品。

　　以宏觀的角度看這三次毀禁書院的歷程，先是嘉靖時的「傳習邪說」、「號召門徒」，然後是萬曆時的「別標門戶」、「聚黨空談」，以至天啟時的「相互標榜」、「遙制朝權」，這一過程確實是由學術轉向政治。傳統中國社會中，知識分子所代表「道」的力量一直缺乏組織，明代學者在講學時主持輿論，以至與當權的政治勢力對抗，不僅是明代書院講學特別之處，也是儒者在學術和政治上的突破，也就是知識分子「道」的力量，逐漸以組織的方式對抗「勢」的趨勢，黃宗羲對學校的規畫正是繼承了這一特殊性格。

目

次

第一章　緒　論

　　書院是傳統教育文化體系中極為重要的一環。它成形於唐代晚期，宋代以後逐漸興盛，到元、明、清三代持續普及。但是從它的發展歷程來看，書院的重要性，不僅止於所擔負的實際教育功能，尤其重要是它繼承了孔子以來的私人講學之理想，再加上它的自由學風，使書院成為最有活力的學術思想中心，從宋代以後，書院不僅提供學者們安寧的思想空間，更成為他們學術交流和傳播的基地，從融化佛學發展理學，乃至於晚清的提倡西學，書院都具有領先的地位和成績。

　　關於書院的研究，在 1930 和 40 年代的作品較多，而後這個領域就長期受到忽略，大約要到 70 年代以後，才又重新受到學者的重視。台灣方面的成果一直不算豐富，大陸方面則在 80 年代出現了一股研究熱潮，除了論文的數量快速增加外，還出現了中國書院研究所和湖南書院研究會等單位。大體來說，書院的研究成果，偏重在論述個別的地區和某一所書院的演變，而且很多都是以教育方面的功能為主，專以一個朝代的變遷和特點來研究的成果，並不多見，其中又多數都集中在宋代的書院，以「明代的書院」為主題的研究，除了少數幾本書院史的通論著作和教育史的專章以外，似乎只有梁甌第和 John Meskill 的二篇論文，此外，大久保英子的專書雖以「明清時代書院の研究」為題，但仍偏重清代，明代部分只有一章，且以泰州和東林兩派為主，三篇文章在廣度和深度上都有不足，所以在「明代書院」的研究上，仍有值得再探究的空間和價值。

　　明代的書院，除了在教育文化上繼續做出貢獻外，與前後各朝代相比，最突出的地方，是書院講學與政治之間的關係。明代在嘉靖、萬曆、天啟三

朝發生的大規模毀禁書院措施，在書院史上幾乎可說是空前絕後的，其中涉及了理學和心學的爭論、學術的正統和異端對立、陽明學對當時學風和社會的影響、以及門戶和朋黨的問題等等，不僅展現了明代書院講學的特殊性格，也反映出傳統知識分子在理想與現實之間的掙扎和突破，不論從學術史與政治史的觀點來看，明代的書院講學，都具有相當的重要性和極為豐富的意義。本文把書院與講學連稱，主要是在書院發展以後，私人講學的精神亦已灌注其中，且明代的講學活動，又多在書院中進行，而講學造成的問題，也直接影響到書院。文章雖以「明代」為題，但因明代的書院在初期相當沉寂，要到十五世紀中葉以後才逐漸興起，但是在十六世紀以後，即陸續地發生了三次毀禁命令，所以本文研究的時間，著重在十六世紀以後。由於明代書院特別的地方，就在講學與當權政治勢力的衝突，並隨著時間演進而發展出種種複雜的變化，本文的撰作動機正也是由此而引發，所以整篇的主要架構即以三次毀禁書院為中心，具體的內容如下：

第二章先從私人講學的傳統來了解書院講學的產生、演變及其精神，並略述它所擔負的教育功能。其次是介紹明代書院的時間和空間分配、創建目的和創建人、師生和經費等項目，以瞭解明代書院的一般情況。

第三章主要是從官學和科舉的問題、學風的轉變、以及王守仁和湛若水的講學，來分析明代書院為何興起於十五世紀中葉？又為何到十六世紀而達於鼎盛？

第四章為本文的重點所在。從三次毀禁書院的事實出發，探討陽明學和朱子正統學術的衝突、講學引發的問題、張居正在教育和學術上的態度、以及東林學派講學的特殊性。

第五章介紹講學的類型、講學的理想、講學對社會的影響、講學在政治上的特殊性格、及其在政治活動中扮演的角色，希望能從講學與社會、政治的關係中，更深入瞭解明代的書院講學為何會不斷地遭到政治勢力的反對，與明代的書院講學在傳統政治社會結構中，具有什麼樣的意義。

在本文的撰寫過程中，筆者深深感覺明代書院講學的問題涉及層面極廣，要能全面而又深入的考察，只從明代著手是不夠的，學術的正統異端對立問題，必需要上溯先秦諸子的學說，把問題放在整個儒學的發展架構中，而且基於傳統學術的「經世」性格，也不能把學術單獨孤立來談，需要隨時兼顧學術與社會、政治三者的相互影響。至於書院的研究，也需超出教育功

能的角度，旁及它的政治、社會功能，才能完整。筆者學識尚淺，對這方面的問題實難深入掌握，所以本文的疏漏與不足，是可以想見的。所幸學問之路無盡，研究成果本須不斷的反省和修正，本文的完成正只是繼續工作的開始。

　　最後要感謝王家儉老師的悉心指導，從概念的啟發、全文的架構、以至文詞的修正，處處皆得益於老師的教誨。

第二章　私人講學的傳統與明代書院

第一節　私人講學的傳統

　　中國私人講學的傳統，至晚可上溯至西元前第六世紀的孔子（前 551～479）。我們知道孔子講學之時，已是春秋時代的尾聲，當時周天子政令不行，禮樂封建制度漸漸難以有效運作，再加上各地夷狄的威脅，使整個政治社會面臨巨大變革的壓力。身處這樣的環境，孔子提出了一套道德政治的主張，這套主張，大體上是在封建禮樂制度的基礎上加上他的道德自覺信念，也就是以「仁」作為「禮」的內涵，我們可以說孔子的「仁」，不僅是一種普遍性的道德規範，更是一種超越性的精神自覺，而「禮」則是一種客觀的人間秩序。〔註1〕為了推行他的主張，孔子周遊列國，汲汲講學，希望透過道德教育的方式，實現他的理想。

　　孔子在教育上最重要的貢獻，首先是提出並力行「有教無類」的理念。從學術史的觀點來說，孔子所繼承的正是古代政教合一的「王官之學」，進而他用「仁」賦與王官學之詩、書、禮、樂新的精神與意義，又把原本專屬貴族的學問，經由他的講學傳遞給數量龐大又不同階層的學生，〔註2〕這些弟子在孔子之後並繼續傳衍他所立下的規模，如《韓非子》〈顯學篇〉說：「孔子之後，儒分為八」。此處所代表的意義，正是學術由「王官」轉入「私人」而

〔註1〕　有關傳統的道德政治觀念，可參閱黃俊傑〈儒家傳統中道德政治觀念的形成與發展〉，刊《中國文化新論──思想篇二──人道與天道》，頁 248～253。

〔註2〕　司馬遷說孔子有弟子三千人，「受業身通」的有七十七人。《史記》c.67〈仲尼弟子列傳〉。

成「百家」的過程，也就是《莊子》〈天下篇〉中觀察到的「道術將爲天下裂」、「其數散於天下而設於中國者，百家之學時或稱而道之」，余英時先生用派森思（T.Parsons）「哲學的突破」（philosophic breakthrough）觀點，來說明這一過程是古代文明所共有的現象。〔註3〕此外，派森思還以此一現象來作爲知識分子階層出現的條件之一，〔註4〕就文化史的觀點來說，中國知識分子出現的客觀社會條件，也正是在封建秩序崩解的時候，「士」從固定的封建身分中獲得解放，成爲可以自由流動的「四民」之首，但就知識分子的主觀條件來說，支持他們獨立於社會各階層之外的重要因素，就是由孔子以來的「私學」，而更重要的自覺意識，則是孔子提出的「道」，「士志於道」（《論語》〈里仁〉），「篤信善學，守死善道」（〈泰伯〉）從此成爲知識分子的精神憑藉以及文化責任，〔註5〕正如狄百瑞（T.W. de Bary）說中國的知識分子是「具有狂熱般的使命感，以捍衛傳統文化爲己任，即使犧牲性命也在所不惜，自視（也被視）爲文化菁英，而非社會利益階級的代言人」。〔註6〕

　　從「王官之學」到「私人之學」的過程中，知識分子面對的另一項重要問題是「正統」與「異端」的對立。〔註7〕例如孔子四十歲之前，齊景公曾欲封而用之，但晏嬰反對，他說：「儒者滑稽而不可軌法，倨傲自順，不可以爲下；崇喪遂哀，破產厚葬，不可以爲俗；游說乞貸，不可以爲國」。最重要的是：

> 自大賢之息，周室既衰，禮樂缺有閒。今孔子盛容飾繁，登降之禮，
> 趨詳之節，累世不能殫其學，當年不能究其禮，君欲用之以移齊俗，
> 非所以先細民也。〔註8〕

由此可見孔子之學不諒於當道，司馬遷把管仲、晏嬰同列一傳，兩人固然同

〔註3〕　此處參考余英時〈古代知識階層的興起與發展〉，在氏著《中國知識階層史論》，頁30～36。

〔註4〕　另一項較早出現的條件，是文字的發明和象徵的使用。參見葉啓政〈「理論──實踐」的轉型與安置〉，在氏著《社會、文化和知識分子》，頁91。

〔註5〕　參見余英時〈古代知識階層的興起與發展〉，頁38～41。及〈道統與政統之間〉，在氏著《史學與傳統》，頁50～53。

〔註6〕　狄百瑞〈中國知識分子的角色與地位〉，刊《中國歷史轉型時期的知識分子》，頁18。

〔註7〕　韋伯（Max Weber）認爲亞洲幾個大宗教都是知識分子創造出來的，而官方宗教對這些知識分子的新教義，往往有所區別，有的被尊爲正統，有的被視爲異端而受排斥。余英時〈古代知識階層的興起與發展〉，頁35。

〔註8〕　《史記》c.47〈孔子世家〉。

為齊國的賢臣，但不尊重周天子，不實行封建制度，則是一致的。比較接近嚴格意義的「正統」與「異端」之對立，大致上可以秦始皇的「禁私學」為代表。漢代的獨尊「儒術」，則是正式地確立儒學的正統地位。明代繼承元代，以由儒學衍生來的程、朱理學為「官定之學」，於是不屬於這個範圍的「私人之學」，則又成為被禁止的對象，雙方的衝突到了王守仁時益趨激烈。

孔子的私人講學，不僅開啟了傳統教育史中的私人教育體制，尤其在學術思想、社會文化乃至政教關係上，都具有重大的象徵意義，在往後的歷史長流中，我們也不斷地看到這些象徵意義相當豐富地交織呈現。其實，孔子的講學，影響後世的絕非僅止於此，除了前述的「有教無類」之外，又如他刪定的詩、書、禮、樂，成為後代的教材，他對話的、隨機的、因才的和啟發的教育方式，幾乎成為後代私人講學教育的特點。當然，最重要的還是孔子的道德思想，不僅是官學教育重視，甚至可說是書院教育的精神根本，這點從明代書院興起的過程中，可獲得充分的肯定。

私人講學到了戰國時代，有更蓬勃的發展，諸子百家競相為各國君主提供政治、社會的相關理論，因而成為學術史上的輝煌時代。這其中孟子（前390～305）的學說，對後代的講學很有影響。孟子除了繼承孔子道德中心論的思想外，並且在孔子的基礎上，進一步賦與形上學的意義，也就是我們熟知的性善論和道德心（良知、良能），[註9]以及相關的修養工夫（知言、養氣），這些理論成為宋、明心性之學的重要根據。

秦漢時代的私人講學，基本上是以經學為主，原因自然是秦始皇的抑制私學與漢武帝的尊儒、設立五經博士。大體而言，西漢因太學的擴大致使私人講學活動較少，到了東漢則私人講學的規模幾可與官學相比擬，其特點有：一、私人教授盛況空前，有的是居官講授，但多數則是在野之身。二、私人教學的場所常常稱為精舍，許多學者也常把精舍建於山林隱密之處。三、門戶、派別的觀念十分強烈。四、由於重視門戶與家傳，再加上經學成為仕祿的工具，因此造成由累世經學到累世公卿的情形，並延伸到魏晉而成為門第。[註10]

魏晉時代是一個由門第世族控制政治、社會的時代，私人講學雖然繼續進行，但已逐漸轉變成為小規模的門第教育。此期的另一個重點是佛教的盛

〔註 9〕黃俊傑〈儒家傳統中道德政治觀念的形成與發展〉，頁 254～255。

〔註10〕參見李弘祺〈絳帳遺風——私人講學的傳統〉，刊《中國文化新論——學術篇——浩瀚的學海》，頁 359～365。錢穆《國史大綱》（上），頁 138～139。

行，佛教與傳統文化相激相盪，產生的深遠影響是人所共知的。在教育方面，此時多位佛教大師學問淵博，例如東晉時的慧遠（334～416）在盧山建舍修佛，「影不出山，跡不入俗」三十餘年，而他不但精通佛學，也擅長儒學和當時時尚的玄學，使得盧山成爲重要的學術中心。此外，當時的佛寺也開放給俗人作爲讀書和講學的場所。

隋唐以後，世族大家在政治力量的介入下，逐漸失去其優勢地位，門第教育遂難以持續，但是佛門對教育的影響卻擴大開來，到了中唐以後即形成習業山林的風尚，此風固然與世族式微有關，但科舉制度的實行也是原因之一，因爲科舉著重個人的努力，向大師問學反而是次要的，加上寺院的清靜和藏書，還提供士子的衣食支助，自然使得以前大規模的經師講學，轉變成小團體的讀書互勉。當然，我們也不可忽略，習業山林背後所蘊涵的「遺世」、「獨立」精神，這股精神與先秦儒家「以道自任」和「修身立道」的傳統結合，乃成爲私人講學的主流和理想。要了解宋代以後書院講學的背景和意義，這一層是不可輕易忽略的。〔註11〕

「書院」之名首見於唐玄宗開元六年（718）的「麗正修書院」，〔註12〕它本是朝廷所設專爲編錄國史、整理古籍和替皇帝撰寫文件的機關，與講學的私人教育無干，但在士子習業山林時，已經有人用「書院」之名，來題他們的書齋，〔註13〕大體上多數仍是私人的讀書和藏書之所。書院進一步有了聚徒講學的活動，至晚是在唐末五代的動亂時期，例如著名的白鹿洞書院，原爲唐人李渤（773～831）於貞元末年在江西盧山隱居讀書的處所。我們知道盧山的山景壯麗，早在魏晉時期就是佛道寺觀集中的地區之一，五代時，更吸引了許多的學者薈聚於當地，〔註14〕所以在南唐昇元中即置田建學，稱爲「盧山國學」。北

〔註11〕 參見李弘祺〈絳帳遺風——私人講學的傳統〉，頁365～377。余英時〈中國知識分子的古代傳統〉，在氏著《史學與傳統》，頁90～91。

〔註12〕 《新唐書》百官志載：「（開元）六年，乾元院更號麗正修書院，置使及檢校官，改修書官爲麗正殿直學士。八年，加文學直，又加修撰、校理、刊正、校勘官。十一年，置麗正院修書學士，光順門外，亦置書院十二年，東都明福門外，亦置麗正院。十三年，改麗正修書院爲集賢殿書院。」

〔註13〕 盛朗西《中國書院制度》引《全唐詩》中所見「書院」之名很多，頁8～10。私人書齋模仿政府藏書、修書機構的名稱，其可能性應該不是沒有。

〔註14〕 雖然此時白鹿洞似乎並未有書院的名稱，但是在當地以「書堂」爲名的讀書教學處所，卻已常有，如「陳氏書堂」有「堂廡數十間，聚書數千卷，田二十頃，以爲游學之資，子弟之秀者，弱冠以上皆就學焉。」《全唐文》c.888，

宋時白鹿洞正式被稱爲「書院」，且常有學徒數千人，當時除了白鹿洞之外，還有五所著名的書院：石鼓、嵩陽、嶽麓、應天府和茅山等書院，這些書院起初都是由私人或地方官所建，後來則由中央政府賜額、賜田或賜書。從另一個角度看，此舉也代表政府力量的介入，最明顯的例子是應天府書院，該院原於大中祥符三年（1009），由府民曹誠在五代講學名儒戚同文的舊居興建，有屋百五十間，書數千卷，講習甚盛。不久，即由應天府出奏，賜額爲「應天府書院」，並命戚同文的孫子戚舜賓主持，而曹誠也被任命爲助教。〔註15〕

　　北宋書院興起的原因，最主要的因素當然是唐末以來的時局混亂，致使政府財政困難，無力辦學。如唐憲宗元和十四年（819）國子祭酒奏請現任文官一至九品，於每月所請料錢中一貫抽十文，作爲國子監的修繕經費。到懿宗時，乃成爲「光學錢」的徵收制度，且一直延續到五代，並擴大到監生和中式舉人都要繳納。官學衰微的情形，還可以從國學的名額數中了解，憲宗時重定學額，東西兩監總計 650 人，這個數字只有開元時期的三分之一，但實際情況可能遠比此數更低。〔註16〕五代時的後唐，是比較重視教育的朝代，但國子監的學生數也只有二百名，且大多數都只是掛名，以做爲升遷的資歷。

　　官學衰微的情況，到了北宋初年依舊沒有好轉，甚至還益趨惡化，宋太祖雖曾於建隆三年（962），會見生徒親自講說，但直到開寶八年（975），生徒仍只有七十人，當然其中也有些是掛名的。在這種情況之下，教育工作只能由私人來負擔，這就是書院興起的主因，如朱熹（1130～1200）在〈衡州石鼓書院記中〉說：

> 予惟前代庠序之教不修，士病無所於學，往往相與擇勝地，立精舍，以爲群居講習之所。而爲政者乃或就而襃表之，若此山、若麓嶽、若白鹿洞之類是也。〔註17〕

書院之興，由於「庠序之教不修」。反過來說，當社會穩定之後，國家開始重視文教，而書院若無持續的物質和精神力量支援，那麼必定受到嚴重的衝擊，北

　　　　頁 4。轉引自李弘祺〈絳帳遺風──私人講學的傳統〉，頁 378。

〔註15〕陳東原《中國教育史》，頁 276。

〔註16〕唐代的中央官學體系大致上是太宗時確立的，即國子學、太學、四門學、書學、算學、律學、弘文館、崇文館等六學二館。學生人數在貞觀五年（631）有 3260人，十四年更增至 8000 多人，武后重科舉故學校荒廢，玄宗時再重振學校，開元十五年（727）有 2000 餘人。參見毛禮銳等《中國教育史》，頁 266～269。

〔註17〕《朱文公文集》c.79。轉引自陳元暉等《中國古代的書院制度》，頁 14。

宋的書院正是如此。我們知道北宋於慶曆、熙寧、崇寧三個時期，分別在范仲淹、王安石、蔡京主持下，展開了三次興辦官學運動，雖然這三次興學在主事者去職後，即面臨暫停中止的命運，但至少對於官學的態度是積極的，反之，對於書院就不如早期的重視，所以書院在初興之後，就又沉寂了，如白鹿洞書院在皇祐五年（1053）之前已成「故址」，到崇寧末年「乃盡廢」，〔註18〕一直要到南宋朱子重建後，才又恢復盛況，而朱子的重建，也正代表書院注入了一股新的精神力量。

禪宗的禪林制度，也是使私人教育轉變成書院講學的重要因素。我們知道佛教在唐代很興盛，許多皇帝也都崇佛，此時的佛教派別也多，而禪宗尤為其中的大支，此固然與其理論的逐漸充實有關，如百丈禪師的入世轉向和宗密禪師的攝入各支理論。在外緣因素上，唐武宗的會昌毀法（841），使經論各宗大受影響，而禪宗則以不重經論，專主參悟，在此「法難」後反成獨秀之勢，所以唐代以後的佛教，基本上是以禪宗為主流。〔註19〕禪宗對中國文化的重要影響之一，就是促使宋、明學者發展一套完整的心性理論，以取代佛、道二教，重新建立知識分子在精神上的安身立命之所。例如以復興儒學為己任而被視為新儒學（Neo-Confu cianism）之先趨的韓愈（768～824），在很多方面確是取法於禪宗，最為人所熟知的，就是他在〈原道〉中提出的「道統論」，乃是因襲弘忍傳法惠能而來，〔註20〕而後，此論又被程頤和朱熹所繼承。

禪林指的是禪宗的寺院，魏晉以後，有些大寺常有僧侶數千人，禪林制度就是寺院的管理制度，也就是一般說的「清規」，其中最著名的是唐代百丈山懷海禪師所創的「百丈清規」。禪林制度對書院的影響，除了書院的地點多效法禪寺，選擇名山勝景之處以外，再如書院的講學方式，可說完全仿效禪林的講經制度，教徒記錄禪師講經和彼此的問答稱為「語錄」，理學家的生徒亦效法之，如《朱子語類》可為代表，〔註21〕又如禪林設「長老」或「住持」

〔註18〕陳東原〈廬山白鹿洞書院沿革考〉，刊《民鐸》7卷1期，頁7～8。

〔註19〕勞思光《中國哲學史》三上，頁20。

〔註20〕韓愈受禪宗的影響還有一例，是〈師說〉的整體精神乃取法於禪宗，如「傳道」之「師」，是取法於禪宗的師弟關係，而「解惑」則是因禪宗說的「迷惑」而生。余英時對此有扼要的論述，詳見〈中國近世宗教倫理與商人精神〉，在氏著《中國思想傳統的現代詮釋》，頁296～300。

〔註21〕這些教育方式原就是儒家的發明，如《論語》中記載孔子師生間的親切自然關係，但卻由禪宗將之發揚，再影響及理學家。參見李弘祺〈Chu Hsi, Academies and the Tradition of Private Chiang-hsuie〉，刊《漢學研究》2卷1期，頁318～321。

掌理寺務，而書院則稱「山長」、「洞主」，也是明顯的學自禪林。

　　書院講學的精神，必得要到新儒學確立之後才能完整，其中禪林制度也扮演了相當重要的角色。例如程顥（1032～1085）曾到禪寺，時當用飯，「見趨進揖遜之盛，嘆曰：『三代威儀，盡在是矣』」。〔註22〕明道用「三代威儀」來形容，正可見他對禪林制度的讚美，但二程雖有講學，卻沒有建立書院。南宋的朱熹和陸九淵兄弟，則正式以書院作為他們傳播學術的基地，朱子和陸九齡（1132～1186）曾有一段對話言及禪規：

> 陸子壽言：古者教小子弟，自能言能食即有教，以至灑掃應對之類皆有所習，故長大則易語。今人自小即教作對，稍大即教作虛誕之文，皆壞在其性質。某嘗思欲做小學規，使人自小教之便有法，如此亦須有益。先生曰：只做《禪苑清規》樣亦好。〔註23〕

《禪苑清規》是北宋晚期長蘆宗賾禪師所撰，主要是《百丈清規》到北宋時已多散逸，宗賾乃重新編輯，並有增減。此處陸九齡想訂定小學教規，朱子卻肯定的建議他以禪林規制為範本，可見朱子對禪林制度不僅已有研究，而且還非常欣賞，這對於他在訂定書院制度時也必定有不小的影響。

　　宋代的書院是中國私人講學傳統的一個轉型期。但就整個宋代的書院數量來說，北宋只佔了22%，而南宋則為78%，〔註24〕所以北宋時期只能算是書院的初興，書院的制度和精神，要到南宋才確立下來，這其中朱子扮演了最關鍵性的角色。

　　南宋書院的復興，發軔於朱子重建白鹿洞書院（淳熙六年1179），朱子對以科舉為目的之官學教育深表不滿，他批評太學為「聲利之場」，師生間的交談也「未嘗以德行道藝之實」，所以在他訂立的白鹿洞書院學規中，強調：

> 古昔聖賢所以教人為學之意，莫非使之講明義理以修其身，然後推以及人。非徒欲其務記覽、為詞章，以釣聲名、取利祿而已也。〔註25〕

　　要學生「講明義理以修其身」、「非務欲其取利祿」正是朱子復興書院的理想。二年以後，陸九淵到白鹿洞書院講「君子喻於義，小人喻於利」，更是書院史上的一件大事，象山當時發揮得極為暢快，使學生甚至有感動流涕者。

〔註22〕《程氏外書》卷十二。轉引自余英時〈中國近世宗教倫理與商人精神〉，頁301。
〔註23〕《朱子語類》c.7。轉引自余英時〈中國近世宗教倫理與商人精神〉，頁301。
〔註24〕陳元暉等《中國古代的書院制度》，頁30。
〔註25〕《朱子大全》c.74。轉引自李弘祺〈絳帳遺風——私人講學的傳統〉，頁380。

我們知道朱、陸二人是新儒學中影響最大的二位學者，他們對於書院的共同理想與其學術相結合，不僅展現了書院在學術面向上的寬闊，也使書院的精神價值得以進一步的充實。

朱子重建白鹿洞書院的另一層目的，是爲了對抗佛老，復興儒學。他在申請修復白鹿洞書院，及向孝宗乞賜書院敕額的公文中說：廬山的佛老寺觀很多，雖在五代末年兵亂時，多有毀壞，但亂平之後即相繼修復，而只有白鹿洞是「遠自前代，累聖相傳」，豈能使寺觀「殄棄彝倫，談空說幻，未有厭其多者，而先王禮樂之宮，所以化民成俗之本者，乃反寂寥稀闊」。〔註26〕朱子此舉的影響實在不小，後代的官民常效法朱子，在先賢過往之地建書院以祭祀前賢，或是把寺觀、淫祠改建書院以崇尚正學，以化民成俗。

朱子除了重建白鹿洞書院外，還在紹熙五年（1194）重修了同負盛名的嶽麓書院。此外，他至少在六所書院講學，爲三所書院作記，爲九所書院題額，爲一所書院作詩並序。不計重複，朱子至少與二十四所書院有關。〔註27〕受朱子影響，南宋的許多理學家也都在書院中講學，〔註28〕所以傳播學術乃成爲後代書院的特色之一，如陸九淵在應天山精舍和象山書院講學，呂祖謙在麗澤書院主講，魏了翁在鶴山書院，黃榦在白鹿洞書院等等，這點也是與北宋理學家不同的地方。

元代的書院數量可能比宋代還多，因爲除了南宋的書院繼續保存下來以外，元代新建的書院數量也不少，據何佑森先生統計元代的書院有 409 所，已超過宋代的 397 所，〔註29〕其中確定建於元代的有 232 所，〔註30〕劉伯驥先生研究廣東地區的書院，亦發現同樣的事實。〔註31〕元代早期的書院，大多是南宋遺民不仕異族，隱避山林的讀書講學之所，例如黃震、王應麟、吳澄等皆是。從另一個角度看，遺老所以能隱居講學，除了是傳統「仕」與「隱」的觀念外，從唐代以來的習業山林風尚，以及書院講學的成形，亦提供了他們制度化的支持。

〔註26〕轉引自陳元暉等《中國古代的書院制度》，頁 35～36。

〔註27〕陳榮捷《朱熹》，頁 124。

〔註28〕陳東原認爲這點與南宋的禁道學有關，他說：「到了嘉泰二年（1202），弛僞學黨之禁，……向受壓抑的自動講學精神，不能再沉寂了，於是主張講學的，率性就建立書院。」《中國教育史》，頁 284。

〔註29〕曹松葉〈宋元明清書院概況〉，頁 4435。

〔註30〕何佑森〈元代書院之地理分布〉，刊《新亞學報》2 卷 1 期，頁 361～408。

〔註31〕劉伯驥《廣東書院制度》，頁 18～19。

　　元人以外族統治中國，在文教政策上必須配合與籠絡漢人，在採用「漢法」之下，首先的措施就是「崇儒」，這尤其表現在尊孔和推崇理學上。尊孔從太祖時就已開始，他首先在京師建立孔廟，而後歷朝皆繼續之。推崇理學則從太宗開始，太宗八年（1236），行中書省事楊惟中隨皇子庫春伐宋，他收集了伊洛諸書帶回燕京，而後太宗立周敦頤祠和興建太極書院，又延請儒士趙復、王粹在書院講學，這是元代官立書院之始，〔註32〕而趙復的講學，也正是南宋理學開始北傳之時。至於整個教育制度的建立，則要到元世祖的時候。

　　從統治者的立場來說，吸收漢族讀書人進入政府與維持教育的統一，是統治的必要工作，所以在元世祖統一中國後，就積極籌畫科舉制度以及在各地設立學校。然而，隱居不仕的學者在書院講學，絕對是不利於他們對社會和學術的控制，所以元代書院最主要的特點，就是「官學化」的問題。〔註33〕書院官學化的措施由世祖開始，至元二八年（1291）頒布詔令，規定「先儒過化之地，名賢經行之所，與好事之家出錢粟瞻學者，並立為書院」，這是使私人講學能受政府的節制，然後是命令書院的「山長」由政府委任，另外路、州、府的書院還設「直學」來掌理錢穀，而書院的優秀學生也可以擔任教官或屬吏。〔註34〕如此一來，書院幾乎與郡縣學校沒有太大的差別。

　　元代雖然推行書院官學化的政策，但是實際情形卻不能全由元人所掌握，據曹松葉的統計，元代書院由平民私立的佔47.52%，與宋代的50%差距不大，〔註35〕可見其政策之推行無效，而教育權也仍操之於民間漢人手中。

　　以上簡述私人講學的傳統與書院的發展。總的來說，私人講學的傳統，在孔子講學時即已樹立了基本的特點，其終極關懷可以說是期以個人的努力來推動社會和文化秩序的改善，並希望進一步的以自己的學說，來作為改善的動力和目的，此處也正表現了傳統學術的「經世」內涵。當然這是就其理想的一面來看，漢代以降，大多數的私人講學，都注重現實面的目的，就是

〔註32〕《續文獻通考》c.50，頁13～14。
〔註33〕書院官學化的說法，是由陳東原所提出，見《中國教育史》，頁306，以後的教育史作者如胡美琦均繼續之。李弘祺在〈絳帳遺風——私人講學的傳統〉一文中則屢加發揮。
〔註34〕《續文獻通考》c.50，頁12～13。
〔註35〕《宋元明清書院概況》，頁4442，4491。又，呂仁偉《浙江書院之研究》統計，元代浙江書院由私人創立的佔63.4%，官立的有24.5%。頁13。

和官學一樣，以成為仕宦階層為目的。從私人講學的歷史進程來看，傳統的講學基本上是以教師為中心，教學上的步驟和組織並不是很重要，如此雖然師生間的關係相當密切，在學習上也具有彈性和自由，但也不免有流於形式和鬆散的缺點，規模也不易擴大，但是在禪宗盛行之後，禪林制度提供了理學家們重新建構講學組織的依據，於是不同於官學的書院即能產生，而且書院也比傳統的精舍更具規模，當理學的影響逐漸擴大以後，成為傳播理學的書院也隨之蓬勃的發展。

此外，我們也不能忽略書院在普及教育上的貢獻，從這個角度看，甚至可以說，書院是實際教育教中的重要部分。為了解這一點，須先從官學談起。傳統的官學制度，從它的侷限性來說，約略可歸納成以下三點：

首先是官學的規模不大。

傳統的官學制度大體是在漢代確立的，主要有中央的太學和地方的郡國學，以後各朝代雖然有些增減，但是這兩個單位則是一定有的。太學始於漢武帝時的博士弟子員，起初每經博士只有五十名弟子，其後則日漸擴大，最盛時是東漢質帝以後，達到三萬多人，這是歷史上太學規模最大的時候。唐代的中央官學曾大舉變革，一般稱為「六學二館」，人數在太宗時最多，有八千多人，玄宗時訂立制度為二千餘人，但是多數都是官僚子弟。〔註36〕宋代的太學生人數較少，最多是在北宋元豐時的二千多人。元代由於輕視漢人，所以中央官學的規模很小，大部分的時間只有幾百人。明代因為太祖重視太學，所以洪武時最多有一萬多人。以上的數字，初看時或許覺得不少，但若除以人口總數則比率相當低，如明太祖時，比率約只有萬分之 1.83，而即使是東漢質帝時也不過是萬分之 6.25。再則，地方官學的人數更少，如唐代的州、縣學，平均只有五十、三五人。明代地方儒學相當發達，但是各府、州、縣學在太祖時規定的人數，也只有四十、三十、二十人，實在是非常低，所以從宣德之後就開始擴增。

其次是官學的興辦，時舉時衰。

主要原因當然是受國史上治亂分合的影響，例如東漢時的太學相當興盛，但是和帝以後，政事日非，太學也就時興時衰，這種情況一直延續到魏晉南北朝時期，大約經歷了五個世紀，到隋文帝提倡教育後才穩定下來。盛

〔註36〕唐代的六學二館為：國子學、太學、四門學、書學、算學、律學、弘文館、崇文館，其中平民能入學的只有四門、書、算、律學四種，名額大約只有 910 人。

唐的學校制度相當完備，但是天寶以後，又陷混亂，接著就是五代十國時期，要到二百年後，北宋建立後才能再倡教育。〔註37〕宋室南渡，外族入侵的壓力始終不減，所以政府對於教育的態度也不積極。官學時廢時興的另一項因素，是政策缺乏一貫性，受主政者個人態度的影響極大，最明顯的例子是，北宋的三次興學，在范仲淹、王安石、蔡京等人去職後就無法持續。再如明代的太學在太祖時最盛，永樂之後太學人數就減少了，一般仍維持在四、五千人，可是正德時卻迅速減低到只有一千三百多人。〔註38〕

第三是官學的政治性格

傳統對於教育的看法主要有二點，即所謂「養士」與「教化」。此處不能武斷地說這兩點沒有教育的意義，〔註39〕但是從孔子開始，對於教育的主張，就常有明顯的政治色彩，如孔子說子路：「千乘之國，可使治其賦」，冉求則「千室之邑，百乘之家可使爲之宰」，又說君子之道有四：「行己也恭」、「事上也敬」、「養民也惠」、「使民也義」（《論語》〈公冶長〉），子夏也清楚的說：「仕而優則學，學而優則仕」（〈子張〉）。我們知道孔子志服周公，對於社會教育的看法，大體上是根據封建的禮樂制度，孔子曾說：「道之以政，齊之以刑，民免而無恥；道之以德，齊之以禮，有恥且格。」（〈爲政〉）「德」和「禮」的層面，正是屬於社會的，也就是以「禮樂」的道德內涵來「移風化民」。〔註40〕

秦漢大一統的政治局面確立之後，培養人才和統一社會、文化，是確保局面穩定的重要工作，秦始皇採取的是比較嚴屬的做法，如「以吏爲師」、「以法

〔註37〕 教育史家對於魏晉南北朝、五代十國時期的官學教育多表示：
「魏晉南北朝時期，由於長期的封建割據戰爭以及複雜的階級衝突，官學處於時興時廢，若有若無的狀態」，「五代時的學校，主要由於政局的動盪而呈現衰廢狀態」。毛禮銳等《中國教育史》，頁205，281。

〔註38〕 明代的太學生人數如下：

洪武四年（1371）	10906人	天順八年（1464）	5833人
永樂十九年（1421）	9884人	成化二年（1466）	6020人
宣德四年（1429）	4893人	正德三年（1508）	1326人
正統十四年（1449）	4426人	嘉靖十九年（1540）	2151人
景泰五年（1454）	5179人	（《古今圖書集成》選舉典 c.27，頁267。）	

〔註39〕 這裡說的教育義意，主要指「教育學」的看法：大體來說，教育在於發展個人的潛能，使個人能適應社會環境，進而改善環境。另一方面是傳遞和保存人類的文化遺產，進而創新文化。林玉体《教育概論》，頁15。

〔註40〕 《孝經》〈廣要道〉章記孔子說：「移風易俗，莫善於樂」。而「化民成俗」出自《禮記》〈學記〉：「就賢體遠，足以動眾，未止以化民，君子如欲化民成俗，其必由學乎。」

為教」，漢武帝在接受董仲舒的建議後，則採取了另一套做法，董仲舒在「對賢良策」中，基於對秦代速亡的反省，提出「教化」和「養士」的主張，他說：

> 道者，所繇適於治之路也。仁義禮樂，皆其具也。故聖王已沒，而子孫長久，安寧數百歲，此皆禮樂教化之功也。……夫萬民之從利也，如水之走下，不以教化堤防之，不能止也。是故教化立而奸邪皆止者，其堤防完也，教化廢而奸邪並出，刑罰不能勝者，其堤防壞也。古之王者明於此，是故南面而治天下，莫不以教化為大務，立太學以教於國，設庠序以化於邑，漸民以仁，摩民以誼，節民以禮，故其刑罰甚輕，而禁不犯者，教化行而習俗美也。

又說：

> 臣聞聖王之治天下也，少則習之學，長則材諸位，爵祿以養其德，刑罰以威其惡，故民曉於禮誼而恥犯其上。……夫不素養士而欲求賢，譬猶不琢玉而求文采也。故養士之大者，莫大乎太學。太學者，賢士之所關也，教化之本原也。今以一郡一國之眾，對亡應書者，是王道往往而絕也。臣願陛下興太學，置明師，以養天下之士，數考問以盡其材，則英俊宜可得矣。〔註41〕

董仲舒的主張，基本上是以「治天下」為目的，所以「教化」如同「堤防」，而太學就是「教化」的本原，此處表現的政治性格是再明顯不過了。當然董仲舒的主張，有其客觀環境的需要，但是董仲舒把「教化」和「養士」理論化，並由武帝落實為政治措施，則成為後代官學制度的根本依據。

我們可以說政治性格是官學的特色之一，但是這項特色也成為官學侷限性中的核心部分，如上述官學規模不大的原因，是受此影響，官學的時廢時興，部分的原因也與此有關，因為「養士」的效率慢，所謂「十年樹木，百年樹人」，當政府需才急切時，就會以其他的方式取才，如「選舉」、「科舉」等，用這些制度取才，政府只要訂立標準，私人教育就可以自動運作造就人才，相對而言，政府就方便省事了，這點可以從隋代以後的科舉制度中得到印證，例如隋文帝初年曾興辦學校，但以學校未足以得人才，所以在十幾年後，即下詔只留國子學七十人，其他四門、州、縣學皆廢，五年後煬帝就開辦進士科，也就是科舉的開始。再如北宋在慶曆時才有興學運動，但是科舉的施行卻早從太祖就開始了，並且增加了隋唐以來的名額。固然北宋重視科

〔註41〕 《漢書》c.56〈董仲舒傳〉，頁 2499～2504，2510～2512。

舉，有其現實的需要，如壓抑軍人，打擊勢族等，然而，太祖也曾公開表示惟有考試才能選取賢才，這些都可顯示政府重科舉甚於學校之意。在官學名額太少，又時興時廢的情況下，廣大民眾的實際教育工作乃是由私人負擔。

　　一般來說，除了藏書和私塾性質的書院外，書院擔負著比私塾啓蒙教育再高一級的教育工作。元儒程端禮的「讀書分年日程」對後代書院的影響很大，例如乾隆元年（1736）上諭命：「書院中酌仿朱子白鹿洞規，立之儀節，以約束其身心。分年讀書之法予之課程」。〔註42〕「日程」中對於從八歲至二十五歲的學生，所須研讀的書籍和順序做了很詳細的規畫，其中大致上可以分成四個階段：

　　一、八歲以前是養蒙階段。

　　二、八歲至十五歲。主要是讀《四書》、《書經》、《周禮》和《春秋三傳》的正文。

　　三、十五歲至二十二歲。繼續讀朱子的《論語、孟子集注》、《大學、中庸章句》，並要求抄讀《五經》。然後看《通鑑》《通典》、《通考》、《史記》、《漢書》、《韓文》和《楚辭》。

　　四、二十二歲到二十五歲。主要是學作科舉考試的文章，通常是讀書九日，作文一日。

　　據此，可以想見書院的學生，大致上是從十五歲開始，但是，由於書院的性質不同，有的是以學者講述自己的學說爲主，有的是以科舉爲主，前者因爲內容可能較深，所以學生的年紀不會太輕，而後者也有四、五十歲尚未中舉的學子。此外，一般鄉邑的小型書院，受限於經費，可能連常任的教師都沒有，讀書教學也談不上，學生通常只是在每月朔望時到院作文，然後評點優劣，獎以筆金而已。明、清兩代，這類性質的書院數量不少，其實，正是這類小型書院和私塾，擔負著實際教育的工作。

第二節　明代書院的概觀

　　前節從時間的歷程敘述私人講學的傳統、書院的演變及其在宋代所確立的規模。本節擬專就明代書院在時間、空間的分配，創建人和創建的目的，及師生、經費等部分加以分析，期以對明代書院在書院歷史中的特點，及其

〔註42〕轉引自章柳泉《中國書院史話》，頁98。

普遍狀況能有概括性的了解，以作爲進一步探究的基礎。

一、書院創修的時間和數量

　　根據表1可以發現，從洪武到天順（1368～1464），大約一百年間，書院是相當沉寂的，其數量約只佔全部的 6.05%，到了第二個世紀，也就是大約從成化到嘉靖（1465～1566）的這段時間，書院的數量迅速增加，大約佔全部的 52.93%，而嘉靖、隆慶、萬曆（1522～1620）三朝這一百年間，書院的數量更是整個明代最多的，約佔了全部的 57.42%。總的來說，明代的書院是由明初的沉寂，到成化以後即逐漸興起，而嘉、隆、萬三朝則是書院的鼎盛時期，此外，在嘉、隆、天啓三朝，還發生了書院史上最特別的事件，即「毀禁天下書院」的措施，其中的因素和轉變，在第三、四章中會有較爲詳細的探討。

表1　明代各朝書院創修數量表

時　間	數　量	百分比
洪武（1368～1398）	18	1.58
建文（1399～1402）	10	0.88
永樂（1403～1424）		
洪熙（1425）	1	0.09
宣德（1426～1435）	7	0.61
正統（1436～1449）	16	1.40
景泰（1450～1457）	9	0.79
天順（1458～1464）	8	0.70
成化（1465～1487）	63	5.53
弘治（1488～1505）	62	5.44
正德（1506～1521）	86	7.55
嘉靖（1522～1566）	384	33.71
隆慶（1567～1572）	51	4.48
萬曆（1573～1620）	219	19.23
天啓（1621～1627）	10	0.88
崇禎（1628～1643）	56	4.92
時間不詳	139	12.20
總　計	1139	100%

資料來源：曹松葉〈宋元明清書院概況〉，頁 4521～22。

表2　明代各省書院創修數量表

省　別	數　量	百分比
直　隸	37	2.94
山　西	26	2.07
陝　西	24	1.91
甘　肅	18	1.43
山　東	43	3.42
河　南	81	6.44
*江　蘇	47	3.74
*安　徽	99	7.87
湖　北	43	3.42
四　川	11	0.87
*浙　江	138	10.97
江　西	251	19.95
湖　南	102	8.11
貴　州	18	1.43
雲　南	50	3.97
福　建	38	3.02
*廣　東	168	13.35
廣　西	61	4.85
奉　天	3	0.24
總　計	1258	100%

資料來源：江蘇：柳詒徵《江蘇書院志初稿》，頁 17～23。安徽：吳景賢〈安徽書院沿革考〉，頁 55。浙江：呂仁偉《浙江書院之研究》，頁 16。廣東：劉伯驥《廣東書院制度》，頁 33～34。其他各省據曹松葉〈宋元明清書院概況〉，頁 4520～21。〔註43〕

二、書院的地理分布

　　從表2的統計可知，各省書院的數量以江西最多，約佔了全部的 19.95%，廣東 13.35% 居次，浙江 10.97% 第三，三省總共約佔全部的 44.27%，其中江

〔註43〕曹松葉的統計是根據各省的通志，原統計江蘇為 46 所，安徽 73，浙江 120，廣東 94 所，與後來學者的進一步研究稍有差距，故此處稍作修改。又，江蘇、安徽兩省，在明代為南直隸，湖北、湖南為湖廣，甘肅屬陝西，奉天屬遼東，此處依原表，不作修改。

西和浙江兩省，早在宋代就已經是居領先的地位。再進一步分析可以發現，長江流域地區（四川、湖廣、江西、南直、浙江）的書院數佔全部的 54.93％，超過總數的一半，而江南地區（江西、南直、浙江）則佔了全部的 42.53％。其中的主要因素，當然是中國經濟文化的大變動，也就是唐代中葉以後，中國經濟文化重心逐漸南移的影響。我們知道，南宋政府所能控制的地區，大致上是長江流域以南的地區，但是歲收總數卻已超過了北宋熙寧時期。元代時江浙、江西的歲入糧數已佔全國的 44.66％。〔註44〕

經濟的繁榮也促進了文化的昌盛，例如唐代晚期，南方的科舉試額就已增加，但仍然不能超越中原。從北宋開始，因南方人口和文化的繁榮，已不得不劃分南北額數以求平衡。明太祖早期會試本不分南北，而洪武三十年（1397）的會試，錄取五十二人皆南士，太祖怒考官所取之偏，乃親自閱卷，重取六十一人皆北士。洪熙元年（1425），始正式分南北數額為南十分之六，北十分之四，宣德時又分成南、北、中卷。〔註45〕另一項例證是，從洪武四年（1371）到萬曆四十四年（1616），二百四十五年間，每科的狀元、榜眼、探花和會元共計二四四人，籍貫為南直、江西、浙江的共有一六二人。〔註46〕可見江南地區在經濟、文化上的優勢地位，當然促使書院在這個地區的蓬勃發展。

三、書院的分類

從明人文集和方志裡的書院記中，我們大致可了解這些書院的創立目的，筆者大致上把它分成三類，一是以講學為主要目的，一是以科舉為主要目的，另外一類為其他，即較難明確區分的書院，茲分述於下：

（一）講 學

這裡說的講學主要指理學的傳播。從前節的敘述中已知，朱子的重建白鹿洞書院，為書院確立了傳授理學的制度和特性，朱子以後的理學，也因為有了書院這一有效的傳播基地，而能逐漸擴大其影響，所以講學可以說是書院的核心精神，並且是淵源於私人講學的傳統。明代的書院在嘉靖之後達於

〔註44〕 北宋熙寧時歲入 5000 餘萬緡，南渡後增至 6000 餘萬。元代時歲入糧總計 12,114,704 石，而江浙、江西則 5,652,231 石。引自錢穆《國史大綱》下，頁 536。
〔註45〕 南、北、中的比率，分別是 55％、35％、10％。《明史》選舉志二 c.70，頁 1697。
〔註46〕 錢穆《國史大綱》下，頁 551。

鼎盛，講學也是主要的關鍵之一。明代爲講學而建的書院，包括各學派主要人物親自建立的書院，以及其弟子爲他們建立的書院，如王守仁（1472～1529）和湛若水（1466～1560），對明代書院的講學就有深刻的影響，《明史》和《明儒學案》中所列的書院大體上也都屬於這一類，就學術史的角度說，這類書院在創新和傳播學術上都是最重要的，但是就普及教育的角度說，這類書院扮演的角色，總的來說，可能就不及下列二類書院，例如書院最多的江西地區，清楚記載曾有理學家講學的書院，約只有二十四所。〔註47〕

（二）科　舉

呂柟（1479～1542）曾說：「夫書院，自唐宋以來，白鹿、嶽麓，處多有之，蓋以理學校也。然其後，多課諸人文藝科第，而於朱子舊規，鮮有舉者」。〔註48〕從江西的情形中，我們可以說明代的書院中，爲科舉而建立的書院是最多的，如弘治時曾任廣西提學僉事的姚鏌（1465～1538），建立宣城書院，延請五經師來教士子。〔註49〕如嘉靖初在浙江興建的萬松書院，以收取未能通過科舉的士子爲主，並給予廩餼。〔註50〕再如河南篤志書院，挑選生員肄習其中，並由太守親自考課，因而通過科舉的學生不少。〔註51〕此外，爲了生員日漸增加而興建的書院，以及爲了適應社會受學需要而修建的書院，大體上都是屬於科舉的書院。

由於明代的科舉以四書五經爲主，而講學一樣也是講聖賢之學，二者在教材上很難區分，再加上各學派的主要人物，並不主張「聖學」與「科舉」是互爲抵觸排斥的，所以我們很難說爲講學的書院沒有科舉的意味，反之亦同。因此，「功名」與「學術」這二項條件，是協助我們區分二者的主要依據。講學的書院，在理學的立場上強調道德的提昇，若專求「功名」就往往接近「利欲」，這點正是他們最反對的，而且他們建書院力講學的目的之一，就在矯正士子專重功利的弊病。爲科舉的書院，以官定的程朱理學爲主，成祖以後則專讀《四書、五經、性理大全》諸書，諸書可以說是宋元理學的大雜燴，在學術上較少新意，而且既以科舉爲主，那麼教學方式可能也與州、縣儒學

〔註47〕參見附錄一。

〔註48〕呂柟《呂涇野先生文集》c.16〈上黨仇氏新建東山書院記〉c.36。

〔註49〕《明史》c.200，頁5277。

〔註50〕《王陽明文集》c.1〈萬松書院記〉，頁21。

〔註51〕呂柟《呂涇野先生文集》c.18〈新建篤志書院記〉，頁38。

的記誦、作文相近，而以講學爲主的書院，因爲有眞正對學術有創見的學者參與，如王守仁、湛若水，所以在學術上來說是比較專精的。再則，講學的書院，常會邀請其他著名的學者講學，或舉行講會，這些比較具有學術內涵的活動，在科舉的書院中也是比較少有的。

（三）其　他

書院創建的目的還有以下幾種：

1. 藏　書

作爲藏書齋之用，本是書院的原始意義，在書院增加教育功能後，藏書仍然是書院的特點之一。但就明代來講，科舉爲主的書院，讀書範圍狹窄，所以藏書不多，大約就同儒學一樣以應考的書籍爲主。〔註52〕而以講學爲主的書院，因受心學派的經書工具化傾向之影響，所以也不太講究藏書，這也是明代書院特別之處。另外，以刻書來說，講學的書院也刊刻理學家的著作，如南直隸（安徽）的水西書院，於嘉靖三十四年（1555）曾復刻錢德洪（1497～1574）編的《傳習續錄》（今本《傳習錄》卷下）。湛若水的《泉翁大全集》，由他所建立的廣東朱明書院，於嘉靖十九年（1540）刊刻，聶豹（1487～1563）的《雙江聶先生文集》，於隆慶六年（1572）在江西雲丘書院刊刻，相對於明人文集多數是家刊本，這點也是特別的。此處說的「藏書」，指的是書院以藏書爲目的而興建，如成化時曾任戶部尚書的李敏（景泰五年進士），曾在故里河南襄城的紫雲山建書齋，之後就把書齋捐給政府，並賜名爲紫雲書院。〔註53〕

2. 祀前賢

書院祭祀前賢，雖然在北宋的四大書院就有，但主要是祭祀該書院的淵源者，如白鹿洞祀李渤、應天府書院祀戚同文。書院祭祀一個學派的重要貢獻者，

〔註52〕 江西《瑞金縣志》（嘉靖二十一年）曾詳列當地儒學的藏書，計有：《四書、五經、性理大全》、《通鑑》、《通鑑綱目》、《大學衍義、衍義補》、《大明會典》、《皇明政要》、《大明一統志》、《聖學心法》、《大誥三編》、《孝順事實》、《爲善陰騭》、《諸司職掌》、《皇明祖訓》、《后鑒錄》、《大明律、律令》、《洪武正韻》、《玉篇廣韻》、《教民榜文》、《資治通訓》、《皇明名臣言行錄》、《宋名臣言行錄》、《十九史略》、《程氏遺書》、《朱子全書》、《史記》、《十七史詳節》、《御製文集》、《石堂集》、《五倫全書》、《通鑑前編》、《明倫大典》等三十五部，由於瑞金並不是大縣，所以應可代表大部分明代學校的藏書。這些書多數是政府所編，因也可見士子讀書之窄，以及儒學的政治性格。學校類 c.3，頁3～4。《天一閣藏明代方志選刊》12冊。

〔註53〕 《明史》c.185，頁4895。

大約也是從朱子開始，朱子的竹林精舍祭祀孔子，並以周、程、邵、司馬、豫章、延平七先生從祀，後來的書院即繼承之，當元代把理學定為正統之後，書院祭祀周、程、朱子就相當多了，如明代江西的書院中，清楚記載祭祀周、程、朱子的書院至少有二十五所。此處指的書院是專為祭祀某人而建立的，至於是否有教學活動並不太清楚，如太祖於洪武元年（1368），因元代舊制設立洙泗、尼山兩書院，以尊崇孔子。成化二十年（1484），憲宗下令重建江西貴溪的象山書院，〔註54〕這是中央命令建立的書院，數量比較少。而地方上為祭祀前賢而建立的書院數量就相當多了，如李夢陽（1472～1529）任江西提學副使時建金川書院，祭祀練子寧（洪武十八年進士）。〔註55〕最重要的就是湛若水，《明史》記載：「若水生平所至，必建書院以祀獻章」。〔註56〕此外，王守仁死後，其弟子在各地建書院以祭祀的至少有十二所，而在江西也至少有四所是祭祀王守仁的。

3. 為藏御賜文件

如李時（1471～1538）建書院世宗賜名為珍謨、夏言（1482～1548）建書院世宗賜名忠禮、張璁（1475～1539）建書院世宗賜名貞義，都是為了收藏皇帝賜給的翰墨和書籍。

4. 改淫祠、道觀為書院

如韓邦奇（1479～1555）敘述山西蒲州河中書院原為東嶽祠，改書院後有數百名生員肄習。〔註57〕再如聶豹（1487～1563）任職江西時，曾毀永豐城北的叢祠而建立峰羅先生書院。〔註58〕又如胡鰲在廣東廉州改道觀建崇正書院，湛若水曾稱讚此舉是「因地勝，儲人材，抑邪而反正，一舉兩得焉，不亦可乎！」〔註59〕

5. 社　學

如王守仁在江西平亂，曾在南贛建立義泉、正蒙、富安、鎮寧、龍池等五所書院作為社學，並選生員為教讀，擇子弟秀穎者分入肄習。〔註60〕

〔註54〕《續文獻通考》c.50，頁28。
〔註55〕《明史》c.141，頁4022。
〔註56〕《明史》c.283，頁7267。
〔註57〕韓邦奇《苑洛集》c.3〈河中書院記〉，頁1～2。
〔註58〕張岳《小山類稿》c.14〈一峰羅先生書院記〉，頁5。
〔註59〕湛若水《泉翁續編大全》c.4〈廉州府新立崇正書院記〉，頁25。
〔註60〕《王陽明年譜》c.2，頁86。

6. 家塾黨庠

如江西泰和的蕭氏南薰書院，「以教其一家子弟，而有古人黨塾之遺意」。〔註61〕江西泰和的石岡書院也是類似的性質。〔註62〕

7. 綜合式的書院

呂柟在山西解州建解梁書院比較是特別的，該院有四齋居生員之願來學習者，有館以啓蒙童子，還設了鄉約所以定期集會，演講鄉約宣傳政令。〔註63〕

前四種書院由於資料未明確敍述是否附帶有教學活動，所以不易判斷它們屬於科舉或講學書院。若是作為社學或家塾之用，或是有教學活動，那麼受科舉的影響是可想見的。

四、書院的創建人

明代書院的創建人（含重修、改建），有平民、地方官、督撫、京官以及皇帝敕建，其數量和比例如下表：

表3　書院創建人分類表

類　別	數　量	百分比
平　民	184	15.11
地方官	635	51.83
督　撫	135	11.50
京　官	58	4.76
敕　建	4	0.32
不　明	180	14.79
其他（進士、教官）	21	1.72

資料來源：曹松葉〈宋元明清書院概況〉，頁4530～31

從上表可知書院以官建的最多，其中又以地方官創建的居首位，這是明代與宋、元二代不同之處。我們從書院記中發現，純屬民建的書院多屬個人藏書之用，或是作為鄉里家族的私塾，而地方官修建的書院，也並不純粹全由地方官負責，通常的情況是由地方的鄉紳和官員合建，如著名的東林書院就是由顧

〔註61〕梁潛《泊菴集》c.4〈蕭氏南薰書院集〉，頁2。
〔註62〕楊士奇《東里文集》c.2〈石岡書院記〉，頁15。又，鄒元標曾說書院「倣黨庠塾序餘意，輔學政之所未逮。」《願學集》c.5上〈仁文書院記〉，頁37。
〔註63〕呂柟《涇野先生文集》c.16〈別解梁書院記〉，頁34～35。

憲成（1550～1612）等人居里時所倡修，從清人高廷珍編輯的《東林書院志》中可以知道，重修這所書院需銀約七百七十二兩三分，其來源分別是：

1. 邑內縉紳募集銀三百兩。

2. 縣庫中支付四項：（1）萬曆三十年解存各衛倉米，折銀五兩一錢一分八釐七毫六絲。（2）三十二年原編四名進士牌坊，而今只中三名，故存銀二百零四兩。（3）三十二年許春元不受長夫銀二十九兩八錢二分八釐。（4）三十一年驛徒夫納差銀七十三兩七錢四分二釐。四項共銀三百十二兩六錢八分八釐七毫。

3. 府庫發銀一百兩零五錢五分一釐。

4. 兵備道助銀六十兩。〔註64〕

可見知縣林宰（萬曆二九年1601進士）、知府歐陽東鳳（萬曆十七年1589進士）在這所書院中，也扮演了相當重要的角色。再如陸深（1477～1544）曾記載四川大益書院，從正德十三年（1518）創建到嘉靖十三年（1534），十六年間共有近二十五位地方官參與和支援該院的整修或擴建。〔註65〕

從許多的書院記中可以發現，地方官不止是興建書院，更有親自在書院中講學的，我們可以推論，這類的講學應大多是與科舉有關。但是就理想的一面來說，地方官興建書院是否還有深一層地、淵源於儒家傳統地用意？

明代的地方官，絕大多數都是獲有功名的，〔註66〕也就是說，儒家的經典曾經是他們得以任官的憑藉。前已述孔子在面對「禮崩樂壞」的時局時，提出了一套道德政治的主張，對於這套主張的實現步驟，傳統的看法是依據《大學》所述的八條目，通常也簡述為「內聖外王」，但是儒家在修己和治人的層面上，並不是取一體相同的態度，很明顯地，「內聖外王」只是針對統治階層的主張，至少是針對「士」以上階層的說教，對於一般平民則用的是另一套程序，《論語》〈子路篇〉記載：

> 子適衛，冉有僕。子曰：「庶矣哉！」冉有曰：「既庶矣，又何加焉？」

〔註64〕《東林書院志》c.14，頁1～5。

〔註65〕陸深《儼山集》c.52〈大益書院記〉，頁8～10。

〔註66〕祝允明（1460～1526）編的廣東《興寧縣志》中，列出了從1390～1516年間的25位知縣，其中出身進士有2人，人才有1人，監生有11人，舉人有11人。又，萬守禮（1505～1578）有一年曾統計河南省的108個州縣中，舉人有62位，監生28人，進士只有4人，另有14位出缺。似乎州縣一級的官員，以舉人和監生佔多數。參見楊聯陞〈明代地方行政〉，文在氏著《國史探微》，頁145～147。

曰：「富之。」曰：「既富矣，又何加焉？」曰：「教之。」

「先富後教」正是孔子和往後儒家學者政治思想的核心，孟子、荀子對此也均有繼承和發揮，〔註67〕這個核心到了漢代又成為循吏的「條教」，懸諸為他們施政治民的根本信念，且對於後代的地方官有著深遠的影響。〔註68〕《明史》〈循吏傳〉中也有幾個人值得一提：

翟溥福：

> 正統元年（1436）七月詔舉廷臣堪為郡守者，（魏）源以溥福應，乃擢南康知府。先是，歲歉，民擅發富家粟，及收取漂流官木者，前守悉坐以盜，當死者百餘人。溥福閱實，杖而遣之。……廬山白鹿洞書院廢，溥福倡眾興復，延師訓其子弟，朔望躬詣講授。

龐嵩：

> （嘉靖）二十三年（1544）歷應天通判，進治中，先後凡八年。府缺尹，屢攝其事。始至，值歲饑，上官命督振。公粟竭，貸之巨室富家，全活者六萬七千餘人。乃蠲積逋，緩征徭，勤勞徠，復業者又十萬餘人。……江寧縣葛仙、永豐二鄉，頻遭水患，居民止存七戶。嵩為治隄築防，得田三千六百畝，立惠民莊四，召貧民佃之，流移盡復。……早遊王守仁門，淹通五經。集諸生新泉書院，相與講習。〔註69〕

孔子說的「庶」和「富」，這幾位循吏大概沒有客觀條件能達成，但若以孟子所說最低限度的「養民」，即「樂歲終身飽，凶年免於死亡」，則這幾位地方官確實做到了，並且在這個基礎上，他們繼續向「教」的層面努力，下面的例子可以更清楚的說明，儒家「先養後教」的理念，確實是促使地方官

〔註67〕 參見蕭公權《中國政治思想史》上，第三章。徐復觀〈儒家在修己與治人上的區別及其意義〉，在氏著《儒家政治思想和民主自由人權》，頁203～206。

〔註68〕 余英時〈漢代循吏與文化傳播〉，在氏著《中國思想傳統的現代詮釋》。

〔註69〕 《明史》c.281，頁7197，頁7215。新泉書院為湛若水所建。又，〈循吏傳〉中與書院有關的地方官還有：段堅（1419～1484）「成化初，賜敕旌異，超擢萊州知府。期年，化大行。以憂去，服除，改知南陽。召州縣學官，具告以古人為學之指，使轉相勸誘。創志學書院，聚秀民講說五經要義，及濂、洛諸儒遺書。」頁7209。

陳鋼（？～1496）「舉成化元年鄉試，授黔陽知縣。楚俗，居喪好擊鼓歌舞。鋼教以歌古哀詞，民俗漸變。縣城當沅湘合流，數決，壞廬舍。鋼募人採石甃隄千餘丈，水不為害。……遷長沙通判，監修吉王府弟。工成，王賜之金帛，不受。請王故殿材修嶽麓書院，王許之。」頁7210。

建書院的動力。

　　江西金谿知縣馮元鼎，曾在嘉靖年間興建崇正書院，書院記的作者敘述他治理金谿與興建書院的用意：

> 先其大者，養與教。既於四鄉各建倉廣儲，歲歉克濟民，惠厥德規垂諸永矣。既又慨然作曰：「吾不敏，無以教於谿之人，若象山陸子，邑產也；若晦庵朱子，亦嘗臨此邦焉。二先生同時並作，相會講道，共承前聖之統，真皆百世之師，盍並祠之，振揚其休光，使谿之學者尊其道，宗其學，尚亦於風教有俾乎！」〔註70〕

余英時先生在研究漢代循吏的專論中指出：循吏是大傳統（great tradition）的承擔者，他們把大傳統廣泛地傳佈到中國的各地區，而他們從事文化傳佈的努力則是出於自覺的。〔註71〕余先生的立論根據雖是漢代的時空環境，此處借用來觀察明代地方官興建書院的理念，應該也是可以成立並接受的。

五、書院的教師與學生

　　書院的教師，有些是地方官自己兼任，例如上述的翟溥福、段堅、龐嵩，或是請當地的儒學教官協助，如呂柟曾記載元城書院，分教者由儒學教諭張時啓等人擔任。有些則是聘請學者專任，例如王守仁在貴州時，提學官席書（1461～1527）建貴陽書院請守仁主講，在浙江時紹興郡守南大吉（1487～1541）建稽山書院請他主講，從《明史》和《明儒學案》中，我們可以發現學術上有地位的學者，幾乎都有地方人士興建書院以方便他們講學，例如諸生請胡居仁（1434～1484）在江西桐源書院講學，知縣劉成為劉觀（正統四年1439進士）在南直建養中書院，總督陶諧（1474～1546）在廣東建蒼梧書院請程文德（1497～1559）主持，王畿（1498～1583）、錢德洪（1496～1574）在南直水西書院和江西懷玉書院講學，王艮（1483～1541）主持東淘精舍等。此外，這些著名的學者也親自修建書院講學，如王守仁在江西重修濂溪書院講學，呂柟在山西建解梁書院講學，鄒守益（1491～1562）在南直建復初書

〔註70〕《天下書院總志》（撰人不詳），頁517～518。又，顧憲成曾記載甘士价（萬曆五年進士）撫浙：「大修保釐之政，興利除弊，無不殫厥心，大指以節愛為本，而躬先之，一時人心信服，……比及期年，政大行，公喜曰：『可以教矣！』乃謀於藩臬諸大夫而下，暨鄉之衿紳」，即將舊撫治改建為虎林書院。《涇皋藏稿》c.11，頁1《四庫全書》1292冊。
〔註71〕余英時〈漢代循吏與文化傳播〉，頁190。

院，羅汝芳（1515～1588）在山東建見泰書院，鄒元標（1551～1624）在北京建首善書院等。

　　書院的學生來源，通常不像儒學只限於當地的生員，多數的書院其學生來源都相當廣，例如江西白鷺洲書院「大召九邑之士，使咸業游其中」，〔註72〕山東提學副使鄒善（嘉靖三五年1556進士）爲張後覺（1503～1578）建願學書院，「俾六郡士師事焉」，〔註73〕最著名的當然是王守仁在稽山書院講學時，學生有來自湖廣、廣東、江西、直隸的。另外，王艮的學生也很特別，幾乎可以說是貧富貴賤和士農工商都有。一般來說，像王守仁、王艮這樣著名的學者，在舉行大規模的講學（講會）時，學生的來源和出身都非常廣泛，這也是明代書院的一項特點。相對而言，學生也可以自由的選擇老師問學，如王守仁和湛若水這兩位心學大師，他們的弟子就有「學於湛者，或卒業於王；學於王者，或卒業於湛」〔註74〕的情形。

六、書院的經費

　　明代書院的經費主要來自田產的田租收入。劉伯驥在研究廣東書院的專著中說：「明代書院數量漸多，經費來源，完全由於田產。這些田產，或出於公置，或由於捐送。其餘地租、鋪租也有些，但爲數不多」，〔註75〕例如浙江祭祀王守仁的天眞書院，本有田七十餘畝，後又增「會稽廢寺田八十餘畝爲庄，屬之書院」，以及「宋人所爲龜疇田九十餘畝以益之」，〔註76〕再如東林書院，買祠田百畝，計價銀二百二十餘兩，以作爲「春秋之俎豆」和「歲月之供億」的經費，〔註77〕此二者是出於公置的田產，私人捐送的田產如安徽九華山的甘泉書院，由仰慕湛若水之士捐田百畝，「以贍士之來學者」。〔註78〕一般來說，明代大部分的書院，其田產可能都不足百畝，〔註79〕甚至也有不

〔註72〕尹臺《洞麓堂集》c.4，頁20，文淵閣《四庫全書》1277冊。

〔註73〕《明史》c.282，頁7288。

〔註74〕《明儒學案》c.37，頁876。

〔註75〕《廣東書院制度》，頁141。呂仁偉《浙江書院之研究》也是同樣的看法。頁65。

〔註76〕《王陽明年譜》c.3，頁78。

〔註77〕《東林書院志》c.14，頁6。

〔註78〕林文俊《方齋存稿》c.7〈九華山甘書院田記〉，頁3。

〔註79〕劉伯驥列出了廣東的十六所書院，呂仁偉也列出了浙江的十六所，三十二所書院中，田產低於百畝的有十八所。《廣東書院制度》，頁142，《浙江書院之

到十畝的，這些書院大概都是鄉邑的小型書院。但是規模大的書院則田產很多，例如白鹿洞書院在萬曆初年有田產近二千畝。〔註80〕至於書院經費的用途，最主要仍是用在師生的薪脩和廩餼上。

以上簡述明代書院的時間、空間分配，創建者和創建目的，以及內部結構的普遍狀況。與前代相比，明代書院較特別的地方，是在書院興起的原因與書院講學這二點，其中的主要關鍵就是理學在明代的轉變和發展，並由此衍生出書院講學與政治、社會複雜的互動關係，這之中的種種情況，將試著在下面的章節裡加以探討。此外，科舉對書院的影響，也不應忽略，陳東原提出的「官學化」問題，雖然指的是政府力量的直接介入，但是就明代來說，除了「毀禁書院」外，「官學化」還可解釋爲書院教育向官學教育接近的意思，換言之，就是書院教育「科舉化」的問題，最明顯的例子就是白鹿洞書院在天啓時，有了鄉試的名額，這種類型的「官學化」，涉及的已不只是政府的力量，更是整個社會對科舉和教育的態度。

研究》，頁 252～254。

〔註80〕陳東原〈廬山白鹿洞書院沿革考〉刊《民鐸》7 卷 2 期，頁 1。

第三章　明代書院的興起

　　從前章表 1 的統計中已知，明代的書院在十五世紀中葉以前，是相當沉寂的。太祖時雖設立洙泗、尼山兩書院，[註1] 但主要是因襲元代，以對孔子表示尊崇之意，並無倡導書院的意思。[註2] 書院的興起，大約要到成化以後。[註3] 明初書院沉寂的因素，主要是太祖繼承元代控制教育的政策，並進一步在各地普設學校，[註4] 使學子皆聚於官學，如鄭岳（1468～1539）所說：

> 宋元時書院領於官，賜額割田，主以直學山長。迨我朝定制歸於學，
> 而書院廢。[註5]

其次，是太祖將學校與科舉綰合，所謂「科舉必由學校」，[註6] 生員考得舉人便可任官，或是貢入國子監，監生經由撥歷制度亦可任官。學子任官途徑主要仍是學校與科舉二途。第三，明初的學術風氣，是繼承元代的程朱理學，而且太祖和成祖對思想控制頗為嚴格。在學術無突破，風氣未改變前，私人講學自然不盛。十五世紀中葉以後，學校、科舉與學風三者均起了變化，書

〔註1〕王圻《續文獻通考》c.50，頁 28 文淵閣《四庫全書》627 冊。

〔註2〕浙江《淳安縣志》記載，建於宋代的石峽書院，在明初時「田入於官士養於學，而書院廢。」c.6，頁 15 在《天一閣藏明代方志選刊》6。據此，雖難說明初有沒收書院的政策，但無倡導措施則是可確知的。

〔註3〕成化二十年（1485），曾令江西貴溪重建象山書院。《續文獻通考》c.50，頁 28 文淵閣《四庫全書》627 冊。

〔註4〕明太祖在元至正二五年（1365），稱吳王的第二年設立國子監，洪武十五年（1382）新建於南京。洪武二年（1369），詔天下府、州、縣立學。龍文彬《明會要》c.25，頁 396～397 與，頁 408。

〔註5〕鄭岳《山齋文集》c.11〈立誠書院記〉，頁 1 文淵閣《四庫全書》1263 冊

〔註6〕《明史》c.69，頁 1675。

院與講學也正是在此時興起。

第一節　學校和科舉的弊病

　　明初書院的沉寂，主要是政府重視官學和提倡科舉。太祖對於學校教育的看法，仍不脫漢代以來的官學之政治色彩，也就是以「養士」和「教化」為官學的目的，他說：「治國以教化為先，教化以學校為本」，〔註7〕又說：「治天下以人才為本，人才以教導為先」。〔註8〕我們知道太祖出身平民，所以在行事上很多取法漢高祖，〔註9〕劉邦在平定天下後，曾很得意的對他父親說：「今某之業所就孰與仲多？」而朱元璋則說：「率土之濱，莫非王臣。寰中士大夫不為君用，是自外其教者，誅其身而沒其家，不為之過」，這種「視天下為莫大之產業」〔註10〕的思想，使他任意的廢宰相、杖官吏及蔑視法律、任情生殺，〔註11〕此也正代表傳統政治在明代益趨專制與獨裁。〔註12〕專制政治下的教育體系，絕不是獨立的領域，它的目的也不在啟迪民智，或追求自我實現，它是為政治服務的，所以「養士」可以說就是培養「行政幹部」（administrative staff），〔註13〕以「助我後嗣，安天下蒼生」，〔註14〕這也是明代很多人的共同看法，如吳寬（1435～1504）就說：「學校者養士之地」，「欲士之遊於斯者，進修於斯、講習於斯，以為上之所取用之資也」。〔註15〕因此，明初的學校除了國子監以外，地方的儒學規模都不大，府、州、縣儒學規定的生員數，分別是四十、三十、二十人，據何炳棣估計1400年時，全國學校總數是1350～1450所，每所平均有二五名生員，那麼全國的生員數約是30000

〔註7〕《明史》c.69，頁1686。
〔註8〕《古今圖書集成》選舉典c.14學校部，頁133。
〔註9〕趙翼《廿二史劄記》c.32，頁732。
〔註10〕黃宗羲《明夷待訪錄》〈原君〉，頁8。
〔註11〕徐道鄰〈明太祖與中國專制政權〉《清華學報》新八卷一期，頁359～364。
〔註12〕參見刑義田〈皇帝制度〉刊《中國文化新論—制度篇》，頁64～69。
〔註13〕借用韋伯（Max Weber）之語。韋伯在分析支配的正當性基礎時，強調如果被統治者為數頗眾，支配的行使便須借一個行政幹部集團。參見韋伯著康樂等譯《支配的類型》，頁21。吳晗在〈明初的學校〉中也強調，太祖設國子監的目的在「製造和訓練官僚」。文在氏著《讀史劄記》，頁317～358。
〔註14〕洪武十五年（1382）六月對監生的訓示。黃佐《南雍志》c.1，頁27。轉引自岑練英〈明太祖之教育政策及其得失〉在《中國歷史學會會史學集刊》第十八期，頁34。
〔註15〕《古今圖書集成》選舉典c.23，頁233。

～32500 人，當時全國的人口約是 65000000 人，〔註16〕生員約佔萬分之五，這個數字相當低，所以此後儒學的生員數便不斷提高，宣德三年（1428）增加一倍，〔註17〕正統十二年（1447）再增加附學生員，名額不限。〔註18〕

生員名額的不斷增加，顯示當時要求入學的人很多，但政府卻不能予以滿足，如成化初社會上就有「和尚普度，秀才拘數」的說法，〔註19〕於是在官學以外的其他教育機構如書院，就成為受教育的另一途徑，例如弘治初年，在浙江設立的萬松書院，收錄鄉試未取者入院肄習，並和儒學一樣給予廩餼。〔註20〕再如邵寶（1640～1527）任江西提學副史時，命白鹿洞書院，收錄的學生不限於生員還包括「山林儒士」。〔註21〕

儒學生員的名額雖增加，但相關措施不全，則效果必受影響，這其中最要緊的是師資。明代官學的教師屬於官僚組織，通稱為「教官」，他們品低俸薄，〔註22〕升遷機會又少，所以地位不高。本來學官多由副榜、舉人和國子監生擔任，景泰元年（1450）又選歲貢生擔任。一般認為副榜和舉人學行較佳，而監生在明初地位頗高，但從宣德開始兩雍監生人數逐漸增加，而景泰四年四月，開啟納粟入監之例後，監生的學行和地位大降，〔註23〕正統初期已出現反對年老監生擔任教官的意見，〔註24〕景泰時代則反對聲浪更高。教官中最受爭議的是歲貢生，因為他們多是在科舉上屢遭挫折的年老生員，不

〔註16〕 參見何炳棣《明清社會史論》，頁 173～174。
〔註17〕 洪武時規定的名額稱為廩膳生員，此時增加的生員稱為增廣生員。
〔註18〕 《古今圖書集成》選舉典 c.14，頁 133～141。又，《明史》載：「（楊）瓚言民間子弟可造者多，請增廣生員毋限額。禮部採瓚言，考取附學。天下之有附學生，由瓚議始。」c.161，頁 4386。
〔註19〕 《古今圖書集成》選舉典 c.27 學校部，頁 262。
〔註20〕 王守仁《王陽明文集》c.1〈萬松書院記〉，頁 21。
〔註21〕 邵寶《容春堂前集》c.10〈白鹿洞諭來學文〉，頁 18 文淵閣《四庫全書》1285 冊。
〔註22〕 明代儒學，府學設教授、州學設學正、縣學設教諭各一名。又設訓導，府學四名、州學三名、縣學二名。只有教授為從九品，其他皆為未入流。《明史》c.75，頁 1851。學政俸祿月米二石五斗，其他為二石，時縣丞為正八品，月米六石五斗。吳智和《明代的儒學教官》，頁 9～10。又，歸有光曾記載崑山一位劉姓教官說：「吾為是官，秩卑而祿微，月費廩米三石，具饘粥養妻子常不給。」《震川先生集》c.15，頁 270。
〔註23〕 參見顧炎武《日知錄》c.19〈生員額數〉，頁 488。林麗月《明代的國子監生》，頁 19。
〔註24〕 正統九年（1444）御史朱本言：「在外儒學故以舉人任教官，……續將年深監生選補，往往廢職不能育才。」引自《古今圖書集成》選舉典 c.14，頁 141。

僅體力漸衰，連學識都受到懷疑。雖然任職教官尚需考試，但從弘治初期開始，這項考試漸成虛應故事而缺乏實效。〔註25〕

明代學校風氣的惡化，最晚約從十五世紀中期開始。天順初賀煬曾上書談學校的情形：

> 朝廷建學立師，將以陶鎔士類，而師儒鮮積學，草野小夫夤緣津要，初解兔園之冊，已廁鴞薦之群。及受職泮林，猥瑣貪饕，要求百故，而授業解惑，莫措一詞。生徒亦往往玩愒歲月，佻達城闕，時次循資，濫升太學。侵尋老耋，倖博一官。但圖身家之謀，無復功名之念。及今不嚴甄選，人才日陋，士習日非矣。〔註26〕

為加強生員的素質，天順六年（1462）制定了補廩法，規定廩膳生員從增廣生員中考選，增廣生有缺，再由附學生遞補，於是儒學成為廩膳、增廣、附學三級制。另又復設提學官來監督學校。〔註27〕成化三年（1467）又規定以上、中、下三個等級考察生員德業，非上等不許參加科貢。弘治四年（1491）再令教官嚴加考核。但是這些措施似乎並不能使學校恢復明初的情況，甚至學校風氣日益惡化，不僅有廩膳生員不諳文理，還有生員「傲慢師長，挾制官府，敗倫傷化，結黨害人」的情形出現。〔註28〕

然而，生員的問題並不是完全因儒學的問題而來，其另一根源是生員本身所具有的特權。明代的生員除了穿著「襴衫」以與庶民區分外，每月並給米一石，又免本人和戶內二丁的差役，此外還有法律上的優待與可用奴婢等特權。由於科舉中式不易，所以多數讀書人終其一生都仍只是生員。永樂以後，一些生員就利用他們的特權犯法，如「姦盜詐偽」、「挾制官府」、「毆罵師長」、「教唆詞訟」、「占人財物田土」等等。到了嘉靖時甚至有所謂「學霸」

〔註25〕 這項考試從景泰元年開始。《明會要》c.41，頁 737。成化時考核尚嚴。弘治四年（1491）祭酒謝鐸曾說：「來貢之際，又聽其自乞願授教職，往往名為陛考，而實則虛文。上下相蒙，迄無可否，而歲貢之法益壞。」《皇明疏鈔》c.49，頁 3717。轉引自吳智和《明代的儒學教官》，頁 44。又，嘉靖十年（1531）六月，張孚敬說：「廷試考選，只應故事。」《明世宗實錄》c.127，頁 9。

〔註26〕 《明史》c.164，頁 4459。明人多將學校風氣的惡化，歸咎於師資不佳，但除此之外還有如生員數增加教官卻未跟著增加，再如明代社會風氣在嘉靖以後趨向奢靡，這些者必然會影響學校。

〔註27〕 《古今圖書集成》選舉典 c.14，頁 142。提學官始設於正統元年（1436），景泰元年（1450）罷。《明會要》c.40，頁 718～719。

〔註28〕 《古今圖書集成》選舉典 c.14，頁 146。

出現。顧炎武就曾激憤地批評明末生員：「廢天下之生員而官府之政清，廢天下之生員而百姓之困蘇，廢天下之生員而門戶之習除，廢天下之生員而用世之材出」。〔註29〕

　　儒學的問題，一直持續到嘉靖時期仍然存在。嘉靖元年（1522）七月下令沙汰生員，不許附學生員超過廩膳、增廣生員之數，〔註30〕理由主要是有人爲規避徭役而營求入學。但這項規定在嘉靖九年就因反對而放寬，准許各地方依情況訂定附學名額。〔註31〕在教官方面，則採取優加擢升〔註32〕和嚴格考試〔註33〕的辦法，但似乎未見明顯成效。此外，監督學校的提學官，也逐漸出現接受請託和疏於巡歷的弊病，嘉靖十九年就令吏部謹慎選任。〔註34〕我們從嘉靖初，浙江太平縣志記載儒學的情況中可以得到一些了解：

> 洪武永樂間，學官主教，而升黜諸生在守令，當是時學官專貴甚。
> 今地廣士眾，視學憲臣或間歲一至，每至率僅留四三日，閱卷稽課
> 猶不給，矧暇及其他。守令以學有專司，多委而不問，顧學官餼廩
> 或不繼，師生多者踰月不相見，此子衿所爲悲嘆也。〔註35〕

我們進一步探究儒學風氣惡化的原因，可發現其中非常重要的因素，乃是源於儒學本身的政治性格而造成的限制。前已述太祖設學的目的，基本上是爲政治服務。也就是說，儒學教育的目的就是使生員能通過科舉而任官。《明史》說「學校則儲才以應科目者也」。〔註36〕所以不論是教官所授〔註37〕、生員所學都是爲了科舉，正如歸有光（1506～1571）說：

> 科舉之學，相傳久矣。今太學與州縣所教士，皆以此也。〔註38〕

明代的科舉從洪武十七年（1384）確立，考試三場，初場試《四書》和經義，

〔註29〕生員的特權見《續文獻通考》c.50，頁 17～19。並參見吳含〈明代的科舉情況和紳士特權〉，在《吳含史學論著選集》，頁 157～158。顧炎武對生員的批評詳見〈生員論〉，在《顧亭林詩文集》c.5，頁 21～24。

〔註30〕《古今圖書集成》選舉典 c.14，頁 148。

〔註31〕《明世宗實錄》c.116，頁 1。

〔註32〕《明世宗實錄》c.84，頁 6。

〔註33〕《明世宗實錄》c.127，頁 9。

〔註34〕《明會要》c.40，頁 720。

〔註35〕《太平志》嘉靖九年（1530）c.4，頁 10。在《天一閣藏明代方志選刊》6。

〔註36〕《明史》c.69，頁 1675。

〔註37〕洪武二六年（1393）五月，規定教官考核，以生員中式多寡爲依據。《明會要》C.41，頁 736。

〔註38〕歸有光《震川先生集》c.11，頁 188。

二場試論、判、詔，三場試策。到了永樂十五年（1417）四月，頒布《四書大全》、《五經大全》、《性理大全》於各級學校，成為科舉與教學的定本，而古註疏遂不復用。〔註39〕《大全》諸書的內容以宋、元儒者之言為主，尤可說是以朱子（1130～1200）為中心，分類雖細，但也「龐雜冗蔓，割裂襞積以成文，非能於道學淵源，真有鑒別」。〔註40〕諸書的頒布，目的可說是教育上的進一步統一和控制，〔註41〕因為早在洪武十七年時，就已規定四書五經用宋人註解，〔註42〕此時則是明令在學校中推行宋、元理學。科舉、學校、理學相結合，使學子讀書的範圍益趨狹窄。〔註43〕又由於生員名額增加，及儒士參加科舉者眾多，〔註44〕使科舉考試日加困難，應考者為求錄取而不擇手段，造成弊端日多，防範日嚴，培養道德的目的盪然無存。王守仁就曾嚴厲批評說：

> 迨世下衰，科舉之法興，而忠信廉恥之風薄。上之人不能無疑於其下，而防範日密；下之人不能無疑於其上，而鄙詐日生。於是乎至有搜撿巡綽之事，而待之不能以禮矣；有糊名易書之制，而信之不能以誠矣。有志之士，未嘗不嘆惜於古道，而千數百年卒無以改。
>
> 〔註45〕

科舉本來是考三場，但因主試者為求方便，往往在第一場試經義時就先訂出標準，淘汰約四分之一的應試者，〔註46〕因此第一場就特別受到重視。〔註47〕經

〔註39〕《明會要》c.26，頁419。

〔註40〕《四庫全書總目提要》c.18〈性理大全書〉，頁53。

〔註41〕永樂二年（1404）七月，鄱陽縣民朱季友進書專斥宋代理學，太宗曰「謗先賢，毀正道，非常之罪」，於是季友被杖一百，並毀其所著文字。見顧頡剛〈明代文字獄禍考略〉《東方雜誌》32:14。

〔註42〕洪武十七年，頒科舉定式。《四書》主朱子集註，《易》主程朱義傳，《書》主蔡沈傳，《詩》主朱子集傳，《春秋》主左氏、公羊、穀梁、胡安國、張洽傳，《禮記》主古註疏。《明史》c.70，頁1694。

〔註43〕顧炎武曾感嘆說：「嗚呼！經學之廢實自此始。」《日知錄》C.19〈四書五經大全〉，頁526。

〔註44〕儒士參加科舉者，稱為儒士科舉。顧炎武記載景泰時陳循奏：「吉安府（江西），自生員之外，儒士報科舉者，往往一縣至有二三百人。」《日知錄》C.19〈生員額數〉，頁489。

〔註45〕《王陽明文集》C.3〈重修浙江貢院記〉，頁60。顧炎武也說「今日考試之弊，在乎求才之道不足，而防姦之法有餘。」《日知錄》C.19〈搜索〉，頁502。

〔註46〕顧炎武說：「計二千人可去五六百」。《日知錄》C.19〈三場〉，頁475～476。

〔註47〕弘治中吏部侍郎王鏊說：「今科場雖兼策論，而百年之間，主司所重，士子所

義之試始於北宋王安石（1021～1086）變法，幾百年下來出題的向學子大概已能掌握，投機的考生考前先擬題一二百道，然後取「程文」背熟，應考時再默寫一遍，僥倖者就可中舉。〔註48〕所謂「程文」是指中式文章的選集，這類文字的刊刻，至遲在天順年間就已出現，〔註49〕所以顧炎武（1613～1682）說：「今之經義論策，其名雖下而最便於空疏不學之人」。〔註50〕試經義的文體一般稱之為「八股文」，這種文體大約到成化時就已定型，以後則亦趨嚴格。〔註51〕文體愈嚴，愈使學子只專注在文字和格式上，四書五經反而不受重視，記誦程文才是要事，如歸有光說：「自太學以至郡縣學，學者徒攻為應試之文，而無講誦之功」，〔註52〕又說：

> 近來一種俗學，習為記誦套子，往往能取高第，淺中之徒轉相仿效，更以通經學古為拙，……然惟此學流傳，敗壞人才，其於世道為害不淺。夫終日呻吟，不知聖人之書為何物，明言而公叛之，徒以為攫取榮利之資。〔註53〕

無怪乎顧炎武要沉痛的說：「八股之害等於焚書，而敗壞人才，有甚於咸陽之郊」。〔註54〕

由於學校的目的並不是教育性的，在教官水準低落，甚至無心教學，專務奔求，以及科舉造成教學空洞的種種情況下，有些學校幾乎已停止了教學，生員們只是在每月朔望時返校報到，〔註55〕此時，有些地方官乃興建書院收取生員肄習，如賀欽（1437～1510）記載遼右書院「選考河東、西諸生之優等者」讀書其中。〔註56〕再如呂柟（1479～1542）記汝寧篤志書院「選汝郡屬學各生，敬業其中，資給廩餼，太守時臨課焉。今及大比，汝郡

習，惟在經義。」《明會要》C.47，頁882。
〔註48〕 《日知錄》C.19，頁475。
〔註49〕 陳東原《中國教育史》，頁343。
〔註50〕 《日知錄》c.19〈經義論策〉p473。
〔註51〕 《明史》說八股文由太祖和劉基所定。c.70，頁1693。顧炎武認為「始於成化以後」《日知錄》C.19〈試文格式〉，頁479。陳東原認為至少在成化十一年就已出現，而「成化以後束縛得格外屬害」《中國教育史》，頁336～337。
〔註52〕 《震川先生文集》c.9，頁151。
〔註53〕 同〔註46〕07～108。
〔註54〕 《日知錄》C.19〈擬題〉，頁477。
〔註55〕 《古今圖書集成》選舉典C.19〈明朝學校始末〉載：「師友獨月朔望一詣學，而講課缺然」，頁181。
〔註56〕 賀欽《醫閭集》c.4〈遼右書院記〉，頁1文淵閣《四庫全書》1254冊。

之舉者十九出書院」。〔註57〕然而，書院如果只是以科舉為主，那麼與地方
儒學就無多大分別，一樣會面臨空洞化的危機。同宋代一樣，明代的一些有
志之士，就是不滿科舉所造成的弊病而講學或興建書院，如吳寬（1435～
1504）記學政楊應寧，「善教士子，經指授者則取科第」，但他並不認為此即
是學，所以在宋儒張載（1020～1077）過往之地建築書院，「俾士子講習其
中，庶幾仰止景行之意」。〔註58〕再如劉觀在正統四年（1439）得了進士後，
就「杜門讀書，求聖賢之學」，各地來向他問學者漸多，於是縣令為他們建
「養中書院」。〔註59〕林文俊（1487～1536）勉勵水南書院學生，「必盡棄
俗學之陋，而相與潛心所講聖賢之學」。〔註60〕這種恢復「聖賢之學」的理
想與私人講學的傳統結合，正是十五世紀中葉以後私人講學和書院復興的原
動力。十六世紀的沈鯉（1531～1615），就曾清楚的說：

> 我朝憲章列代，治教休明，自兩都郡邑達之蠻陬海徼，莫不有學。
> 士漸被而興起者彬彬乎，羽儀王路宿稱盛矣。然而道德禮樂經術之
> 寄其在焉？否也。先生之所以為教，與弟子之所以為學者，不過佔
> 畢帖括之間，屬題比類，纂摘攘竊，口吻刓於蠹簡之記誦，而思慮
> 敝於游詞之剽綴。於是豪傑之士往往病之，而相與提躬繕性，時發
> 明其業，以教術黨之士，講學書院所在有之。〔註61〕

第二節　學術風氣的轉變

自朱子廣注群經，博採漢唐古訓與北宋諸儒之言，融貫古今，開創了儒
學的新「道統」。〔註62〕其後，元仁宗延祐元年（1314），以朱子諸書為科
舉依據，程朱理學由此成為學術上的正統。但是從理學內部的角度看，自朱、
陸鵝湖辯論起，二派學者對於經典的研讀，就有二種不同的態度，〔註63〕

〔註57〕呂柟《涇野先生文集》c.18〈新建篤志書院記〉，頁38。
〔註58〕吳寬《家藏集》c.38〈綠野書院記〉，頁5 文淵閣《四庫全書》1255冊。
〔註59〕《明史》c.282，頁7248。
〔註60〕林文俊《方齋存稿》c.7〈新建水南書院記〉，頁4 文淵閣《四庫全書》1271冊。
〔註61〕沈鯉《亦玉堂稿》c.7〈敦倫書院記〉，頁12 文淵閣《四庫全書》1288冊。
〔註62〕參見錢穆《朱子新學案》，頁33～35。
〔註63〕參見陳榮捷《朱熹》，頁205～208。余英時把這兩種態度稱之為智識主義與反
　　　智識主義的對立。參見〈從宋明儒學的發展論清代思想史〉在《歷史與思想》，
　　　頁91～93。

其後，這兩種態度被化約成「尊德性」與「道問學」的取向。其實就孔子的「博文約禮」〔註 64〕來說，並未有所偏指。朱子雖也分「道問學」與「尊德性」為二，但並不是說二者無關，〔註 65〕且朱子雖廣究經典，卻不失約禮精神，他的「寓約禮於博文」，〔註 66〕正是象山所不及，也非其門人所能效法，反而在朱子之後，皆偏向「問學」一途。這種情形到了元代轉變更大，因為強調「尊德性」就必須「反求諸己」、「喫緊為人」，乃至「自反而縮，雖千萬人，吾往矣」，〔註 67〕這在異族政權下談何容易，因此元儒尊朱，就只能在「問學」一途上，更不免傾向於考索文字，註解書本。〔註 68〕

　　明初的學術也是沿襲元代這種傾向，學者如宋濂（1310〜1381）、王禕（1322〜1373）學問雖然淵博，但在思想義理上，主要仍是遵循程朱。〔註 69〕永樂十五年（1417）頒布《四書、五經、性理大全》，正是元代以來學術傾向的全盛時期。〔註 70〕在這種學術氛圍中，當時的學者反而不再如宋濂等人的淵博，只是恪守程朱矩矱，強調躬行實踐，主敬涵養。從薛瑄（1389〜1464）、吳與弼（1392〜1469）、胡居仁（1434〜1484）的言行中，正可見到這種情形。

　　薛瑄曾說：

　　　　自考亭以還，其道已大明，無煩著作，直須恭行耳。〔註 71〕

又說：

　　　　言動舉止，至微至粗之事，皆當合理，一事不可苟。先儒謂一事苟，
　　　　其餘皆苟矣。〔註 72〕

黃宗羲（1610〜1695）說薛瑄「以復性為宗，濂洛為鵠。」〔註 73〕薛瑄所說的性，正是程朱強調的「性即理」。〔註 74〕此外，薛瑄還非常重視「敬」，他

〔註 64〕「君子博學於文，約之以禮。」《論語》子罕篇。
〔註 65〕陳榮捷《朱熹》，頁 216〜217。
〔註 66〕章學誠《文史通義》c.3 朱陸篇
〔註 67〕《孟子》公孫丑上。
〔註 68〕參見錢穆〈明初朱子學流衍考〉在《中國思想史論叢》（七），頁 5〜6。
〔註 69〕參見容肇祖《明代思想史》，頁 7〜13。
〔註 70〕錢穆〈明初朱子學流衍考〉，頁 4。
〔註 71〕《明史》c.282，頁 7229。
〔註 72〕《明儒學案》c.7，頁 116。
〔註 73〕還說薛瑄「所著讀書錄，大概為太極圖說、西銘正蒙之義疏，然多重複雜出，未經刪削，蓋惟體驗身心，非欲成書也。」《明儒學案》c.7，頁 110〜111。
〔註 74〕薛瑄曾說：「程子『性即理也』之一言，足以定千古論性之疑。」《明儒學案》c.7，頁 116。

認為「敬」是「千古為學要法」，又說：

> 人不主敬，則此心一息之間，馳騖出入，莫知所止也。〔註75〕

再如「一稟宋人成就」的吳與弼（1392～1469），〔註76〕在研讀朱子《近思錄》時曾表示：

> 觀《近思錄》，覺得精神收斂，身心檢束，有歉然不敢少恣之意，有悚然奮拔向前之意。〔註77〕

與弼對朱子極為崇敬，在其日錄中曾多次記下他夢見孔子、朱子。〔註78〕在身心修養上他也重視「敬」，與弼說：

> 大抵聖賢授受緊要，惟在一敬字。人能衣冠整肅，言動端嚴，以禮自持，則此心自然收斂。雖不讀書，亦漸有長進。但讀書明理以涵養之，則尤佳耳。〔註79〕

此外，與弼的學習歷程很值得注意，黃宗羲記載他十九歲從學楊溥（1375～1446），開始接觸聖賢之學，然後

> 讀伊洛淵源錄，慨然有志於道，謂「程伯淳見獵心喜，乃知聖賢猶夫人也，孰云不可學而至哉。」遂棄去舉子業，謝人事，獨處小樓，玩四書、五經、諸儒語錄，體貼於身心，不下樓者二年。〔註80〕

可見與弼因棄科舉而自學，乃能對聖賢之學有所體會。這種學習歷程幾乎是崇仁學派諸儒的共同經驗，〔註81〕這就透露出他們對當時訓詁考索學風的不滿，胡居仁就曾強烈地批評：

> 自元及今，儒以訓詁務博為業，以註書為能傳道。使世之學者淺陋昏昧，無窮理力行之實，此有志者不能不以為憂也。〔註82〕

黃宗羲說居仁「一生得力於敬，故其持守可觀」。〔註83〕居仁說：

> 敬該動靜。靜坐端嚴，敬也；隨事檢點致謹，亦敬也。敬兼內外。

〔註75〕《讀書錄》c.5，頁13～15。轉引自陳榮捷《朱熹》，頁254。
〔註76〕黃宗羲說他「言心，則以知覺與理為二，言工夫，則靜時存養，動時省察。故必敬義夾持，明誠兩進，而後為學問之全功。」《明儒學案》c.1，頁14。
〔註77〕《明儒學案》c.1，頁20。
〔註78〕錢穆〈明初朱子學流衍考〉，頁2。
〔註79〕吳與弼《康齋文集》c.8，頁25。引自陳榮捷《朱熹》，頁255。
〔註80〕《明儒學案》c.1，頁14。
〔註81〕胡居仁、婁諒、謝復、鄭伉、陳獻章等都放棄科舉。
〔註82〕轉引自錢穆〈明初朱子學流衍考〉，頁7。
〔註83〕《明儒學案》c.2，頁29。

容貌莊正，敬也；心地湛然純一，敬也。〔註84〕

程朱常說「敬以直內，義以方外」，居仁卻說敬包含了「動靜」「內外」，就明初學術的趨向而言，這一點很值得重視。

程頤說「涵養須用敬，進學在致知」。朱子合為「居敬窮理」，並強調二者不可偏廢，可是到了薛、吳、胡等人，卻明顯的只重視「敬」，且視為功夫的主體，他們雖也提「窮理」，但不強調「博文」，到了胡居仁，甚至認為博學為末，其目的雖是為矯正元儒之弊，卻也透露出當時學風已轉向「約禮」一路，這種內向的學術伏流，正與陽明學的興起有密切關連。〔註85〕

《明史》說：「原夫明初諸儒，皆朱子門人之支流餘裔」、「學術之分，則自陳獻章、王守仁始。」〔註86〕陳獻章（1427～1500）也曾受學於吳與弼，他自述其學習過程：

> 僕年二十七，始發憤從吳聘君學，其於古聖賢垂訓之書，蓋無所不講，然未知入處。比歸白沙，杜門不出，專求所以用力之方，既無所師友指引，惟日靠書冊尋之，忘寐忘食，如是者亦累年，而卒未得焉。所謂未得，謂吾此心與此理未有湊泊吻合處也。於是舍彼之繁，求吾之約，惟在靜坐。久之，然後見吾此心之體，隱然呈露，常若有物，日用間種種應酬，隨吾所欲，如馬之御銜勒也；體認物理，稽諸聖訓，各有頭緒來歷，如水之有源委也，於是渙然自信曰：「作聖之功，其在茲乎。」〔註87〕

此處可清楚的發現，獻章由外而內轉變的理由是，「心」與「理」不能吻合，換言之，就是在履踐「理」的過程中出現困難，〔註88〕這種「心」「理」不合的困境，也可在吳與弼的學習歷程中發現。吳與弼說他「氣質偏於剛忿」，從

〔註84〕《明儒學案》c.2，頁 39。

〔註85〕參見錢穆〈明初朱子學流衍考〉，頁 5～7。陳榮捷《朱熹》，頁 253～257。

〔註86〕《明史》c.282，頁 7222。《明史》所說僅僅述其大體，但學術之變絕不至於到陳獻章而生突變。

〔註87〕《明儒學案》c.5，頁 81。

〔註88〕耿定向（1524～1596）論守仁良知說的出現謂：「晉、梁而下，佛老之教淫於中國，禮法蕩然，故濂溪欲追復古禮，橫渠汲汲以禮為教。執禮，便是宋儒學脈。禮非外飾，人心之條理也。流傳既久，漸入支離，心理分為兩事，故陽明提出良知以覺天下，使知物理不外吾心。」《明儒學案》c.12，頁 245～246。此處「心理分為兩事」，雖指「禮」而言，但做為觀察明初理學的轉變，應也有效。又，蕭公權早已指出程朱理學到明代已趨僵化，乃至「是非以孔子為權衡，綱常致個人於桎梏」，至獻章則破藩籬而出，《中國政治思想史》（下），頁 603。

楊溥學後才開始下克己功夫，他自述：

> 十五六年之間，猖狂自恣，良心一發，憤恨無所容身。去冬今春，
> 用功甚力，而日用之間，覺得愈加辛苦，疑下愚終不可以希聖賢之
> 萬一，而小人之歸，無由可免矣。〔註89〕

與弼的「用功」，自然是按宋元諸儒—特別是朱子—立下的成聖途徑來作，此處「不可希聖賢之萬一」，正可說是「心」「理」不合，造成在習聖過程中的頓挫。

「心」「理」不合的困境在王守仁（1472～1529）身上尤其明白，守仁十八歲時向吳與弼的弟子婁諒（1422～1491）問學，由此他開始致力於聖學，二一歲時偏求朱子的著作研讀，並按照「格物窮理」的方法來格竹子，但是到了第七天就勞思成疾，於是他感嘆的說「聖賢是做不得的」，〔註90〕此後就放下了格物之學，轉而學辭章、學兵法，並對道家的養生和導引發生興趣。直到三三歲才又致力聖學並開始授徒講學，又與湛若水定交，「共以倡明聖學為事」。〔註91〕

「心」「理」不合之所以產生，除了理學漸趨僵化外，另一個原因是朱子所示方法上的困難，所謂「居敬窮理」在「居敬」的層面上，由於明初諸子的發揮，大致已有規矩可循，但「窮理」依朱子的說法是：

> 即凡天下之物，莫不因其已知之理而益窮之，以求至乎其極。至於
> 用力之久，而一旦豁然貫通焉，則眾物之表裡精粗無不到，而吾心
> 之全體大用無不明矣。此謂物格，此謂知之至也。〔註92〕

這樣的「格物窮理」確實難以入手，朱子博文之功，千古罕見，亦高遠難及，胡居仁就曾說：

> 程子之學，是內裡本領極厚，漸次擴大以致其極。朱子之學，是外
> 面博求廣取，收入內裡，以充諸己。……但朱子喫了辛苦，明道固
> 容易，伊川亦不甚費力。〔註93〕

曹端（1376～1434）也曾自述「其於斯道，至四十，猶不勝其渺茫浩瀚之苦」。〔註94〕守仁格竹子的例子正可以說明，當時確有人按照朱子「一草一木，亦

〔註89〕《明儒學案》c.1，頁18～19。
〔註90〕陳榮捷《王陽明傳習錄詳註集評》，頁370。
〔註91〕《王陽明年譜》c.1，頁5。
〔註92〕朱熹《四書集注》大學章句，頁5。
〔註93〕轉引自錢穆〈明初朱子學流衍考〉，頁17。
〔註94〕《明儒學案》，頁2。

皆有理，不可不察」的指示去做，自然這樣做是無法成功，換言之，「理」無法窮盡，聖人也就做不得了。陳獻章在靜坐入道前，也曾閉門苦讀，〈行狀〉中記他「徹夜不寢，少困，則以水沃其足」，讀的不只是四書五經，甚至旁及佛老、稗官小說，但獻章卻無法「明理」，反而感嘆說：

> 夫學，貴自得也。自得之，然後博之以典籍，則典籍之言我之言也，
> 否則，典籍自典籍也，而我自我也。〔註95〕

又說：

> 斯理也，宋儒言之備矣，吾嘗惡其太嚴也，使著於見聞者，不睹其
> 眞，而徒與我嘵嘵也。〔註96〕

獻章和守仁的例子，或許是特殊的，但朱子的方法在實踐上的滯礙，確是使他們另闢蹊徑的動機。獻章時程朱學的勢力仍盛，所以他的學說在許多方面仍然不違背程朱，如靜坐本來就是朱子的教法之一，〔註97〕而他的「鳶飛魚躍，其機在我」，〔註98〕則是受程顥的影響。〔註99〕再如他說「心」是「虛明靜一」、「君子一心，萬理完具」，〔註100〕似乎也與朱子相類似，〔註101〕但就功夫而言，獻章是在心上求「理」，〔註102〕而不是朱子的「格物窮理」，所以黃宗羲以心學的立場說：「有明之學，自白沙始入精微」。〔註103〕

　　獻章論學還強調「自得」，他說：

> 自得者，不累於外物，不累於耳目，不累於造次顛沛。鳶飛魚躍，
> 其機在我。知此者謂之善學，不知此者雖學無益也。〔註104〕

學貴自得的觀念，可上溯自孔子說的「古之學者爲己」（論語憲問），和孟子說的「君子深造之以道，欲其自得之也」（離婁下）。宋代理學家如程頤、朱

〔註95〕轉引自陳郁夫《江門學記》，頁13。
〔註96〕《明儒學案》c.5，頁82。
〔註97〕朱子說：「讀書閒暇且靜坐，教他心平氣定，見得道理漸次分曉。轉引自陳榮捷《朱熹》，頁89。
〔註98〕《明儒學案》c.5，頁89。
〔註99〕《中國哲學辭典大全》，頁469陳榮捷撰「陳獻章條」。
〔註100〕《明儒學案》c.5，頁90。
〔註101〕朱子說：「心之動靜是陰陽」，「虛靈自是心之本體」，「一心具萬理」。轉引自《中國哲學辭典大全》，頁106～108陳榮捷撰「心」條。
〔註102〕他說：「爲學當求之心，必得所謂虛明靜一者爲之主，徐取古人緊要文字讀之，庶能有所契合。」轉引自陳郁夫《江門學記》，頁16。
〔註103〕《明儒學案》c.5，頁78。
〔註104〕《明儒學案》c.5，頁89。

子，都非常重視這個觀念，朱子註「古之學者爲己」這一章，就引程頤說：「古
之學者爲己，其終至於成物；今之學者爲人，其終至於喪己」。又在註《中庸》
第一章說：

> 子思述所傳之意以立言。首明道之本原出於天而不可易，其實體備
> 於己而不可離，次言存養省察之要，終言聖神功化之極，蓋欲學者
> 於此，反求諸身而自得之，以去夫外誘之私，而充其本然之善。

很明顯地，朱子把「自得」與成聖相聯繫，使「聖人可學」有了具體而親近
的意義。〔註105〕從另一個角度看，「自得」也具有「自主」、「自任」與「反求
諸己」的意義，〔註106〕吳與弼曾說：

> 蓋人患不知反求諸己，書自書，我自我，所讀之書徒爲口耳之資，
> 則大失矣。〔註107〕

若我們把朱子的「格物致知」以至「豁然貫通」，也看成是「自得」的一種，
那麼明初學術風氣的轉變，毋寧可視爲一個演進的過程，因爲獻章或守仁的
悟道，在某種程度上看，都可視爲一種基於朱子規模上的「豁然貫通」，守仁
年譜中很生動的記載了這個過程：

> 忽中夜大悟格物致知之旨，寤寐中若有人語之者，不覺踴躍，從者
> 皆驚。始知聖人之道，吾性自足，向之求理於事物者，誤也。〔註108〕

獻章曾說他的自得之學是「不累於外物，不累於耳目」，而且還是「不可以言
傳」、「不由累積而至者」，〔註109〕把這個說法與朱子的「格物致知」相比對，
可就饒富趣味了。

值得注意的是，獻章於成化二年（1466）再遊太學，時人認爲他是眞儒復
出，名儒如羅倫（1431～1478）、章懋（1437～1522）、莊昶（1437～1499）、賀
欽（1437～1510）等人都感相見之晚。返回廣東後，門人益增。〔註110〕這正顯
示當時的學風確實已在轉變。羅倫等人的學術基本上仍是屬於程朱理學，〔註111〕
但曾任祭酒的章懋，也對元代以來的學風感到不滿，他嚴屬的批評時人：

〔註105〕參見狄百瑞《中國的自由傳統》，頁 47～55。
〔註106〕狄百瑞稱之爲「道德和文化的個人主義」。《中國的自由傳統》，頁 77。
〔註107〕轉引自狄百瑞《中國的自由傳統》，頁 86。
〔註108〕《王陽明年譜》c.1，頁 6。
〔註109〕《明儒學案》c.5，頁 82。
〔註110〕《明儒學案》c.5，頁 79。
〔註111〕黃宗羲說羅倫「守宋人之途轍」、章懋「其學墨守宋儒」《明儒學案》c.45，
　　　　頁 1075，頁 1077。

傳訓詁以爲名，誇記誦以爲博，侈辭章以爲靡，相矜以智，相軋以勢，

相爭以利，相高以技能，相取以聲譽，身心性命竟不知爲何物。〔註112〕

學術風氣的向內轉變，要到守仁始完成之，《明史》說：

姚江之學，別立宗旨，顯與朱子背馳，門徒遍天下，流傳逾百年，

其教大行，其弊滋甚。嘉、隆而後，篤信程朱，不遷異說者，無復

幾人矣。〔註113〕

守仁的學說雖多是自學掙扎而來，但是從他學習的脈絡中，可以清楚的發現，他並未與思潮脫節，反而參與了當時學風的變化。前已述守仁十八歲曾從學婁諒，婁諒雖也主「居敬」和「讀書窮理」，〔註114〕但胡居仁卻說他「窮理讀書，只是將聖賢言語來護己見耳」，〔註115〕可見婁諒之學已有不同。三三歲與湛若水訂交，若水爲陳獻章高弟，守仁曾說他「資於甘泉多矣」，〔註116〕那麼守仁也應從若水處得聞獻章學說，雖然守仁未曾明確表示，但是黃宗羲已說「二先生之學，最爲相近」。〔註117〕白沙主靜坐，守仁早年亦教人靜坐，後因易流於空虛，而專提存天理，去人欲。〔註118〕而白沙在教人靜坐時，也常提出「良知良能」語來指點，可見白沙之說對守仁必有啓發。〔註119〕

　　與弼和居仁都曾在書院講學。與弼隱居在江西崇仁的小陂耕讀，〔註120〕弟子從游者甚眾。〔註121〕居仁亦絕意仕宦，一生從事講學授徒。成化三年（1467），提學李齡請他主講白鹿洞書院，諸生又請講學於江西貴溪桐源書院。在白鹿洞書院時，居仁訂立了六條「續白鹿洞學規」，〔註122〕分別是「正趨向

〔註112〕《明儒學案》c.45，頁1080。

〔註113〕《明史》c.282，頁7222。

〔註114〕《明儒學案》c.2，頁44。

〔註115〕《明儒學案》同上。

〔註116〕《文集》c.1〈別湛甘泉序〉，頁5。

〔註117〕《明儒學案》c.5，頁78。

〔註118〕《年譜》載，正德五年，守仁教人靜坐，頁8。正德九年，只教存天理去人欲，頁13。

〔註119〕參見張克偉〈王湛二子之論交與學說趨歸〉《漢學研究》7卷2期，頁272～274。

〔註120〕《江西通志》載：「正統年間，吳與弼在小陂書院講學，時陳獻章、胡居仁等從游，後即爲祠，亦名康齋書院」。c.21，頁36。但《明儒學案》只說「康齋倡道小陂」，並無「小陂書院」之名。c.1，頁14。

〔註121〕《明儒學案》c.1，頁15。

〔註122〕胡居仁《胡文敬集》c.2，頁41。

以立其志」、「主誠敬以存其心」、「博窮事理以盡致知之方」、「審察幾微以爲應事之要」、「克治力行以盡成己之道」及「推己及物以廣成物之功」等。在每一條之下，列舉四書五經和宋儒的相關文語，然後加上居仁自己的說明。與朱子的「學規」相比，居仁更強調程朱理學的「居敬窮理」，且又加上了「成己成物」，對學者更有提醒期勉的作用。然而，就「學問」這方面來說，「續學規」所提出的只是研讀「聖賢之書」，他說：「今學者誠能讀聖賢之書，反復尋究以求其理，亦可以得致知之大端矣」。〔註123〕比朱子說的「博學」〔註124〕確實要窄了很多，這點也可作爲明代理學由博轉約的一項旁證。

我們也許要問，是什麼因素使與弼和居仁絕意仕宦，一生致力於授徒講學？從學規中可以了解，居仁的講學主要是對當時學風的不滿，他說：

> 今之學者，有氣高者，則馳騖於空無玄妙之域；明敏者，類以該博
> 爲尚，科名爲心；又其下者，不過終於詩句浮詞，以媚世取容而已。
> 未嘗知有聖賢之學也。〔註125〕

正是這種恢復聖賢之學的理想，促使他「不揆愚陋」，「欲與有志之士講明而踐行之」，〔註126〕我們相信，與弼在屋漏缺糧的艱困情形下，仍能「倡道小陂」，〔註127〕也是基於同樣的信念。與弼和居仁的學說雖已有內向的顯露，但大體上仍屬程朱學的範圍。到了獻章之後，學術上的爭論就逐漸出現，〔註128〕正德、嘉靖之際，因守仁和若水的大力講學，使爭論益烈，但如呂柟（1479～1542）所說：

> （學）不同乃所以講學，既同矣，又安用講耶？〔註129〕

可知學術風氣的轉變，正是促使書院講學興起的一項重要原因。

〔註123〕同上，頁 50。又，居仁在「麗澤堂學約」中還說：「讀書務以小學爲先，次四書以及六經，與周程張朱司馬邵之書，非理之書不得妄讀。」同上，頁 57。

〔註124〕朱子在「學校貢舉私議」中提出的研讀課程除了四書五經外，還包括荀子、揚雄、王充、韓非子、老子、莊子，及《史記》以降的諸史書和《資治通鑑》等史籍，另外有關典章制度之書如通典，也是應讀之書。參見狄百瑞《中國的自由傳統》，頁 40～41。

〔註125〕《胡文敬集》，頁 41～42。

〔註126〕《胡文敬集》同上。

〔註127〕《明儒學案》c.1，頁 14。

〔註128〕陳獻章在復趙提學函中說：「有爲毀僕者，有曰自之門户者，是流於禪學者，甚者則曰妄人率人於僞者。」《明儒學案》c.5，頁 81。

〔註129〕《明儒學案》c.8，頁 139。

第三節　王守仁、湛若水與書院講學

　　明代的書院和講學，自十五世紀中葉興起後，到十六世紀以後大盛，其中最關鍵的原因是，王守仁和湛若水的大力講學和創建書院。〔註130〕

　　守仁的講學生涯，大致可分成三個時期：

　　第一期大約從弘治十八年到正德五年（1505～1510）。在此之前，他曾溺於騎射、辭章、佛老等，〔註131〕直到弘治十五年，因思念祖父母而漸悟佛老之非。三三歲（1504）在京師結識湛若水，這是他重新致力「聖賢之學」的關鍵，二人定交共倡聖學，開始了守仁的講學生涯。但是在次年（正德元年1506），他就因逆劉瑾而遭廷杖，並遠謫貴州龍場，途中他路經長沙（1507），曾到著名的嶽麓書院講學。〔註132〕在龍場極惡劣的環境下，他體悟了格物致知的要旨（1508），並建立龍岡書院。次年，又闡論「知行合一」的學說，守仁曾自述他在當地講學的情形：

　　　吾始居龍場，鄉民之言語不通，所可與言者乃中土亡命之流耳。與
　　之言知行之說，莫不忻忻有入。久之，并夷人亦翕然相向。及出，
　　　與士夫言，則紛紛相異，反多扞格不入，何也，意見先入也。〔註133〕

當時的提學官席書（1461～1527）曾數度向守仁問學，從懷疑而信服，於是興建貴陽書院請守仁主講，並率諸生以師禮事守仁。

　　第二期大約從正德五年到十六年（1510～1521）。在正德十一年（1516）以前，守仁任職兩京，雖無大規模講學，但仍有四十多人受業，〔註134〕其中方獻夫（？～1544）官居守仁之上，仍受學稱師。這段期間守仁曾主張靜坐，又因立論太高使學生「多放言高論，亦有漸背師教者」，甚且「流入空虛，為

〔註130〕　這個說法一直是教育和書院史學者的共同看法，如盛朗西《中國書院制度》
　　　　　民國23年出版。梁甌第〈明代的書院制度〉寫於民國24年，刊《現代史學》
　　　　　2卷4期。陳東原《中國教育史》民國25年出版。陳元暉《中國古代的書院
　　　　　制度》1981年出版。這幾位作者或皆著眼於私人講學的傳統，所以特別突出
　　　　　王守仁和湛若水的影響，然而，就方志的資料看，明代大部分的書院仍以科
　　　　　舉為主。相對而言，講學的書院只是少數。
〔註131〕　湛若水說守仁曾有「五溺」，即溺於任俠、騎射、辭章、神仙、佛氏之習。見
　　　　　〈陽明先生墓誌銘〉《王陽明年譜》c.6，頁126。
〔註132〕　《嶽麓志》記載：「是時朱張遺跡久湮，賴公過化，有志之士復多興起焉。」
　　　　　轉引自《嶽麓書院史略》，頁94。
〔註133〕　《王陽明全集序說》，頁6錢德洪〈刻文錄序說〉。
〔註134〕　《王陽明年譜》c.1，頁8～13。

脫落新奇之論」，所以從正德十年起，就只教學生「存天理，去人欲，爲省察克治實功」。〔註135〕從正德十一年以後，守仁經歷了五年的兵戎生涯，先是擔任巡撫南贛汀漳御史，負責剿平贛、閩、粵三省邊區的盜匪。後又召集義師討平寧王朱宸濠的叛亂，這期間雖然軍務繁忙，但仍講學不輟，守仁自己也說「吾所講學，正在政務倥傯中」。〔註136〕其間在正德十三年（1518）九月，因從學者過多，而重修濂溪書院以居之。〔註137〕此時，守仁的講學以《大學》爲主，他認爲朱子的《大學章句》未能發聖學要旨，所以輯錄了《大學古本》，並寫了《大學古本旁注》在回答羅欽順（1465～1550）的信中，守仁說明了他對格物的看法：

> 故格物者，格其心之物也，格其意之物也，格其知之物也。正心者，
> 正其物之心也。誠意者，誠其物之意也。致知者，致其物之知也。
> 此豈有內外彼此之分哉。〔註138〕

此外，他還刊刻了《朱子晚年定論》，這也可以說是守仁從龍場悟道之後，到此時（正德十年 1515）才逐漸地建立起他的理論基礎，並也代表了他正式地與程朱正統之學爭鋒，所以在各書出版後，引起時人諸多批評。另外，守仁也注意江西地區的風教，分別創立社學和訂定鄉約。

第三期是從正德十六年到守仁去世爲止（1521～1529）。

正德十六年，是守仁講學生涯中非常重要的一年，年譜記載這年他「始揭致良知之教」。〔註139〕守仁學說的重點是「心即理」，所謂「心即理也。天下又有心外之事，心外之理乎？」〔註140〕但他說的「心」並非孤立於紛紛世務之外，而是與萬物爲一體，更是眾善之源。可是一般人受私欲阻礙，未能達天理之道心，〔註141〕所以守仁強調「須用致知格物之功，勝私復理」，使「心之良知更無障礙」。〔註142〕然而，當守仁立下討平宸濠的重大功蹟時，卻因許泰、江彬等人，畏懼守仁揭發他們與宸濠交通的罪行而多方讒毀，守仁曾不

〔註135〕《王陽明年譜》c.1，頁 13。
〔註136〕《王陽明年譜》c.3，頁 55。
〔註137〕《王陽明年譜》c.1，頁 25。
〔註138〕《傳習錄》中〈答羅整菴少宰書〉陳榮捷《王陽明傳習錄詳註集評》，頁 250。
除了羅欽順外，湛若水對守仁說的格物也提出異議。
〔註139〕《王陽明年譜》c.2，頁 40。
〔註140〕《傳習錄》上。陳榮捷《詳註集評》，頁 30。
〔註141〕《傳習錄》上。陳榮捷《詳註集評》，頁 42。
〔註142〕《傳習錄》上。同上，頁 40。

得已入九華山佯學道人，甚至想計執江彬以死諫武宗，〔註143〕這些都使他在內心中起了巨大的掙扎，在給鄒守益（1491～1562）的信中他說：

> 近來信得致良知三字，真聖門正眼法藏，往年尚疑未盡，今自多事以來，只此良知，無不具足。〔註144〕

又對陳九川（1494～1562）說：

> 某於此良知之說，從百死千難中得來，不得已與人一口說盡，只恐學者得之容易，把作一種光景玩弄，不落實用功，負此知耳。〔註145〕

嘉靖三年（1524）起，守仁的學生大增，紹興郡守南大吉（1487～1541）因而爲他們興建稽山書院，來聽講者曾有三百多人，其中甚至有遠從廣東、直隸等地來的。〔註146〕次年，守仁歸餘姚，與學生會於龍泉寺的中天閣，並定每月的初一、初八、十五、廿三，四天爲聚會日，他希望諸生均能定期與會，以「誘掖獎勵，砥礪切磋」。〔註147〕嘉靖五年（1526）十二月，安福的劉邦采聚當地同學爲會，名爲「惜陰會」，定每隔一月聚會五日，守仁作「惜陰說」期勉他們。〔註148〕次年九月，守仁往廣西平思、田亂事，途中依然講學不輟，十月在江西南昌文廟中講大學，「諸生屛擁，多不得聞」，〔註149〕在吉安又大會士友三百多人。平定思、田之亂後，守仁在南寧建儒學和敷文書院，書院並請季本（1485～1563）主教。嘉靖七年十一月，守仁去世。〔註150〕

　　從弘治十八年到去世（1505～1529）的這二十年間，守仁主要就是平亂和講學，而講學尤其是他生命之所在，他曾說：

> 僕誠賴天之靈，偶有見於良知之學。以爲必由此而後天下可得而治。是以每念斯民之陷溺，則爲之戚然痛心。忘其身之不肖，而思以此救之，亦不自知其量者。〔註151〕

〔註143〕《王陽明年譜》c.2，頁34。
〔註144〕《王陽明年譜》c.2，頁40。
〔註145〕《王陽明年譜》同上。
〔註146〕《王陽明年譜》c.3，頁47～48。
〔註147〕《王陽明年譜》c.3，頁50。
〔註148〕《王陽明年譜》c.3，頁57。
〔註149〕《王陽明年譜》c.3，頁61。
〔註150〕以上分期，大體根據錢德洪說守仁「居貴陽時，首與學者爲知行合一之說。自滁陽後，多教學者靜坐。江右以來，始單提致良知三字，直指本體，令學者言下有悟，是教亦三變也。」〈刻文錄序說〉在《王陽明全集序說》，頁7。
〔註151〕《傳習錄》中〈答聶文蔚〉。陳榮捷《詳註集評》，頁259～260。

錢德洪記下了他講學的盛況與精彩：

> 先生初歸越時，朋友蹤跡尚寥落。既後四方來遊者日進。癸未（嘉
> 靖二年）已後，環先生而居者比屋，如天妃、光相諸刹，每當一室，
> 常合食者數十人。夜無臥處，更相就席。歌聲徹昏旦。南鎮、禹穴、
> 陽明洞諸山遠近寺刹，徒足所到，無非同志游寓所在。先生每臨講
> 座，前後左右環坐而聽者，常不下數百人。……諸生每聽講出門，
> 未嘗不跳躍稱快。〔註152〕

看了以上的敘述，我們不禁要問，為什麼守仁的講學能如此吸引人？守仁講
學的特色是什麼？從他的書信和學生問學的語錄中，我們可以得到一些了解
和啟發。

首先是，守仁認為他的「致良知」學說相當簡易眞切。龍場悟道後，守仁
就一直秉持向內心求理的方法教人，並且屢次批評朱子向外求理之說，〔註153〕
造成往後「言益詳，道益晦；析理益精，學益支離」〔註154〕的弊病，所以他反
覆強調「君子之學，心學也」，〔註155〕他又用「致良知」來統攝諸說，他說：

> 若鄙人所謂致知格物者，致吾心之良知於事事物物也。吾心之良知，
> 即所謂天理也。致吾心之天理於事事物物，則事事物物皆得其理矣。
> 〔註156〕

守仁認為良知是人人共有，且「自己良知，原與聖人一般」，〔註157〕但常人因
有私欲障蔽，所以需要「學」，要使此心純乎天理，亦即需要「致良知」的功
夫，守仁認為這個工夫是很「簡易」的，他說：

> 吾輩用功，只求日減，不求日增。減得一分人欲，便是復得一分天
> 理。何等輕快脫灑！何等簡易！〔註158〕

又說：

〔註152〕《傳習錄》下。陳榮捷《詳註集評》，頁366。
〔註153〕守仁在〈大學古本序〉中批評朱子私改經書，他說「聖人懼人之求之物外也，
而反覆其辭。舊本析，而聖人之意亡矣。是故不務於誠意，而徒以格物者，
謂之支。」《王陽明文集》c.1，頁14。
〔註154〕《王陽明文集》c.1，頁4。
〔註155〕〈重修山陰縣學記〉，〈應天府重修儒學記〉皆如此說。《王陽明文集》c.1，
頁24和c.3，頁51。
〔註156〕《傳習錄》中〈答顧東橋書〉。陳榮捷《詳註集評》，頁172。
〔註157〕《傳習錄》中〈啓周道通書〉。陳榮捷《詳註集評》，頁205。
〔註158〕《傳習錄》上。陳榮捷《詳註集評》，頁120。

> 聖賢論學，無不可用之功，只是致良知二字，尤簡易明白，有實下
> 手處，更無走失。〔註159〕

又說：

> 凡工夫只要簡易真切，愈真切愈簡易，愈簡易愈真切。〔註160〕

守仁屢次強調致良知是簡易真切的，但是他的學生們是否也有同感？以下的
幾個例子可以肯定，學生們確也認為守仁的教法是簡易真切。

　　嘉靖三年（1524），守仁在紹興的稽山書院講學，重點是「發大學萬物同
體之旨，使人各求本性，致極良知，以止於至善」。學生們對守仁所講的反應
是「人人悅其易從」。〔註161〕就個別的學生來說，周以善和王艮（1483～1541）
的例子很值得一提。周以善究心「格物致知」之學多年，但常感困難而無進
步，聽聞守仁之說而前去請問，當時似乎若有所省，返家後又覺不合，然後
再去請問，又覺遲疑，又去請問，如此往復了好幾個月，最後乃拜守仁為師，
守仁要他專心致志和立誠，並逐日以《四書》印證所學，以善躍然喜悅，他
說：

> 積今而後，無疑於夫子之言，而後知聖賢之教，若是其深切簡易也，
> 而後知所以格物致知，以誠吾之身。吾喜焉，吾悔焉，十年之攻，
> 徒以斃精神，而亂吾心術也。〔註162〕

周以善原所從事的「格物」之學，應該是程朱理學的路徑，此處說簡易，正
可見他對守仁教法的認同，而困難與簡易也正突顯出朱、王之學在入手處的
差別。正德十五（1520）年九月，王艮聽說守仁講學與他相類而前往請見，
當時王艮早已悟及「心體洞徹而萬物一體，宇宙在我之念」，並且「說經不泥
傳註，多以自得發明之，聞者亦悅服無可辯」。〔註163〕當兩人從天下大事談到
致知格物時，王艮當場的反應是：

> 簡易直截，予所不及。下拜，隅坐。〔註164〕

〔註159〕《王陽明書牘》c.3〈與陳惟濬〉，頁58。
〔註160〕《王陽明書牘》c.3〈寄安福諸同志〉，頁59。
〔註161〕《王陽明年譜》c.3，頁48。
〔註162〕《王陽明文集》c.1，頁9。
〔註163〕《王心齋全集》c.1〈年譜〉，頁3。又王艮在聽說守仁講學同他類似時，曾自
　　　　視甚高的表示：「如其同也，是天以王公與天下後世也，如其異，是天以某與
　　　　王公也。」同上，頁4。
〔註164〕《王心齋全集》同上，頁5。又，《王陽明年譜》載，王艮悟曰：「吾人之學，
　　　　飾情抗節矯諸外。先生之學，精深極微得之心者也。」c.2，頁39。此外，說

值得注意的是，王艮出身灶丁，其家鄉又少碩學之士，〔註165〕在見守仁之前，他的學問全靠自修得來，所以他的感覺應可以作爲陽明學的民間印象。

守仁的學說眞是「簡易」嗎？這是需要斟酌的。簡易二字出自《易經》大傳：「乾以易知，坤以簡能」、「易簡而天下之理得矣」，陸九淵也曾針對朱子說：「易簡工夫終久大，支離事業竟浮沉」。〔註166〕守仁強調「簡易直截」，本有抵抗辭章訓詁風氣的用意。其學說在入手處確實比程朱「格物窮理」來得親切，這是因爲「心」是人人能隱約可感的，而他的「致良知」宗旨亦能貫穿諸說，有「化簡馭繁」之效。但是，深一層看，守仁的學說實是「外表簡易，內裡深奧」，〔註167〕雖容易接受，卻在實踐上並不容易掌握，守仁自己也知道這一點，所以他說：

> 近時同志，亦已無不知有致良知之說，然能於此實用功者絕少，皆
> 緣見得良知未眞，又將致字看太易了，是以多未有得力處。〔註168〕

守仁重要弟子之一的鄒守益也說：

> 竊窺先師之道，愈簡易愈廣大，愈切實愈高明，望望然而莫知所止
> 也。〔註169〕

雖是讚美之辭，可也切合守仁學說深廣的一面。

其次是，守仁講學的態度非常熱誠親切。

守仁曾多次批評當時學風，也感嘆時人少有志於聖賢之學。〔註170〕另一方面，他對自己的學說極有信心，因而抱有很強烈的使命感，在去世的前一年，守仁說出他講學的心態：

> 某愚不自量，痛此學之不講，而竊有志發明之。自以劣弱，思得天
> 下之豪傑，相與扶持砥礪，庶幾其能有成。故每聞海內之高明特達，

守仁工夫簡易的，還有黃綰說：「簡易直截，聖學無疑，先生眞吾師也。」《明儒學案》c.13，頁280。

〔註165〕程玉瑛〈王艮與泰州學派：良知的普及化〉《師大歷史學報》十七期，頁66。

〔註166〕《中國哲學辭典大全》，頁839陳榮捷撰「鵝湖之會」條。

〔註167〕秦家懿《王陽明》，頁200。他還說：「他用的，是辯證式的邏輯，以之將相反的概念融通，使人在思惟上有莫知所從之感。」

〔註168〕《王陽明書牘》c.3〈與陳惟濬〉，頁58。

〔註169〕《東廓文集》c.2〈陽明先生文錄序〉，頁19。

〔註170〕守仁說：「今之時，能稍有志聖賢之學，已不可多見」《王陽明書牘》c.1，頁14〈答天宇書〉。又說：「學之不明，已非一日，皆由有志者少。」《書牘》c.1，頁13〈與戴子良〉。

忠信而剛毅者，即欣慕愛樂，不啻骨肉之親。〔註171〕

有一個例子是在嘉靖三年（1524），六五歲的董澐（1458～1534），在遊會稽時前去聽守仁講學，守仁連日連夜跟他論學，董澐聽後感覺「若大夢之得醒」，欲拜守仁爲師，守仁再三謙辭。嘉靖五年底，董澐再往問學，經家人制止仍不聽，時已近過年，二人就在書院中守歲。〔註172〕守仁給弟子們的信中，也總是見到他孜孜地鼓勵，耐心地闡釋，他的講學熱誠眞可令人感動。嘉靖六年（1527）十月，他在往廣西征途中，於江西吉安大會舊遊三百多人，雖旅途勞頓，仍「立談不倦」，期勉諸生「兢兢業業，用困勉的工夫」。〔註173〕守仁也希望學生要多聚會切磋，強調爲學要能同志間激勵警發，才不會悠悠度日，〔註174〕他自己也說他「全得朋友講聚，所以此中日覺精明，若一二日無朋友，志氣便覺自滿，便覺怠惰之習復生」，〔註175〕甚至在去世前一個月，守仁給錢德洪的二封信中，還深深地關心浙江的學生，對他們能勤奮地相聚會講感到欣慰。〔註176〕

守仁講學的態度，也很親切近人，《傳習錄》中有一段生動的記載：

王汝中（畿）、（黃）省曾侍坐，先生握扇，命曰：「你們用扇」，省曾起對曰：「不敢」，先生曰：「聖人之學，不是這等綑縛苦楚的，不是粧做道學的模樣。」〔註177〕

此處，我們可聯想到「程門立雪」的程頤，王、程二人確實表現了不同的典型。守仁的弟子黃直（嘉靖二年進士），也記載了一段他們師生間的對話：

門人在座，有動止甚矜持者，先生曰：「人若矜持太過，終是有弊。」曰：「矜持太過，如何有弊？」曰：「人只有許多精神。若專在容貌上用功，則於心中照管不及者多矣。」〔註178〕

當時其他講學者，確實有過於嚴格和標準太高的情形，守仁很不贊成，以他強烈的使命感，仍然認爲在學絕道喪之餘，只要能興慕向學，都可視爲

〔註171〕《王陽明書牘》c.4〈與鄭啓範侍御〉，頁82。
〔註172〕《明儒學案》c.14，頁290。董澐與守仁論學後曾感嘆：「吾見世之儒者，支離瑣屑，修飾邊幅，爲偶人之狀。其下者，貪饕爭奪於富貴利欲之場，以爲豈眞有所爲聖賢之學乎？」。
〔註173〕《王陽明年譜》c.3，頁60。
〔註174〕《王陽明書牘》c.1，頁24。
〔註175〕《明儒學案》c.25，頁590。
〔註176〕《王陽明書牘》c.4，頁60。
〔註177〕《傳習錄》下。陳榮捷《詳註集評》，頁321。
〔註178〕《傳習錄》下。陳榮捷《詳註集評》，頁307。

同志，「不必銖稱寸度」。〔註179〕守仁很欣賞朱子說的「涵育薰陶」，認爲師生、朋友相處正應如此。〔註180〕

第三是，守仁認爲只要立志，則舉業不會妨礙聖學。明代從宣、德之後日重科舉，讀書人受此影響，要如崇仁學派諸儒一般，拒絕科舉專心向學，是很不容易的，有學生就曾向守仁表示「爲學以親故，不免業舉之累」。〔註181〕守仁對科舉雖有批評，〔註182〕但他並不認爲聖賢之學與舉業不能並行，只要立志堅定，不因利祿而動搖，就算習舉業亦無妨，他贊成程子說：「心苟不忘，則雖應接俗事，莫非實學，無非道也，而況於舉業乎？」他也屢次引用程子說科舉「不患妨功，惟患奪志」，來鼓勵學者立定志向。但他也告誡學生若無志於聖學，就算日談道德「亦只成就務外好高之病」。〔註183〕不僅如此，守仁更堅定的認爲，聖學對舉業有很大的益處，嘉靖三年（1524）八月，錢德洪的父親曾耽心錢德洪等究習心學，對舉業會有影響，因而詢問守仁，守仁舉治家應具備產業器具爲例，說明聖學就是產業，能「終身用之無窮」。若習業舉而不究聖學則是「不務居積，專以假貸爲功」，「是求無益於得，求在外也」。〔註184〕

守仁不認爲研讀經史考正古今就是聖學，〔註185〕他認爲經學是「吾心之常道」，對於「不知求六經之實於吾心」，而徒事於考索、牽制於文義的學者，守仁激烈的批評他們「亂經」、「侮經」、「賊經」。〔註186〕他強調學要得之於心，即使是孔子也不能算是絕對權威，他說：

> 夫學貴得之心。求之於心而非也，雖其言之出於孔子，不敢以爲是也，而況其未及孔子者乎。求之於心而是也，雖其言出於庸常，不敢以爲非也，而況其出於孔子者乎。〔註187〕

〔註179〕《王陽明書牘》c.2，頁45〈寄鄒謙之〉。
〔註180〕《王陽明書牘》c.3，頁51〈答南元善〉。
〔註181〕《傳習錄》上。陳榮捷《詳註集評》，頁127。
〔註182〕守仁說：「自舉業之習起，而後有所謂古文，古文之去六經遠矣，由古文而舉業又加遠焉。士君子有志聖賢之學，而專求之於舉業，何啻千里！」《王陽明文集》c.2〈重刊文章軌範序〉，頁40。又說：「科舉之法興，而忠信廉恥之風薄。」《文集》c.3〈重修浙江貢院記〉，頁60。
〔註183〕《王陽明書牘》c.1〈寄聞人邦英邦正〉，頁19。
〔註184〕《王陽明年譜》c.3，頁49。
〔註185〕守仁說：「若傳習書史，考正古今，以廣吾見聞則可，若欲以是求得入聖門路，……蓋亦難矣。」《年譜》c.2，頁41。
〔註186〕《王陽明文集》c.1〈稽山書院尊經閣記〉，頁23～24。
〔註187〕《傳習錄》中。陳榮捷《詳註集評》，頁248。

這使他把經書看作是存天理去人欲的工具，學者展卷誦讀的目的，只是用它來證明吾心，所以如「饑者之於食，求飽而已」，〔註188〕此種「反智識主義」的傾向，〔註189〕對後來的學風影響極大。

守仁的學說之所以風行，當然主要還是在學說本身能突破程朱學的困境，但是守仁熱誠親切的態度，和強調「致良知」的簡易明白，以及科舉「不患妨功，惟患奪志」的提法，應也是吸引學生的一些原因。

守仁一生的講學，大部分是在書院中進行，除了直接在嶽麓、龍岡、貴陽、濂溪、稽山等書院講學外，他還爲多所書院著文，包括：弘治十六年（1503）〈平山書院記〉、正德八年（1513）〈東林書院記〉、正德十年（1515）〈紫陽書院集序〉、嘉靖四年（1525）〈萬松書院記〉和〈稽山書院尊經閣記〉，此外，正德十五年（1520）一月，他遊歷白鹿洞書院時，也多有題識。〔註190〕

這些文章，使我們得以了解守仁對書院的看法。首先，他認爲當時的學校制度，已經是相當詳備，而仍有書院的設立，目的就在「匡翼夫學校之不逮也」。守仁認爲三代設學的目的在「明人倫」，但從科舉興盛後，士人記辭章、重功利，使「師之所教，弟子之所學者，遂不復知有明倫之意矣」，書院〔註191〕之設，就在彌補學校的這項缺失。什麼是「人倫」呢？守仁指的就是儒家強調的五倫，他認爲五倫是不論聖愚原就具備的，「明」的方法，就是「致良知」以去人欲存天理。此處很清楚的讓我們了解，守仁孜孜地在書院講學，正是因爲他對學校的不滿，並希望經由自己的身體力行，來樹立書院的理想。

其次，守仁認爲朱子的白鹿洞學規雖很詳盡，但也有缺陷，若學者不經取捨而遵行，就會造成「高之而虛無，卑之而支離，終亦流蕩失宗，勞而無得」的結果，補救之道，仍是依其學說宗旨在「求得其心」，他認爲「博學」、「審問」、「愼思」、「明辨」、「篤行」五目均在於心，所以「心外無事，心外無理，故心外無學」，他說這些補充，目的在闡述學規的根本，「以發明朱子未盡之意」。〔註192〕朱子的學規一直被多數書院奉行著，守仁提出的批評與補充，必將影響往後的書院與講學。

另一位對書院講學的興盛，有重大貢獻和影響的是湛若水。若水二九歲

〔註188〕《王陽明文集》c.1〈示弟立志說〉，頁27。
〔註189〕余英時〈從宋明儒學的發展論清代思想史〉在《歷史與思想》，頁91。
〔註190〕《王陽明年譜》c.2，頁35。
〔註191〕《王陽明文集》c.1〈萬松書院記〉，頁22。
〔註192〕《王陽明文集》c.1〈紫陽書院集序〉，頁11。

（弘治八年1495）師事陳獻章，獻章視若水爲衣缽傳人，〔註193〕對他的期許很高，所以獻章「以自然爲宗」的思想，也是若水思想中的重要部分，〔註194〕另一方面，若水在獻章的啓發下也能自成體系。

若水認爲「聖人之學，心學也」，〔註195〕但他所說的「心」似與守仁不同，若水認爲心是無所不包的，所以說：

> 心也者，包乎天地萬物之外，而貫夫天地萬物之中者也。〔註196〕

又說：

> 吾之所謂心者，體萬物而不遺者也。故無內外。〔註197〕

所謂「體萬物」，指的是心所具有的感應能力，「故事物之來，體之者心也。」如此即關聯到若水「隨處體認天理」的論學宗旨，他很自負地認爲此是「千聖千賢之大路，聖人復起，不易斯言矣。」〔註198〕然而，什麼是「隨處體認天理」？他說：

> 天理只一大頭腦。千聖千賢共此頭腦，終日終身只是此一大事，更無別事。立志者，立乎此而已；體認是工夫，以求得乎此者，煎銷習心，以去其害此者。〔註199〕

聖人之學，就是立志以煎銷錘鍊的工夫，使人人固有的天理，體認於心，〔註200〕依據這項宗旨，若水闡釋了「格物」這項當時論學的重點。他說所謂「格者，至也。物者，天理也。」換言之，「格物」就是體認天理。他進一步以造道來解釋：

> 格物者，即造道也。知行並進，學、問、思、辨、行，所以造道也。故讀書、親師友、酬應、隨時隨處，皆求體認天理而涵養之，無非造道之功。〔註201〕

〔註193〕陳郁夫《江門學記》，頁39。
〔註194〕湛若水說：「先師白沙先生云：『學以自然爲宗』，當時聞者或疑焉，若水服膺是訓垂四十年矣。」轉引自陳郁夫《江門學記》，頁41。
〔註195〕湛若水《泉翁續編大全》c.5，頁1。
〔註196〕湛若水〈心性圖說〉《明儒學案》c.37，頁878。
〔註197〕《明儒學案》c.37，頁884。
〔註198〕湛若水《泉翁續編大全》c.5，頁2。
〔註199〕《明儒學案》c.37，頁888～889。
〔註200〕他說「煎銷習心，便是體認天理工夫。」《明儒學案》c.37，頁893。「吾所謂天理者，體認於心，即心學也。」，頁901。
〔註201〕《明儒學案》c.37，頁882。

這項命題，引起了與他共倡聖學的老友王守仁的質疑，守仁認為如果把「格」字解釋為「至」，就仍未脫朱子依附經書「窮理」的格局，如此則是「求之乎外了」，〔註202〕若水反駁說：

> 兄意只恐人舍心求之於外，故有是說。不肖則以為人心與萬物為一
> 體，心體物而不遺，認得心體廣大，則物不能外矣。故格物非在外
> 也。〔註203〕

又批評守仁說格物為「正念頭」，若不顧及孔子的「博文約禮」和「學而不厭」，那麼將「邪而不自知」，甚至「流於禽獸」。而他所主張的格物，是「隨其所寂所感」而體認天理，他解釋說：

> 所寂所感不同，而皆不離吾心中正之本體。本體即實體也、天理也、
> 至善也、物也、乃吾之良知良能也。不假外求也。但人為氣習所蔽，
> 故生而蒙，長而不學則愚，故學問、思辨、篤行諸訓，所以破其愚，
> 去其蔽，驚發其良知良能耳。〔註204〕

此處我們發現，王、湛二子都認為天理屬於「心之本體」，但若水因認為心是無所不包，所以立論非常廣闊與綜括，〔註205〕而「隨處體認」四字，在功夫上來說，本就包含了「涵養」與「問學」，也就是程朱的「居敬窮理」，這一點自然不是守仁所能同意。

黃宗羲說：「若水平生所至，必建書院，以祀其師白沙，從遊者殆遍天下」。〔註206〕當然，強調學問的重要，也是他建書院的原因之一。由於若水得享高壽，所以在創建書院和講學上的貢獻極大。從正德十二年（1517）在廣東建雲谷書院起，到嘉靖十九年（1540）致仕時，他至少已在廣東、南京、福建、湖廣等地興建了三十六所書院，從學之士有三千多人，〔註207〕這個數量確實驚人，嘉靖十九年以後，若水及其弟子仍繼續興建書院，僅在廣東一地他就建了五所，另外還有三所是其弟子為他講學而建。〔註208〕

〔註202〕《傳習錄》下。陳榮捷《詳註集評》，頁281。參見秦家懿《王陽明》，頁92。
〔註203〕《明儒學案》c.37，頁879。若水還認為陽明所說的心，是「指腔子裡而為言者也。」c.37，頁884。
〔註204〕《明儒學案》c.37，頁887。
〔註205〕湛若水說：「曰中、曰極、曰一貫、曰仁、曰義…」。見《泉翁大全集》c.27〈白沙書院記〉，頁35。
〔註206〕《明儒學案》c.37，頁876。
〔註207〕參見《明代名人傳》，頁36～41；潘振泰《湛若水與明代心學》，頁42。
〔註208〕參見劉伯驥《廣東書院制度》，頁25～27。

若水認爲書院設立的目的，在聚學者以一天下渙散的道心，他說：

> 院也者，苑也、聚也。賢者有以見天下道心之渙散也，是故爲院以
> 苑之聚之，以一天下之心，故叢之以典籍焉，聯之以師友焉，申之
> 以講論焉。〔註209〕

他解釋「道」、「心」二字：

> 夫心也者，天地之心也；道也者，天地之理也。天地之理非他，即
> 吾心之中正而純粹精焉者也。〔註210〕

就是天理「在心之本體中」，所以道只能「感應而已矣，而可他求哉？」〔註211〕
此即歸結到他的「隨處體認天理」，師友講論，典籍訓讀，都是「體認天理」的
方法。至於若水說的「道心渙散」，乃針對「支離」之弊而發，他說：

> 夫道一而已矣。夫學修之以復乎道而已矣。……古之學者本乎一，
> 今之學者出乎二，二則支，則離，支離之弊也久矣。〔註212〕

產生支離之弊的根本原因，是學者「歧內外本末心事而二之也」，〔註213〕再加
上學者專騖舉業而忽視德業，使弊病更甚。這種情況又以儒學爲最嚴重，所
以他說：「自支離之說興，而儒學壞矣。」〔註214〕此處若水雖未明言，興建書
院的目的在挽救儒學的弊病，但從他一生屢設書院，孜孜講學，「以一天下之
心」；「在修其二而復之一」，他對書院的期許就明白可知了。

若水嚴厲批評科舉，甚至比之爲楊、墨，他說：

> 孟子之時，害道者有楊墨矣。程子之時，有害道者佛老矣。今時則
> 異然矣，非二害之憂也，惟舉業之累也。〔註215〕

但他並沒有因否定而採廢棄的態度，他把舉業比作「日用飲食男女之類」，生
活中豈能無之，只要能清楚公私、義利之辨，就如齊宣王說他好色，孟子就
舉太王來開導；好貨，就舉公劉開導，換言之，公私之間的關鍵全在於「此
心」。〔註216〕若水認爲補救的方法是使德業、舉業二業合一，這個主張在他就
任南京國子監祭酒時，也曾明確的提出來。他認爲，修德和業舉都同需研讀

〔註209〕湛若水《泉翁大全集》c.30〈靜齋書院記〉，頁4。
〔註210〕湛若水《泉翁大全集》c.27〈白沙書院記〉，頁35。
〔註211〕湛若水《泉翁續編大全》c.4〈崇正書院記〉，頁26。
〔註212〕《泉翁大全集》c.26〈重修四合縣儒學記〉，頁20。
〔註213〕《泉翁大全集》c.4，頁7。
〔註214〕《泉翁大全集》c.26，頁20。
〔註215〕《泉翁大全集》c.24，頁1。
〔註216〕《泉翁大全集》c.24，頁2。

聖賢古訓，但二者的差別在「立心之初，即分義利」，〔註217〕若專騖於記誦辭
章以取科第，就是計功謀利，若能明白心性，涵養熟、義理明之後發爲文章，
就能辭暢旨達，所以說：

> 不易業，而可以進於聖賢之道者，舉業是也；不易志，而可以大助
> 於舉業者，聖學是也。〔註218〕

正德十二年（1517），若水創建了他的第一所書院，即大科書院，此時若水因
母喪服闋，武宗讓他在家養疾，所以有充裕精神興學。但從另一個角度看，
武宗時的荒亂無道，也是若水願意暫時去職興學的原因，呂柟在大科書院記
中就說：「正德間，權姦踵橫，忠良率遁匿山谷不出」，當時在西樵山隱居的
除了若水之外，還有方獻夫。〔註219〕若水文集中留下了一分非常詳細的「大
科書院訓規」，其中的堂訓是了解當時書院情況的重要史料。

由於六十一條堂訓並無清楚的組織和次序，所以在此分成四點加以介紹：

一、求學目的

「爲學，必先立志」，「用功，須隨處體認天理」，這是若水學說的宗旨，
他又強調當時學者「坐支離之弊」，所以要學生「合下便要內外本末心事合
一」。此處涉及他的另一項要旨即「二業合一」，他說「科學乃聖代之制，諸
生若不遵習，即是生今反古，便非天理」，所以「讀書以明心性」，舉業就如
樹木的根幹堅立，自然會開花結果。

二、課　程

基於若水學說的宗旨和兼顧學生準備科舉的需要，書院的功課以《四
書》、本經及作文爲主，然後再隨力旁通他經、《性理》、《史記》等，但仙、
佛、《莊子》、《列子》等書，若水認爲會「亂名教、壞心術、散精神」，所以
不可泛濫。詩文方面，只能讀秦漢以前的作品，因爲魏晉以下，去古甚遠，
讀了容易染時俗之氣。特別的是，學生閱讀《四書》的順序是先《論語》再
《大學》、《中庸》、《孟子》，若水也重視大學，說此書是「入道階梯」，但他
強調朱子的《章句》只爲應試之用，「至於利己用功，更須玩味《古本大學》」。

〔註217〕《泉翁大全集》c.4，頁6。
〔註218〕《泉翁大全集》c.4，頁3。
〔註219〕呂柟《涇野先生文集》c.15，頁19。

有一項矛盾的是，若水說學生日後要能用世，須「自綜理家務，至於兵、農、錢、穀、水利、馬政之類」，都爲性分內事，皆是格物工夫。雖然若水這樣表示，但是課程中卻無任何安排。

　　每日坐息時間非常緊密，分別是：雞鳴起，寅、卯、辰誦書，巳、午看書，未時作文，申、酉默坐思索，戌、亥溫書。每月的二、六日由學生作文以考查學業，若水按照程子的意見，只對個別文章批點可否，不排定高下，以免學生起「勝心」。每月的朔、望兩天升堂（凝道堂），由先生講書，然後輪一位學生講書一章，並順便考察其學。此外，升堂講書不限於書院的先生，「有德行道藝先覺之人，可爲師法者」，也請他們到院講學。若水還重視禮樂，黃宗羲記載：「士子來學者，先令習禮然後聽講」，〔註220〕堂訓中也規定「人人皆學歌詩作樂，以涵養德性」。

三、讀書方法

　　堂訓中很詳細的指示學生一些讀書方法，這些方法，主要仍是依據若水的論學宗旨。首先是要學生「煎銷習心」，「理會聖賢大意」，特別是曾點和顏回的樂處。初學時可能茫然不知從何入手，若水的方法是，在「言動間存習」，要學生「步趨從容」「言語和緩」，「步步言言與心相應」。讀書時要正心平氣，如鏡照物而鏡不動，並隨心力所及，如覺心被牽引，即暫停收斂。若捨書冊棄人事而習靜，就是禪學。他強調孔子的「執事敬」，要學生「作文時，就於作文上用功；讀書時，便於讀書上用功」，也強調讀書寫字在「調鍊此心」，就是《中庸》說的「合內外之道」，如此才能「心與書合一」。另外，若水受獻章影響重視自然，要學生讀書厭倦時，不妨登山玩水，但他強調「遊觀山水，亦如讀書」，換言之，就是要體會獻章說的「鳶飛魚躍，其機在我」。

四、生活規範

　　由於道德教育一直是傳統教育中最重要的部分，所以堂訓中大部分是有關生活規範的條文。如對父母要定期歸省，並從事奉父母兄長之際，「驗其誠切，與平時進退」。對師長自需虛心恭敬，遇與先生同儕之人，也要推先生之意，以前輩事之，但若水說這是「自養其恭敬之心，亦非關彼事耳」。若水很

〔註220〕《明儒學案》c.37，頁876。

注意同學間的相處之道，因爲若水認爲如果連朋友都互相猜忌，那麼「施於兄弟、父子、夫婦、君臣之間，亦必薄矣」，他要學生「務守長幼之節」、「以禮讓相接」，甚至同學生病，要「相率共調治扶持」，有一條說的很好：

> 諸生列館同居本意，正欲大同無我，如同舟共濟，彼此朝夕飲食起
> 居，周非正言正行，以相點檢、相警策、相觀而善。若能虛心受善，
> 則歲月之間，氣質變化矣。

此外，若水還念及學生所帶的小廝，要學生們照顧衣食，「切忌暴怒，即以此做工夫」。這些規定，有些非常詳細，其最有價值的地方，是若水多能指出規定的心之根源，並用和善的語氣道其期勉之意，使人讀來很容易接受，而無教條化的感覺。

五、其　他

堂訓中有一條透露出，當時儒學生員到書院肄習的事實：

> 朝廷立有太學及府州縣學，所以教養人材甚密。本山書院，不過初
> 爲退居求志之地，四方儒士因而相從，間有生員向慕而來，亦所不
> 卻，但只可以請假養病行之。蓋提學學師，乃朝廷所立之師也，辭
> 師以從師，於義理恐有礙。

還有一條是書院收取的學生，並無地域之限：

> 遠近有年相若之士，欲來相依講究者，以客禮待之，時館谷之誠。

〔註221〕

大科書院是若水建立的第一所書院，可以想見他對這所書院必定抱有很大的期許，當書院在嘉靖年間大盛以後，這分詳盡的訓規，應該也會影響及其他的書院，特別是若水和其弟子以後建立的書院，在學習的目的與課程設計上，大概都會以此訓規作範例。

若水的文集中，還保留了他在書院講學的一些零散記錄，這些講章經後人整理後，已難具體呈現當時景象，但對於了解書院講學情況，仍不失爲重要的資料。

嘉靖十四年（1535），若水在九華山甘泉書院講：「子謂子夏曰：『女爲君子儒，無爲小人儒』」。

〔註221〕以上有關大科書院堂訓皆見《泉翁大全集》c.3。又，劉伯驥《廣東書院制度》，
　　　　頁358～370中除了序之外，其餘皆有抄錄，並加上標點，很清析方便。

他強調君子小人之別，就在「立心之初」，亦即「一念之邪正也」。君子在讀聖賢書時，是感之於心，而能蘊爲德行，發爲事業，小人則是剽竊聖人之言，以求科舉利祿，至於如何能成爲君子儒，若水依其主張提出「二業合一，心事無間」的原則。〔註222〕

在天泉書院講：「孟子曰：『盡其心者，知其性也。知其性，則知天矣。存其心，養其性，所以事天也。殀壽不貳，修身以俟之，所以立命也。(《孟子》盡心篇)。

若水說此章是「孟子示人以心學之法」，但孟子對如何盡心，並無清楚的指示，若水則指出：「惟勿忘勿助之間中中正正，則廣大高明之體完完全全。」，此處涉及他「隨處體認天理」的宗旨，因而若水強調「孟子示人以作聖之功，其要只在體認天理，直上達天德，蓋體認天理便兼知行，並進功夫。」〔註223〕

在獨岡書院講：「子曰：『賢哉，回也。一簞食，一瓢飲，在陋巷，人不堪其憂，回也不改其樂，賢哉，回也。』(《論語》雍也篇)。

若水順著程頤的說法，說這是孔子示學者爲學的目的，而顏回何以能不改其樂，他肯定的說「非有他也,天理也。」，若水依其宗旨說「惟勿忘勿助之間而心自存，心存而樂斯得也」，他神祕的說這種天理之樂是「樂人所不知，難以言語形容矣。」〔註224〕

嘉靖十五年（1536），在九華山中華書院講：「子曰：『古之學者爲己，今之學者爲人。』」(《論語》憲問篇)。

他再度強調學者首先要「抉擇於立志之初」，而「一念之初便有爲己爲人之別，便有義利公私之判」，所謂義與公，就在於明人倫，因爲「明人倫者盡爲人之道也，盡爲人之道者，盡己也。……學問、思辨、篤行，皆以存己之心，養己之性」。而所謂利與私，乃因學者不知學問的意義，因而流於「爲詞章以媒爵祿」，「爲功利以誇時人」，所以學者要在立志之初，便明白二者的分別，以求與聖人同歸。〔註225〕

在會華書院講：「孟子曰：『仁，人心也；義，人路也。舍其路而弗由，放其心而不知求，哀哉。人有雞犬放，則知求之；有放心而不知求。學問之

〔註222〕《泉翁大全集》c.12，頁 9～11。

〔註223〕同上。c.12，頁 37～39。

〔註224〕同上。，頁 43～44。

〔註225〕《泉翁大全集》c.12，頁 22～25。

道無他，求其放心而已矣。』（《孟子》告子篇）。

　　若水補充說：「在心爲仁，天理之全體也；在事爲義，天理之大用也。」，他認爲人心若無所裁制，或無所存主，則天理滅仁義亡，如此，則自喪其所以爲人之道，孟子說：「求放心」，正是爲學之道，亦正是爲人之道。〔註226〕

　　從以上簡略敘中可以發現，若水挑選的《論語》、《孟子》章節，除了有助於闡述其宗旨外，還可感受到他對書院諸生的殷殷期勉，設想一位七十歲的老學者，在山巔水湄的書院中，苦口叮囑學生要求放心，要事爲己之學，以成就君子之儒。甚至在他去世的前幾天，還講論「顏子克己復禮」章，並叮嚀諸生要以講習會約相勉。此情此景，可感可嘆。再聯想到王守仁，在軍務匆忙中，在百死千難中，不顧時人讒毀，孜孜傳播其理念，書院的價值，就在這種對學術的堅持，與對人性的期勉上，得以彰顯。

〔註226〕同上。c.12，頁26～27。

第四章 嘉靖以後書院的毀禁

　　由於王守仁和湛若水的大力提倡，再加上守仁死後其弟子在學術的創生和傳播，使得十六世紀以後的學術思潮，出現活潑與多樣的容貌，書院講學也在此時達於鼎盛，《明史》的作者在顧憲成等人的傳後，有一段簡短的論述：

> 成、弘以上，學術醇而士習正，其時講學未盛也。正、嘉之際，王守
> 仁聚徒於軍旅之中，徐階講學於端揆之日，流風所被，傾動朝野。於
> 是搢紳之士、遺佚之老，聯講會、立書院，相望於遠近。而名高速謗，
> 氣盛招尤，物議橫生，黨禍繼作，乃至眾射之的，咸指東林。〔註1〕

此論雖有其立場，但大體上卻能點出十六世紀以來，書院講學的歷程與轉折，所謂「名高速謗，氣盛招尤，物議橫生」，主要即指「東林黨」的問題。然而，私人講學從王守仁時就已引起「速謗」與「物議」，其後伴隨而來的就是嘉靖、萬曆、天啓三朝的毀禁書院，其中所涉及的種種問題，僅就傳統學術的觀點和學術與政治的關係來說，已是相當複雜且重要的課題。以下即以三次毀禁書院爲中心，試圖釐清其中的轉折與背後的意義。

第一節　嘉靖朝的毀禁書院

　　明代學術的內向轉變，雖由王守仁完成。但就當時的大環境來說，程、朱之學仍是大多數讀書人的信仰，守仁的學說，也就無可避免地遭到許多質

〔註 1〕 《明史》c.231，頁 6053。又，沈德符說：「書院之設，昉於宋之金山、徂徠
　　　　及白鹿洞，本朝舊無額設明例。自武宗朝王新建以良知之學行江、浙、兩廣
　　　　間，而羅念菴（洪先）、唐荊川（順之）諸公繼之，於是東南景附，書院頓盛。」
　　　　《萬曆野獲編》c.24，頁 608。

疑和批評。這些批評大致可歸納成以下幾點：

1. 批評他「格物致知」的說法違背《大學》。

如程、朱學名儒，曾任吏部尚書的羅欽順便說：

> 聖門設教，文行兼資，博學於文，厥有明訓。如謂學不資於外求，
> 但當反觀內省，則「正心誠意」四字亦何所不盡，必於入門之際，
> 加以格物功夫哉？〔註2〕

再如盧寧忠（嘉靖時進士），也說守仁把「致知」作爲根本，而以「格物」爲用，「致知在先，格物反居後，未免於大學條次不倫」。〔註3〕

2. 批評他「廢書」、「背朱」。

曾任國子祭酒的張邦奇（1484～1544），就認爲：

> 載道之文，始於六畫，大備於周、程、朱子之書，莫非是道之生生
> 而不已也。……今之爲異論者，直欲糟粕六經，屏程、朱諸子之說
> 置而不用，猶欲其通而窒之竅也。〔註4〕

素識守仁的御史方良永（1461～1527）也說：

> 近世專言心學，自謂超悟獨到，推其說以自附於象山，而上達於孔
> 子，目聖賢教人次第爲無用之學，程朱而下無不受擯，而不知其入
> 於妄。〔註5〕

3. 認爲守仁的說法會造以天理人欲的混淆。

曾推薦守仁，也曾在廣東講學的霍韜（1487～1540）就說：

> 有聖人之知，有下愚之知，率下愚之知，認欲爲理，認利爲義，曰
> 吾良知，是聖瓿混。〔註6〕

再如曾任浙江提學副使的張岳（1492～1552），亦認爲聖學要講求「實事實功」，若專務於固守一個「虛靈之識」，必會產生誤把「氣質做性，人欲做天理」的結果。〔註7〕

4. 批評他涉虛近禪。

這是對守仁最嚴重的指控。

〔註2〕 《明史》c.282，頁7237。
〔註3〕 《明儒學案》c.54，頁1290。
〔註4〕 《明儒學案》c.52，頁1222。
〔註5〕 《明史》c.201，頁5312。
〔註6〕 《明儒學案》c.53，頁1274～75。
〔註7〕 《明儒學案》c.52，頁1227。

隋唐以降佛教盛行，儒學受此衝擊，讀書人一方面吸收，一方面以復興儒學來抗拒。而自韓愈（768～824）把佛、老比之於楊、墨，這種視佛老為異端的思想便由程朱繼承。〔註8〕另一方面，由於唐武宗時（841）的鎮壓佛教，使不重經論只重參悟的禪宗，在其他宗皆衰微時成獨秀之勢，所以宋代的佛教實際上是以禪宗為主流。〔註9〕朱子雖與僧人來往，又多讀佛經，但每言儒、佛的相異處，並極力闢佛，〔註10〕他修建白鹿洞書院的主要用意之一，就在興儒斥佛〔註11〕。朱子的闢佛論主要可歸納成三點：

1. 形上學的批判

朱子以「性理」批判佛教的「空理」，認為儒家的「理」乃是生生之理，為包含體用的創生之「實體」，相對於佛教的「空」，易成形上學的虛無主義。

2. 倫理學的批判

朱子屢次攻擊佛教的寺院和出家制度，為滅絕人倫人性，毀棄世教綱常，與儒家的五倫背道而馳。

3. 工夫論的批判

朱子強調格物致知，由「即物窮理」達「吾心之全體大用無不明」，如此為合內外之理。他批評佛教只知「人心」不明「道心」，不能貫通本末，成己成物。又斥佛教之頓悟，欠缺下學工夫。〔註12〕

我們知道朱子與象山學術上的分別，主要是二人對「理」的認識不同，以及由此衍生出涵養方法的差異，象山雖也極力排佛，但是他的「心即理」和「尊德性」，在某些程度上確是與禪宗接近，故朱子依其對佛的批判，每指象山為「禪」，〔註13〕重要的是，朱子的指責，即隱含視象山為「異端」之意。

〔註8〕「異端」一詞出自論語為政篇。子曰：「攻乎異端，斯害也已。」朱子註：「異端非聖人之道，而別為一端，如楊、墨是也。……程子曰：『佛氏之言，比之楊墨，尤為近理，所以其害為尤甚，學者當如淫聲美色以遠之，不爾，則駸駸然入於其中矣。」

〔註9〕勞思光《中國哲學史》三上，頁21。

〔註10〕陳榮捷《朱熹》，頁266～72。

〔註11〕李弘祺〈Chu Hsi, Academies and the Tradition of Private Chiang-hsueh〉，刊《漢學研究》2卷1期，頁303～305。

〔註12〕參見錢新祖著、林聰舜譯〈新儒家之闢佛〉，刊《鵝湖》104期，頁10～17。湯志敏《明代嘉、隆、萬三朝的反王學議論》，頁60～61文化碩士論文。

〔註13〕朱子說象山：「只說一個心」，「卻要理會內，不管外面」，又「不著言語」、「萬理皆空」、「當下便是」。故說「子靜一味是禪」、「陸子靜分明是禪」。轉引自陳榮捷《朱熹》，頁218。

在朱子學成為正統之後，象山一系的學說就一直受壓抑。守仁對此很感不平，正德六年（1511）曾談及象山平時教人並未要人不讀書，而且象山的說法也都本諸孔孟之言，雖然教法與朱子不同，但「皆不失為聖人之徒」，然而朱子之學早已章明天下，象山之學仍遭擯棄廢斥，守仁表示他「欲冒天下之譏，以為象山一暴其說，雖以此得罪，無恨」。〔註14〕十年以後（1521）在揭致良知之教的同時，他刊刻了象山的文集，又令江西金谿縣官按聖賢子孫事例，送象山後代子弟入學和免其差役。在〈象山文集序〉中，守仁肯定的說「象山之學，孟子之學也」，他要那些詆象山為禪的人，取象山的書仔細觀看，以判斷象山是否如禪之「棄人倫，遺物理」，他感嘆時人「一倡群和，勸說雷同」、「貴耳賤目，不得於言」，而這完全是他們「勿求諸心者之過」。〔註15〕

很不幸的，陸象山被指為禪的先例，也同樣發生在守仁身上，而且守仁的批評者，仍然繼續引用朱子闢佛的主要論點來批判他。例如：

羅欽順說守仁矯俗學溺外之弊，卻易流於禪，主張依朱子的「格物」為學，他說：

> 外此或誇多而鬥靡，則溺於外而遺其內。或厭繁而喜徑，則局於內而遺其外。溺於外而遺其內，俗學是已；局於內而遺其外，禪學是已。〔註16〕

呂柟（1479～1542）說守仁的良知為「渾淪」，〔註17〕又說：

> 今又只說明心，謂可以照得天下之事。宇宙內事，固與吾心相通，使不一一理會於心，何由致知？所謂不理會而知者，即所謂明心見理也，非禪而何？〔註18〕

再如曾任戶部尚書的徐問（弘治15年1502進士）說：

> 王氏之學，本諸象山緒餘，至今眩惑人聽，雖有高才，亦溺於此。借如所稱致良知一句，亦只是大學致知二字，又上遺了格物功夫，則所致者或流於老佛之空寂，而於事物全不相干。〔註19〕

〔註14〕《王陽明年譜》c.1，頁9～10。
〔註15〕《王陽明文集》c.1，頁16。
〔註16〕羅欽順《困知記》附錄〈與王陽明書一〉
〔註17〕《明儒學案》c.8，頁143。
〔註18〕《明儒學案》c.8，頁145。
〔註19〕《明儒學案》c.52，頁1253。又，當時批判守仁為禪者還有魏校（1483～

　　這種種的批評和質疑，守仁自己也相當清楚，在給羅欽順和顧麟（1476～1545）的回信中，他曾一一辯解，並且再次強調「心即理也。學者，學此心也；求者，求此心也」，〔註20〕「格物者，格其心之物也」，〔註21〕「萬事萬物之理，不外於吾心。而必曰窮天下之理，是殆以吾心之良知爲未足」，「是猶析心與理爲二也」〔註22〕。對於說他是禪的批評，守仁辯稱他的「格物」，是就學者「本心日用事爲間」，尤須強調「踐履」和「積累」，這正與「空虛、頓悟之說相反」，〔註23〕而所謂專求本心，遺略物理，也是朱子把「心」、「理」分開來說，致「啓學者心理爲二之弊」，也是正由不知心即理而造成的結果。〔註24〕此外，守仁認爲時人稍解訓詁章句，就「自以爲知學，不復有所謂講學之求」，所以他的汲汲講學，實是基於孔子憂心的「德之不修，學之不講」，〔註25〕並效法孟子和韓愈，希望以致良知來挽回淪浹於功利之毒的人心。〔註26〕

　　王守仁的學說是以自我的「良知」作爲「理」的權衡，其目的固然有矯正程朱學僵化生弊的用意，但他強調「學貴得之於心」，卻也隱含有打破偶像，否定經書權威的傾向，這樣的主張對當時人而言自然難以接受，即如守仁早期的弟子徐愛（1488～1518）就曾坦白的表示：

　　　　始聞先生之教，實是駭愕不定，無入頭處。其後聞之既久，漸知反
　　　　身實踐，然後始信先生之學，爲孔門嫡傳。〔註27〕

徐愛是守仁妹婿，在守仁將謫貴州時（1507）就稱弟子，當時守仁猶未發表

1543），說守仁「翻禪學公案，推佛而附於儒」《莊渠遺書》c.4，頁 35，魏校於嘉靖初任廣東提學副使曾建了五羊、晦翁、文山、清明、西峰、桂林等六所書院。劉伯驥《廣東書院制度》，頁 26。崔銑（1478～1541）說守仁「申象山之獨造，創格物之解，剔禪窟之緒，其見盛而典義微，內主詳而外行略矣。」《洹詞》c.9，頁 4。崔銑於正德末年，曾在鄉（河南安陽）建後渠書屋，讀書講學其中。《明史》c.282，頁 7255。其他還有李經綸（生卒不詳，約與守仁同時）著《衛道錄》，陳建（1497～1567）著《學蔀通辨》，專闢陸、王。

〔註20〕《傳習錄》中〈答顧東橋書〉陳榮捷《詳註集評》，頁 187。
〔註21〕《傳習錄》中〈答羅整菴少宰書〉同上，頁 250。
〔註22〕《傳習錄》中〈答顧東橋書〉陳榮捷《詳註集評》，頁 174。
〔註23〕〈答顧東橋書〉《詳註集評》，頁 164。
〔註24〕〈答顧東橋書〉《詳註集評》，頁 167。
〔註25〕子曰：「德之不修，學之不講，聞義不能徙，不善不能改，是吾憂也。」《論語》述而篇第七。
〔註26〕《傳習錄》中〈答顧東橋書〉陳榮捷《詳註集評》，頁 198。
〔註27〕《傳習錄》上。陳榮捷《詳註集評》，頁 54。

廣受爭議的《大學古本旁注》和《朱子晚年定論》，連徐愛都有「駭愕不定」感，也無怪乎後人對守仁的不解與批評始終不斷，甚至由政府明令禁止。

嘉靖元年（1522）十月，禮科給事中章僑上疏求禁革異學，他說：

> 三代以下論下學莫如朱熹，近有聰明才智足以號名天下者，倡異學之說，而士之好高務名者，靡然宗之。大率取陸九淵之簡便，憚朱熹爲支離，及爲文辭務崇艱險。乞行天下，痛爲禁革。

世宗皇帝接受了章僑的意見，下令：

> 近年士習多詭異，文辭務艱險，所傷治化不淺。自今教人取士，一依程朱之言，不許妄爲叛道不經之書私自傳刻，以誤正學。〔註28〕

此事從表面上看，似只是針對象山的異學，並未明白論及守仁，但背後確實是牽涉到守仁與當時權力人物的衝突。此事可追溯至正德十一年（1516），守仁因當時兵部尚書王瓊（1459～1532）的推薦，升都察院左僉都御史，往江西南贛、福建汀、漳等處平亂，十三年六月他順利完成任務，緊接著就面臨寧王朱宸濠的叛變，守仁又召集義師討平宸濠，這幾件功蹟守仁在上捷奏時，均歸功於王瓊。〔註29〕

王瓊因與佞臣錢寧、江彬等勾結，所以聲名不佳，又因他在處理兵部的賞罰政事方面多不經內閣，以致引起首輔楊廷和（1459～1529）的不滿，〔註30〕守仁歸功於王瓊的舉措，也造成楊廷和不悅，加上其他大臣忌憚守仁的功蹟，所以多方讒毀，王世貞（1526～1590）在論武宗實錄（楊廷和、費宏等任總裁官）的記載失實中，清楚的說明其中原委：

> 楊公（廷和）與王恭襄（瓊）卻甚著不解，恭襄雖陰譎，然能識王文成（守仁）而獨任之，以故於前後平賊及擒濠之疏，皆歸德於兵部，以爲發蹤指示之力，而一字不及內閣，其爲楊公輩切齒，非旦夕矣。江彬、許泰、張忠輩恥大功爲文成所先，必肆加羅織之語，而忌功之輩從而附和之。文憲（費宏）在文成撫綏之地，與逆濠忤被禍，中外之臣皆屢荐而起之，而文成亦未有一疏相及，費當亦不釋然也。〔註31〕

因爲這樣，所以在正德十六（1521）年底，論功封守仁爲新建伯時，不給予

〔註28〕《明世宗實錄》c.19，頁568。

〔註29〕《王陽明年譜》c.3，頁43。

〔註30〕《明史》c.198，頁5233。

〔註31〕王世貞《史乘考誤》八。引自吳晗〈記明實錄〉在《讀史箚記》，頁210。

鐵卷歲祿，而其他有功者也多遭陰黜。〔註32〕並且在章僑上奏前，楊廷和等還指使御史程啓充、給事中毛玉等彈劾守仁，〔註33〕可見在施政和軍事上，守仁並無可議，只有從思想和學術上的不合正統，來加以論劾。

　　嘉靖二年（1523）二月的會試，是「異學」禁令的具體實施，守仁年譜記載，這年會試的試題「以心學爲問，陰以闢先生」。〔註34〕會試的考試官爲同與纂修武宗實錄的大學士蔣冕，和代王瓊爲吏部尚書的石瑤，而守仁的重要弟子錢德洪、王畿都未錄取。這次事情之後，守仁曾與他的弟子王艮、鄒守益、薛侃等，談論他日漸增加的毀謗議論，〔註35〕學生們的看法有：「勢位隆盛，是以忌嫉謗」、「學日明，爲宋儒爭異同，則以學術謗」、「從遊者眾，與其進，不保其往，又以身謗」。守仁聽了之後，很堅定的表示：

> 吾自南京以前，尚有鄉愿意思，在今只信良知，眞是眞非處，更無挾藏迴護，纔做得狂者。使天下盡說我行不揜言，吾亦只依良知行。
> 〔註36〕

大約從嘉靖三年（1524）以後，守仁就沒有受到太大影響，仍繼續在浙江一帶講學，而且此時到嘉靖六年（1527），正是他學生最多的時候，門人南大吉（1487～1541）〔註37〕還將他的初刻《傳習錄》（現傳本卷上），加上論學書九篇（現傳本卷中），於嘉靖三年續刻出版，南大吉並有序曰：「是錄也，門弟子錄陽明先生問學之辭，討論之書，而刻以示諸天下也」。〔註38〕

　　嘉靖四年（1525），禮部尚書席書推薦楊一清（1454～1530）和守仁入閣，但因費宏的阻擾，僅楊一清一人入閣。張璁（1475～1539）、桂萼（正德六年1511進士）不願爲費宏所制，聯合方獻夫、黃綰等排擠之，使費宏於嘉靖六年（1527）二月致仕。之後，守仁才能在張璁、桂萼的推薦下，前往廣西平

〔註32〕《明史》c.195，頁5166。
〔註33〕《王陽明年譜》載嘉靖元年（1522）七月，「時御史程啓充、給事中毛玉，倡議論劾，以過正學，承宰輔意也。」c.3，頁45。
〔註34〕《王陽明年譜》c.3，頁45。
〔註35〕守仁曾自述：「吾自龍場以前，稱之者十之九。鴻臚以前，稱之者十之五，議之者十之五。鴻臚以後，議之者十之九矣。」《明儒學案》c.12，頁244。
〔註36〕《王陽明年譜》c.3，頁46。
〔註37〕南大吉除了爲守仁建稽山書院外，嘉靖五年（1526），因執政惡守仁而連及大吉，致使罷歸，在鄉（陝西）曾建猶西書院以教四方學者。《明儒學案》c.29，頁653～654。
〔註38〕引自陳榮捷《詳註集評》，頁9。

亂。平定思恩、田州之後，守仁在未奉詔命下又繼續討平八寨、斷藤峽（七年七月），此事引起了很大的爭議，〔註39〕有說守仁只奉命平思、田，豈能私自攻勦八寨，也有說他在未獲朝廷同意下，就建城置邑。世宗也認為守仁上的捷奏誇詐，並向楊一清尋問他的生平和學術。〔註40〕

桂萼雖然推薦守仁，但並不友善，而且張、桂二人在入閣後也分裂。張璁怨楊一清未助他入閣，桂萼也以張璁居其上而不平，於是張璁欲引守仁入閣，並攻擊楊一清，楊一清乃遷怒守仁，而與桂萼相結，〔註41〕遂有嘉靖七年（1528）七月，錦衣衛指揮僉事聶能遷誣告守仁賄賂禮部尚書席書而得舉用，並連及黃綰、張璁，但世宗未為所動，仍留黃、張二人，而謫聶能遷。〔註42〕又因魏校與守仁爭名，桂萼引魏校助己，張璁又徙魏為太常，〔註43〕楊、桂二人因而對守仁痛加詆毀。〔註44〕當時守仁已病重因而推薦林富自代，但朝廷命令未到就自行歸返，並於嘉靖七年（1528）十一月行至南安而逝，對此，世宗頗怒他專擅。〔註45〕嘉靖八年（1529）二月，世宗說：「守仁擅離重任，甚非大臣事君之道，況其學術事功多有可議」，命吏部會官詳定是非，〔註46〕於是桂萼等人奏：

> 守仁事不師古，言不稱師。欲之異以為名，則非朱熹格物致知之論；知眾論之不與，則著朱熹晚年定論之書。號召門徒，互相唱和，才美者樂其任意，或流於清談；庸鄙者借其虛聲，遂敢於放肆，傳習轉訛，悖謬日甚。其門徒為之辯謗，至謂杖之不死、投之江不死，以上瀆天聽幾於無忌憚矣。若夫剿○賊擒除逆濠，據事論功，誠有可錄，……夫功過不相掩，今宜免奪封爵，以彰國家之大信，申禁邪說，以正下之人心。

〔註39〕 《王陽明年譜》c.3，頁 70。
〔註40〕 《明史》c.195，頁 5167。
〔註41〕 參見湯志敏《明代嘉、隆、萬三朝的反王學議論》，頁 15。
〔註42〕 《明世宗實錄》c.90，頁 2070。
〔註43〕 沈德符《萬曆野獲編》載：「議禮初起，桂萼為首，而張璁次之。既而張以敏練得上眷，先入相，桂遲二年始繼入，其信用俱不如張，意不能無望。時魏莊渠校以講學負重名，久滯外僚，桂引入為祭酒，每奏對俱托之屬草，上每稱善。張自覺弗如，偵知其故，乃徙魏太常，罷其經筵入直，桂始紐矣。始王文成再起兩廣，實張、桂薦之，至是魏與王爭名相軋，王位業已高，譽亦遠出其上，魏深恨忌之，桂因移怒於王，直至奪其世爵。」c.7「桂見山霍渭涯」條，頁 195。
〔註44〕 《明史》c.196，頁 5188。
〔註45〕 《明世宗實錄》c.97，頁 1。
〔註46〕 《明世宗實錄》c.98，頁 1。

世宗裁示：

> 卿等議是。守仁放言自肆，詆毀先儒，號召門徒，聲附虛和，用詐
> 任情，壞人心術。近年士子傳習邪說，皆其倡導。至於宸濠之變，……
> 功固可錄，但兵無節制，奏捷誇張。近日掩襲寨夷，恩威倒置。所
> 封伯爵本當追奪，但係先朝信令，姑與終身，其歿後卹典俱不准給，
> 都察院仍榜諭天下，敢有踵襲邪說，果於非聖者，重治不饒。〔註47〕

此處不追究守仁擅離之罪，專論他的思想學說「壞人心術」，並命令「禁邪說
以正人心」，可見官方對王學的態度，也可看出王學在當時的地位。

守仁死後禁「邪說」的實際情況，《明史》及《實錄》並無進一步的記載，
但守仁的門人曾數次提到「時學禁方嚴，士以講學為諱」。〔註48〕然而，從守
仁年譜中我們發現，嘉靖九年（1530）以後，守仁的弟子們就陸續地在各地
建書院或精舍，以祭祀守仁和舉行講會，其中又以守仁的故里，浙江的天眞
書院（杭州）最早。而京師則要到嘉靖十一年（1532），才由時任大學士的方
獻夫，聯合門人四十多位舉行講會，〔註49〕可見禁令大約只在守仁死後的一
段時間內施行，嘉靖十一年以後則逐漸寬鬆，但是五年以後再趨嚴格，並將
箭頭轉向湛若水和書院。

湛若水在世宗繼位後起任翰林院編修，他以當時政局有轉為清明的情
勢，屢屢上疏勸勉世宗正君心、講聖學、親儒臣。可是他並未受到世宗的重
用，雖然官位日高，但大部分的時間都任職南京。〔註50〕又雖然遠離政治中
心，但他要世宗講聖學的心志卻未曾稍減，嘉靖七年（1528）六月，若水上
呈花費了三年時間纂輯的《聖學格物通》一百卷，嘉靖十二年（1533）二月，
又依據朱子《小學》編輯了《古文小學》三冊，十五年（1536）十月，再上
呈所著的《二禮經傳測》，此書以《曲禮》、《儀禮》為經，《禮記》為傳，時
禮部尚書夏言（1482～1548）認為此書「以曲禮為先，似與孔子之言相戾」，
建議「不可傳示後學」，世宗同意夏言的看法。次年（1537）四月，就有御史

〔註47〕《明世宗實錄》c.98，頁7。
〔註48〕王畿《王龍溪全集》c.20，頁38。又，《王陽明年譜》在嘉靖十一年（1532）
　　　　載：「自師沒，桂萼在朝，學禁方嚴，薛侃等既遭罪譴，京師諱言學。」c.4，
　　　　頁76。
〔註49〕《王陽明年譜》c.4，頁76。
〔註50〕從嘉靖元年（1522）任職於翰林院起，到嘉靖十九年（1540）於南京兵部尚
　　　　書致仕止，任職京師的時間是分別是，嘉靖元年到三年八月，及八年六月到
　　　　十二年七月，其餘時間都在南京任職，並歷任禮、吏、兵三部尚書。

游居敬論劾若水，他說：

> 王守仁之學主於致良知，湛若水主於體認天理，皆祖宋儒陸九淵之說，少變其辭以號召好名媒利之士，然守仁謀國之忠，濟變之才，尤不可泯。若水迂腐之儒，廣收無賴，私刱書院，其言近是，其行大非，乞戒諭以正人心。〔註51〕

吏部覆言：

> 若水嘗潛心經學，希跡古人，其學未可盡非。諸所論容有意見不同，然於經傳多所發明，但從游者日眾，間有不類，因而為奸，故居敬以為言。惟書院名額似乖典制，相應毀改。

世宗裁示：

> 若水已有旨諭留，書院不奉明旨，私自刱建，令有司改毀，自今再有私刱者，巡按御史參奏。〔註52〕

嘉靖十七年（1538）五月，吏部尚書許讚（1473～1548）上奏有關地方事宜應當禁革者八項，其中「禁興造」一項乃重申書院的禁令：

> 如擅改衙門，另起書院，刊刻書籍，甚為民害。今後額設衙門，不許擅自更改書院，官房應創建者，必須請旨。教席生員悉令於本處肄業，不許刊刻書籍，刷印送人，糜費民財。〔註53〕

〔註51〕 沈朝陽《皇明嘉隆兩朝聞見記》c.5，頁465～66。又，《明世宗實錄》載居敬言：「湛若水，學術偏詖，志行邪偽，乞賜罷黜，仍禁約故兵部尚書王守仁及若水所著書，并毀門人所刱書院，戒在學生徒毋逮出從游，致妨本業。」c.192，頁10～11。

〔註52〕 《明世宗實錄》c.199，頁9。

〔註53〕 《明世宗實錄》c.212，頁2。又，關於這二次毀禁書院的記載還有《萬曆野獲編》：「丁酉年（嘉靖十六年），御史游居敬又論南太宰湛若水，學術偏陂，志行邪偽，乞斥之，并毀所創書院，上雖留若水，而書院則立命拆去矣。」c.2「講學見絀」條，頁52。

《續文獻通考》：「（嘉靖）十六年二月（明世宗實錄為四月），御史游居敬疏斥南京吏部尚書湛若水，倡其邪學，廣收無賴，私創書院，乞戒諭以正人心。帝慰留若水，而令所司毀其書院。」、十七年四月（實錄為五月）許讚又說：「撫按司府多建書院，聚生徒，供億科擾，宜撤毀。詔從其言。」c.50，頁28～29。

《皇明大政記》：「嘉靖十七年五月，申毀天下書院。吏部尚書許讚上言，近來撫按兩司及知府等官，多將朝廷學校廢壞不修，別起書院，動費萬金，徵取各屬司儒，赴院會講，初發則一邑，制裝及舍則郡邑，供億科擾尤甚。日者南畿各處，已經御史游居敬奏行撤毀，人心稱快，而諸路未及，宜盡查革，如仍有建之者，許撫按官據實參劾。帝以其悉心民隱，即命內外嚴加禁約，毀其書院。」引自《古今圖書集成》選舉典c.16，頁150。

我們看實錄的記載，似乎書院的禁令，並未完全指向學術思想的的問題，且十七年的禁令，只是強調不許將衙門擅改為書院，以及要求生員在本處肄習，但是把衙門改為書院，和生員在書院學習，都是由來已久的情況，此事若發生在十五世紀初期，以這兩項因素來禁書院，自然容易被接受。然而矛盾的是，既以書院「供億科擾」，卻又以撤毀方式來嚴禁，豈非更耗民財。我們進一步看，此時在一連串禁王學之後，再因湛若水的學術而禁書院，〔註54〕就很容易明白禁書院的措施，實在是禁止王學政策的深化，在此之前的禁令，只是維持在科舉和學校的層面，如嘉靖十一年（1532）二月會試後，世宗認為士子的經文「詭異艱深，大壞文體」，要求往後應「醇正典雅，明白通暢」，〔註55〕至此，則擴大到禁止王、湛二人的著作，以及傳播他們思想的書院，甚至要求科道官指名劾奏「創為異說，詭道背理，非毀朱子者」，〔註56〕真可說是愈趨嚴峻。

　　世宗的禁「邪說」與毀書院，目的就是控制思想，以維持程朱學的正統地位。嘉靖十七年重申書院禁令之後，世宗在當年的十一月冬至祀天時，曾明白的詔示天下：

> 聖賢大學之道不明，關係治理要非細故。朕歷覽近代諸儒，惟朱熹之學醇正可師，祖宗設科取士，經書義一以朱子傳註為主，誠有見也。比年各處試錄文字，往往說誕支離，背戾經旨，此必有一等奸偽之徒，假道學之名，鼓其邪說以惑士心，不可不禁。〔註57〕

其實，世宗推行程朱學的舉措，早在即位之後就已展開，嘉靖二年（1523）四月，命朱子裔孫朱墅為五經博士。〔註58〕五年（1526）十月，又著「敬一箴」和註宋儒「范浚心箴」、「程頤四箴」，並且命國子監和各府州縣學建亭刻於碑上。「敬一箴」的第一段就寫著「心」與「理」：

> 人有此心，萬理咸具。體而行之，惟德是據。敬為一焉，所當先務。
> 匪一弗純，匪敬弗聚。〔註59〕

〔註54〕若水去世的次年（嘉靖四十年1561）十月，其曾孫上奏乞卹典，吏部已准，但世宗竟怒斥：「若水偽學亂正，昔為禮部參劾，此奏乃為浮詞詭譽，其以狀對？」《明世宗實錄》c.502，頁6。「偽學亂正」四字，正可見世宗對若水學術的評價。

〔註55〕沈朝陽《皇明嘉隆兩朝聞見紀》，頁335～336。

〔註56〕《明世宗實錄》c.218，頁13。

〔註57〕《明世宗實錄》c.218，頁13。

〔註58〕《明史》c.17，頁218。

〔註59〕《九江府志》（嘉靖六年）c.10，頁2～3。在《天一閣藏明代方志選刊》11冊。

在序文中，世宗解釋「敬」是「存其心而不忽」；「一」是「純夫理而無雜」。很明顯的，世宗的說法全是根據程朱，而首言「心」與「理」也應有針對守仁學說，重申程朱學的用意。世宗對各級學校是否依詔令興建「敬一亭」，是很認眞的，嘉靖十年（1531）四月，曾有江西提學副使劉儲秀，未按詔令建亭而遭褫職，並使禮部再次令天下學校按旨設立碑亭，〔註60〕我們看嘉靖以後的地方志，在學校事項中，幾乎都會完整的留下興建「敬一亭」的記錄，此事與禁「邪說」相聯，即明白可知世宗著「箴」設「亭」的用意了。

　　嘉靖十六、十七年的書院禁令，固然以學術層面的因素爲主線，但書院與政治間的問題也不能忽視。王守仁與湛若水在議禮之爭時，雖然涉入不深，但二人大體上是贊成張璁等人的意見，〔註61〕且二人與張璁、方獻夫等人的關係匪淺。嘉靖九年（1530）以後，因明倫大典修成，大禮之爭漸平，世宗轉思對禮儀祭祀事項有所變革，首先是認爲天地合祀非禮，想分郊祀爲二，大學士張璁、詹事霍韜等人都持反對的意見。此時，給事中夏言附和世宗，因而受到重視，次年就升爲禮部尙書。當時張璁位居首輔，臣下無敢抗其權勢，而夏言因「善窺帝旨，有所傅會」益受寵信，加上他能籠絡議禮得罪諸臣而實力漸厚，乃能與張璁等相爭相軋。〔註62〕嘉靖十三年（1534）四月，方獻夫去職，次年四月，張璁致仕，嘉靖十五年（1536）十二月，夏言升大學士入閣，次年，就發生了毀禁書院之事。此處，我們不能單以時間的關聯，來論定夏言在攻擊書院措施中所扮演的角色，然而，值得注意的是，嘉靖十一年（1532），方獻夫在京師組織的講會，參與者有編修歐陽德、程文德，兵部侍郎黃宗明，給事中戚賢、魏良弼，南京禮部侍郎黃縮，以及參加廷試的錢德洪、王畿等人，〔註63〕他們都是守仁的學生，但在此時也因學術而成爲

〔註60〕 《明世宗實錄》c.124，頁 5。
〔註61〕 守仁在嘉靖六年（1527），給霍韜的信中曾表示：「往歲曾辱大禮議見示，時方在哀疚，心善其說而不敢奉復，……後來賴諸公明目張膽，已申其義，然如俐倉滌胃，積淤宿痰，雖亦抉然一去，而病勢亦甚危矣。」《王陽明書牘》c.4，頁 87。又，《明史》記載陸澄「初極言追尊之非，逮服闕入都，明倫大典已定，璁、萼大用事，澄乃言初爲人誤，質之臣師王守仁乃大悔恨。」c.197，頁 5222。湛若水最初支持楊廷和，但後來又改變立場，他曾答覆學生詢問說：「聖明因心之孝，何所不同，諸公爲宰執者，只宜請朝廷斷之，非天子不議禮，臣下不敢議，奉而行之，不至有後來大害事無限矣。」轉引自潘振泰《湛若水與明代心學》，頁 35。
〔註62〕 《明史》c.48，頁 1247，c.196，頁 5192～5193。
〔註63〕 《王陽明年譜》c.4，頁 76。

政治上的結盟。〔註64〕

　　此外，更明顯的證據是，夏言在擔任首輔後，王守仁的學生鄒守益，在嘉靖十九年（1540）被調往南京掌翰林院。次年戚賢和王畿更遭到貶謫和解職，事情的原由是，時任刑科都給事中戚賢以太廟災，奏劾頗受世宗寵信的翊國公郭勛，又推薦王畿、程文德、呂柟、魏校等人可備顧問。夏言對此很不悅，並激怒世宗，〔註65〕嚴譴戚賢「行私肆意，妄言變亂」、「懷奸植黨，欺君誤國」，又說王畿是「偽學小人」，〔註66〕結果是謫戚賢至山東任布政司都事，而王畿則乞休返浙江。湛若水和王畿都是當時的名儒，但同樣都被斥「偽學」，豈是偶然。另外，嘉靖二一年（1542）七月，夏言遭革職在鄉（江西貴溪）閒住，他曾建築聞講書院，祀朱子並集諸生講學，〔註67〕江西由於是守仁任職最久之處，再加上鄒守益等人（江右王門）的大力講學，因此王學盛行。由於學術傾向的不同，再加上政治上的競爭，夏言在毀禁書院措施中的地位和角色，當然是明顯而重要的。

　　嘉靖朝的書院毀禁效果如何？我們可從下表統計中得到一些了解。

表4　嘉靖十七年前後江西、浙江、廣東書院數量表

	嘉靖朝書院總數	十七年以前建	十七年以後建	不　詳
江　西	53	11	16	26
浙　江	42	9	21	12
廣　東	78	29	32	17

資料來源：浙江：呂仁偉《浙江書院之研究》，頁173〜176。

　　　　　廣東：劉伯驥《廣東書院制度》，頁33〜34。

　　　　　江西：見附錄。

　　由於江西是江右王門、浙江是浙中王門的重鎮，而廣東則以江門（白沙、甘泉）學派為主，在毀禁書院的措施中，從上表可知，當地所受的影響似乎不大。此外據王守仁年譜記載，嘉靖十八年（1539）以後，王門弟子仍繼續在各地興建書院，〔註68〕以祭祀守仁和舉行講會，而徐階（1503〜1583）在

〔註64〕參見 John Meskill〈Academies and Politics in the Ming Dy-nasty〉，在 Charles O. Hucker 編《Chinese Government in Ming Times》，頁155〜156，159〜161。
〔註65〕《明史》c.208，頁5506〜5507。
〔註66〕《明世宗實錄》c.248，頁10。黃宗羲說此制是由夏言所草。《明儒學案》c.12，頁238。
〔註67〕《江西通志》c.22，頁6。
〔註68〕總計有八所，分別是：

嘉靖十八年時擔任江西提學副使，更大發王門宗旨，以倡率諸生，同門鄒守益、魏良弼、陳九川等人並選士生來會。可見書院的禁令並不能貫徹，沈德符就曾說書院「雖世宗力禁，而終不能止」。〔註69〕

第二節　萬曆朝的毀禁書院

嘉靖中期以前，實行了一連串禁王學毀書院的措施。很明顯的，這些措施只能收一時之效，待禁令鬆弛與朝廷人事更迭之後書院的創建和講學立即恢復。又因王學衍生出更多樣化的色彩和流派，各派的領導者均致力於闡述、推廣其學說，再加上王門弟子徐階（1503～1583）以首輔的地位親自倡導，使書院的興建和講學在嘉靖末年更加蓬勃。然而，其勢愈盛，所牽涉及學術、政治的問題愈多，所面臨的壓也也愈大，保守與激進間的競爭，終於萬曆七年（1579），在張居正（1525～1582）的主導下，再度發出毀禁書院的命令。

由於王守仁的「致良知」學說出於晚年，尚不及予以清晰完整的鋪陳，所以留下了極大的空間，可供後人依自己的體會加以闡述，〔註70〕加上他強調「學貴得之於心」，對於學生的創見極能欣賞，因此，守仁死後，其高弟在繼承師說和雜揉己見下，乃能卓然自立且各具特色，黃宗羲在《明儒學案》中，依地域把他們分為七個學派。〔註71〕勞思光則大體分為二派，一是以「良

十九年（1540），周桐在浙江永康建壽岩書院。
二一年（1542），范引年在浙江青田建混元書院。
二三年（1544），徐珊在湖南辰州建虎溪精舍。
二七年（1548）八月，江西萬安同志建雲興書院。
二七年九月，陳大倫在廣東韶縣建明經書院。
二九年（1550）一月，史際在溧陽（今江蘇）建嘉義書院。
三三年（1554），閻東、劉起宗在安徽寧國建水西書院。
四二年（1563）八月，耿定向、羅汝芳在安徽宣城建志學書院。
此外，還有：
十八年（1539），徐階在江西南昌建仰止祠祀守仁。
二九年（1550）四月，呂懷在福建新泉精舍建大同樓祀守仁。
三五年（1556）二月，趙鏜重修江西復初書院。
三五年五月，沈寵在湖南崇正書院建仰止祠祀守仁。《王陽明年譜》c.4，頁79～91。
〔註69〕沈德符《萬曆野獲編》c.24，頁608。
〔註70〕WM. Theodore De Bary〈Individualism and Humanitarianism in Late Ming Thought〉，在氏編《Self and Society in Ming Thought》，頁155～156。
〔註71〕分別是：浙中王門、江右王門、南中王門、楚中王門、北方王門、粵閩王門

知」爲現成自有，不待磨煉，王畿、王艮屬於此派；另一派強調「良知」需有一段培養工夫，鄒守益、聶豹則爲此派。〔註72〕嵇文甫依出身和思想也將諸子分爲二派，王畿及泰州諸子爲左派，其餘爲右派，〔註73〕此說並爲大陸學者如侯外廬等繼承。

　　各派的主要人物均致力於講學以傳播其思想，並且建書院、聯講會，不只限於同派學者的聯繫，尤重視各派間的互動交流，表現了尊重思想與學術、講學自由的特點，這也是使王學能在嘉靖末年達於鼎盛的原因之一。例如浙中王門的錢德洪「在野三十年，無日不講學。江、浙、宣、歙、楚、廣名區奧地，皆有講舍」。〔註74〕江右王門的鄒守益於嘉靖四年（1525），因議禮不合世宗意，而被謫往安徽廣德，在那裡他創建復初書院，與學者講授其間。〔註75〕十三年（1534）守益致仕，在江西與劉邦采等建復古、連山、復眞等書院講學。〔註76〕又，歐陽德（1496～1554）「以講學爲事。當是時，士咸知誦致良知之說，而稱南野門人者半天下」。〔註77〕南中王門的戚賢（1492～1553）爲歸安令時曾建安定書院，與同志爲會。〔註78〕又，貢安國師歐陽德、王畿，主持安徽水西（書院）、同善之會。後任職山東，又講學於志學書院。〔註79〕王畿和泰州諸子尤其值得一提，黃宗羲曾說：「陽明先生之學，有泰州、龍溪而風行天下，亦因泰州、龍溪而漸失其傳」，〔註80〕可見他們在王學的傳播和創生方面均有貢獻。王畿約在正德末年受業守仁，嘉靖初，守仁在浙江，門人大增，命錢德洪、王畿和黃弘綱等先疏通大旨，然後再由他來教授，當時稱他們爲教授師。守仁征思、田，錢、王二人留守紹興稽山書院。嘉靖二十年因被斥「僞學」而致仕返鄉，黃宗羲說他「林下四十餘年，無日不講學，自兩都及吳、楚、閩、越、江、浙皆有講舍，莫不以先生爲宗盟，年八十，猶周流不倦」。〔註81〕錢穆曾依王畿的文集

和泰州學派。

〔註72〕勞思光《中國哲學史》三上，頁452。
〔註73〕嵇文甫《左派王學》，頁1。
〔註74〕《明儒學案》c.11，頁225。
〔註75〕《明史》c.283，頁7269。
〔註76〕《王陽明年譜》c.4，頁76。
〔註77〕《明儒學案》c.17，頁360。
〔註78〕《明儒學案》c.25，頁579。
〔註79〕《明儒學案》同上。
〔註80〕《明儒學案》c.32，頁703。
〔註81〕《明儒學案》c.12，頁238。

述其略歷，在此稍加節引，並附帶提其學說重點，以大略了解他一生的講學經歷：

　　嘉靖六年（1527）王守仁往征思、田的前夕，王畿、錢德洪談及守仁的「無善無惡是心之體，有善有惡是意之動，知善知惡是良知，爲善去惡是格物」，王畿的解釋是「心體既是無善無惡，意亦是無善無惡，知亦是無善無惡，意亦是無善無惡」（即四無論），德洪則有不同的意見（即四有論），二人乃前去請問，守仁說：「汝中（王畿）之見，是我接利根人的。德洪之見，是我這裡爲其次立法的」。〔註82〕往後王畿常言「心之本體」，又講「君子之學，以無念爲宗」，〔註83〕均有這層意思。

　　嘉靖二八年（1549）夏，赴安徽寧國水西書院之會。秋，與錢德洪及浙、徽諸友赴沖元會。

　　嘉靖三十年（1551）秋，赴蘇州道山亭會。

　　嘉靖三二年（1553）赴水西會。

　　嘉靖三三年（1554）參加江西廣信聞講書院之會。

　　嘉靖三六年（1557）赴安徽新安福田、水西書院之會。

　　嘉靖四十年（1561）蒞江西撫州擬硯台之會，赴松原新廬會羅洪先。羅洪先認爲「世間無有見成良知，非萬死工夫，斷不能生」，王畿則認爲「以見在良知與堯、舜不同，必待工夫修證而後可得，則未免矯枉之過。曾謂昭昭之天與廣大之天有差別否？」〔註84〕「見在良知」是王畿學說的要點，所以他強調不待修證當下具足。

　　嘉靖四三年（1564）暮春，赴安徽宣州宛陵會，時羅汝芳爲州守，大集六邑之士千餘人。又赴水西會。

　　嘉靖四四年（1565）春，往南京，大會於新泉之爲仁堂。又赴新安福田之會，十餘日而歸。夏，與李材諸人會於江西洪都。

　　隆慶四年（1570）秋，參加安徽建初之會。

　　萬曆一年（1573）赴安徽南滁之會。

　　萬曆三年（1575）參加新安的六邑大會，於斗山書院聚會十日。

　　萬曆五年（1577）參加安徽廣德的復初書院之會，以及安徽水西之會。

〔註82〕參見《王陽明年譜》c.3，頁59～60。《王龍溪全集》c.1〈天泉證道記〉
〔註83〕《王龍溪全集》c.15，頁34。
〔註84〕《王龍溪全集》c.2〈松原晤語〉

　　王畿又強調「君子之學，貴於得悟。悟門不開，無以徵學」，〔註85〕他解釋「悟」的方法有三種「從知解而得者，謂之解悟，未離言詮。從靜中而得者，謂之證悟，猶有待於境。從人事而得者，忘言忘境，觸處逢源，愈搖蕩愈凝寂，始爲徹悟」。〔註86〕此處既說「從人情事變鍊習」，又著重「悟」，使下手工夫難以掌握，正是其學說模糊處，也是王畿被評爲禪的主因。〔註87〕

　　王畿所以僕僕風塵的在各地講學，首要是基於他對講學的高度理想，在給朋友的信中，他曾眞切地透露他的想法：

> 區區入山既深，無復世慮。而求友一念，若根於心，不容自己。春夏往赴水西、白山之會，秋杪赴江右之會，歲暮始返越。知我者謂我心憂，不知我者謂我何求。人生惟此事，六陽從地起，師道立則善人多。挽回世教，敍正人倫，無急於此。惟可與知己者道也。〔註88〕

　　其次是他自信獲得守仁學說的眞傳，且有責任要把此學傳衍下去，他說：

> 區區八十老翁，於世更有恁放不下。惟師門一脈如線之傳，未得一二法器出頭擔荷，未能忘情，切切求友於四方者，意實在此。〔註89〕

由於王畿得享高壽，其講學又「和易宛轉」，使人樂於親近，然而由於其學說立論過高，在他的大舉傳播下影響當然不小，因而也引起了許多批評，如聶豹說王畿「以見在爲具足，不犯做手爲妙悟，以此自娛可也，恐非中人以下之所能及也」，〔註90〕而東林學派批評守仁的「無善無惡」，亦有批評王畿的意思。〔註91〕

　　灶丁出身的王艮，早在正德十六年（1521）受業王守仁之前，就已開始了講學活動，傳授他的自學心得。以下依據王艮的年譜，簡述他的講學經歷

〔註85〕《王龍溪全集》c.17，頁17。

〔註86〕《王龍溪全集》c.16，頁25。

〔註87〕以上據錢穆〈王龍谿略歷及語要〉在氏著《中國學術思想史論叢》（七），頁167～175。並參考《明儒學案》c.12；勞思光《中國哲學史》三上，頁453～459；錢穆《宋明理學概述》，頁318～325；嵇文甫《左派王學》，頁17～31。容肇祖《明代思想史》，頁110～123。

〔註88〕《王龍溪全集》c.12〈與蕭來鳳書〉，頁26。

〔註89〕《王龍溪全集》c.12〈與沈宗顏書〉，頁23。

〔註90〕《明儒學案》c.12，頁261～262。

〔註91〕《明儒學案》c.58，頁1379。又，黃宗羲說錢德洪「不失儒者矩矱」，而王畿則「懸崖撒手」「竟入於禪」，又說他「直把良知作佛性看，懸空期個悟，終成玩弄光景。雖謂之操戈入室可也。」《明儒學案》c.11，頁226和〈師說〉，頁9。

和學說重點。另外，上述王畿講學，偏重嘉靖中期以後，此處述王艮，可略見嘉靖中期以前，王學諸子的講學活動。

正德九年（1514）他以自得發明說經。

正德十四年（1519）正式地「服堯之服」，傳授他體認的「貫伏羲、堯、舜、禹、湯、文、武、周公、孔子」之道。

正德十六年（1521）二度前往南昌見守仁，路經南京，在國子監附近與監生論六經之旨。

嘉靖元年（1522）製蒲車，率二僕往京師，一路宣講傳道，時人為之側目。

嘉靖三年（1524）在浙江協助王守仁建書院、教弟子。

嘉靖四年（1525）應鄒守益邀往安徽廣德復初書院講學，書院之名因王艮作〈復初說〉而來。

嘉靖五年（1526）泰州州守王瑤湖建安定書院，請王艮主講。作〈明哲保身論〉和〈樂學歌〉。「明哲保身」是他學說中的一個重點，他說：

> 明哲者，良知也。明哲保身者，良知良能也。知保身者，則必愛身；能愛身，則不敢不愛人；能愛人，則人必愛我；人愛我，則吾身保矣。能愛身者，則必敬身；能敬身，則不敢不敬人；能敬人，則人必敬我；人敬我，則吾身保矣。故一家愛我，則吾身保，吾身保，然後能保一家；一國愛我，則吾身保，吾身保，然後能保一國；天下愛我，則吾身保，吾身保然後能保天下。」〔註92〕

然而，「身」字若只是「身軀」義，而與「心」的「自覺意識」有分別，那麼劉宗周批評王艮「無乃開一臨難苟免之隙乎？」〔註93〕就突顯出王艮理論上的缺陷。〔註94〕

〈樂學歌〉所代表的，除了他對「良知」學的衷心讚美外，也是他從事庶民教育的一種通俗教材。

嘉靖六年（1527）與湛若水、呂柟、鄒守益聚講於金陵新泉書院。

嘉靖七年（1528）會同門於稽山書院。

〔註92〕〈明哲保身論〉的全文在《王心齋全集》c.4，頁4～5。此處引的是黃宗羲的摘要，見《明儒學案》c.32，頁715。

〔註93〕《明儒學案》c.32，頁711。

〔註94〕勞思光稱之為「利害」與「德性」二層面之混亂。《中國哲學史》（三上），頁482。

嘉靖九年（1530）與鄒守益、歐陽德、萬表等人，會講於金陵雞鳴寺。

嘉靖十二年（1533）與歐陽德會講於金陵。

嘉靖十五年（1536）與王畿、唐順之等在金陵講學。御史洪垣爲王艮在泰州築東淘精舍（一稱心齋講堂）。

嘉靖十六年（1537）提出著名的〈淮南格物論〉，〔註95〕作爲〈明哲保身論〉的進一步補充。他說：「物格，知本也；知本，知之至也」，所謂「本」就是「身也者，天地萬物之本也」，他又說：「格物，知本也；立本，安身也。安身以安家而家齊，安身以安國而國治，安身以安天下而天下平也」，至於如何「安身」？除了沿續〈明哲保身論〉中提出的基本物質條件外，王艮進一步補充了「修身」的這一項條件，即儒家強調的道德修養，其目標在己爲「止於至善」，在社會國家則「明明德而親民」。暫不論此說在理論上有無缺失，或是否符合大學意旨，王艮突出「個人」地位，成爲「格物」的目的，不僅與程朱的以個人窮究普遍的「理」有所分別，也較王守仁說「致吾心之良知於事事物物」尤進一步，換言之，「個人」不僅是「學」的基礎，更是目的。

嘉靖十八年（1539）四方就學者日益眾，王艮雖多病，仍據榻講論，不少厭倦。〔註96〕如王畿一般，王艮亦是把全副生命用之於講學，即使在臨終前，諸子請問後事，他仍勉勵諸子「惟時序友朋於精舍，相與切磋」。〔註97〕

王艮對於「師」的角色及地位，視之頗高，他解釋周敦頤《通書》中說「曷爲天下善，曰師」：

> 師者，立乎中善乎同類者也，故師道立則善人多，善人多則朝廷正，而天下治矣。〔註98〕

他強調孔子說的「學而不厭，誨人不倦」：

> 便是致中和、位天地、育萬物，便是做了堯舜事業。此至簡至易之道，視天下如家事，隨時隨處無歇手地。〔註99〕

〔註95〕「淮南格物」之名出於黃宗羲。王艮對「格物」和《大學》的解說見《王心齋全集》卷三〈語錄〉。以下引文並參見《明儒學案》c.32，頁711～713。

〔註96〕以上據《王心齋全集》c.1〈年譜〉，並參考《明儒學案》c.32，頁709～718；程玉瑛〈王艮與泰州學派：良知的普及化〉，頁68～83；勞思光《中國哲學史》三上，頁476～487；嵇文甫《左派王學》，頁31～37。

〔註97〕《王心齋全集》c.1〈年譜〉，頁12。

〔註98〕《王心齋全集》c.4〈安定書院記〉，頁3。

〔註99〕《王心齋全集》c.2，頁9。

王艮雖然死的較早，但他的學說和的理想，卻能被後人繼承和發揚，泰州諸子在嘉靖晚期的大規模講學，尤其引起廣泛的關注和批評。黃宗羲有一段著名的論述：

> 泰州、龍溪時時不滿其師說，益啟瞿曇之秘而歸之師，蓋躋陽明而為禪矣。然龍溪之後，力量無過龍溪者，又得江右為之救正，故不至十分決裂。泰州之後，其人多能以赤手搏龍蛇，傳至顏山農、何心隱一派，遂復非名教之所能羈絡矣。〔註100〕

以下先述何心隱（1517～1579）和羅汝芳（1515～1588），因為二人間接涉及張居正禁書院的措施。何心隱本名梁汝元，與羅汝芳皆師顏鈞（號山農），顏鈞師徐樾，徐樾是王艮的高弟。泰州學派從王艮起，即一直保有平民化的特色，大體而言，諸人在行為處事上較不拘禮法，但也急人之難，重師友之義，表現了一股「俠氣」，〔註101〕這也正是黃宗羲批評他們的另一層意思，如何心隱在嚴嵩當政時，授計藍道行在世宗面前，以乩神降語方式毀嚴嵩。〔註102〕羅汝芳當顏鈞下獄南京時，「盡鬻田產脫之，待養獄中六年，不赴廷試」，〔註103〕又，曾有鄰婦因丈夫繫獄，而往求汝芳，汝芳竟為她行賄某位孝廉，使其夫得解。〔註104〕這些行事都不是潔身之士所願作的，但他們卻處之泰然，未覺有何不當。

　　何心隱和羅汝芳也都汲汲講學，黃宗羲說嘉靖中期「心隱在京師，闢各門會館，招來四方之士，方技雜流，無不從之」。〔註105〕羅汝芳的講學則「顧盼咳欠，微談劇論，所觸若春行雷動，雖素不識學之人，俄頃之間，能令其心地開明，道在現前」。〔註106〕在此之前，羅汝芳曾勸當時的首輔徐階「聚四方計吏講學」，〔註107〕於是在嘉靖四一年（1562）、四二年（1563），徐階請歐

〔註100〕《明儒學案》c.32，頁703。
〔註101〕黃宗羲說顏鈞「游俠，好急人之難」《明儒學案》c.32，頁703。
　　　　耿定向說何心隱「其學學孔，其行類俠」《耿天臺全書》c.12。
〔註102〕《明儒學案》c.32，頁704。
〔註103〕《明儒學案》c.34，頁761。
〔註104〕嵇文甫《左派王學》，頁50。
〔註105〕《明儒學案》c.32，頁704。
〔註106〕《明儒學案》c.34，頁762。
〔註107〕《明史》c.283，頁7276。又，郭子章撰《皇明議謚理學名臣傳》載汝芳對徐
　　　　階言：「宗社以人心為本，今來朝官多譽俊，所患學脈不端，請合併一番示嚮
　　　　往」，乃有靈濟宮之會。見《羅近溪先生全集》c.10附集，頁2。

陽德、聶豹、程文德主講於京師的靈濟宮，參加聽講者近千人，爲前所未有的盛事，〔註108〕由此可見嘉靖中期以前的王學禁令，此時幾已成爲具文，而徐階以首輔之尊，親率講學，也有爲王學爭地位的意義。

王門諸子的大規模講學，從社會教育的角度看是成功的，因爲他們在推展王學和傳統經典，甚至是推行政令（如鄉約講會）上，都有其貢獻。然而，如此流動性的集會講學，講的是自己的良知，現在即得，及萬物一體，人人皆可成聖。立論高，又強調簡易，難免生出流弊，引起時人的批評，〔註109〕如歸有光就說：

> 朱子既沒，其言大行於世，……而國家取士，稍因前代，遂以其書
> 立之學官，漢有異議，而近世一二君子，乃起而爭自爲説，創爲獨
> 得之見，天下學者相與立爲標幟，號爲講道，而同時海內鼎立，迄
> 不相下，餘姚之説尤盛，中間暫息而復大昌，其爲之倡者，固聰明
> 絕世之姿，其中亦必獨有所見，而至於爲其徒者，則皆倡一而和十，
> 剿其成言，而莫知其所以然，獨以先有當世貴顯高名者爲之宗，自
> 足以鼓舞氣勢，相與踴躍於其間，此則一時士習好名高，而不知求
> 其本心，爲遯世不見知而不悔之學。〔註110〕

而首輔徐階的率眾講學，亦使下者藉講學以干進，他們之中有以「作士爲名高」，有最喜談「澤宮造士及書院」，〔註111〕當然也有藉機斂財的，沈德符對此有較完整的敘述：

〔註108〕《明儒學案》c.27，頁618。又，嘉靖四五年（1566），徐階曾再主盟靈濟之會，但盛不及無前兩次。《明史》載：「歐陽德與徐階、聶豹、程文德並以宿學都顯位，於是集四方名士於靈濟宮，與論良知之學，赴者五千人，都城講會於斯爲盛。」c.283，頁7277。

〔註109〕當時對王門的批判大體上可分成二方面，一從學術上批判，一從講學批判。學術上的批判，主要仍是因襲朱子的闢佛理論，斥王學爲禪，並批評他們違背程朱之正統學術，另就是從反智的角度，批評王學輕視先王的典章制度，此即是薛侃説的「近禪」、「背朱」、「廢書」。學術角度的批判，近人研究思想、哲學者多會涉及，成果也多，亦可參見湯志敏《明代嘉、隆、萬三朝的反王學議論》，鄭德熙《明嘉靖年間朱子學派批判王學思想研究》，因此，本文於此敘述較略，而以批判講學爲主。

〔註110〕歸有光《震川先生集》c.10，頁159。

〔註111〕鄒元標説：「雖然世以作士爲名高者，盡教之以媒青紫」《願學集》c.5上，頁56。又曾説有地方官「最喜談者，澤宮造士及書院，討多士而訓之」同上。當然喜造書院者，不一定都是藉此以干祿，但風氣如此，則可能開倖進之門。

　　嘉靖末年，徐華亭（階）以首揆爲主盟，一時趨騖者人人自託吾道，

　　凡撫臺莅鎮，必立書院，以鳩集生徒，冀當路見知。其後間有他故，

　　駐節其中，於是三吳間，竟呼書院爲中丞行臺矣。〔註112〕

地方官不重儒學，甚至把公務機關都設在書院，可見風氣之惡化。王畿也承
認有人以講學爲「希寵之具」，並嚴厲的評批：

　　雖有褊心之人，未嘗非顏、孟毀周、程，吾人所當自省。若夫沉痼

　　詞章之陋習，囊珍二氏之餕餘，甚者竊講之名號，以傳呼於人，因

　　爲矯跡希寵之具，毋乃緣堯、舜聲稱，作桀、蹠之嚆矢耶？〔註113〕

此外，還有認爲講學者專務空談，不重實行，或是崇黨立異，如隆慶與萬曆
初年，爭議王守仁入祀問題時，反對者除了批判王學近禪外，也針對這點力
加抨擊，候選訓導侯貴就上疏說：

　　今教官徒取充位，不獲實用。或聚之書院，倡爲講學，有類談禪，

　　名爲主靜，無異入定。……曰六經註我，非我註六經，以佛老之似，

　　亂孔孟之眞。及徐觀其所以，則又人所深恥而不爲者。分門立黨，

　　自謂聖學，而以舉業爲俗學。……又，近來時文漸失舊制，險怪鉤

　　棘，破析文義，冗長厭觀，雖時加禁革，難以猝改。〔註114〕

侯貴之疏，透露出當時地方教育的情況，顯示儒學和科舉受王門講學的衝擊，
已難維持政府規定的型式。再如甘泉學派的楊時喬（1531～1609）說：

　　今時所稱鉅公聞人者，談學術以立解頓釋，談文藝則飾章藻句，門

　　戶特立，途徑肆開，崇居皋席，廣延游道，名流爭集幟下，而海內

　　亦重之爲通達、爲弘大。〔註115〕

〔註112〕《萬曆野獲編》c.24〈書院〉條，頁608。又，沈德符還說：「徐文貞（階）
　　　　素稱姚江弟子，極喜良知之學，一時附麗之者，競依壇坫，旁暢其說。因借
　　　　以把持郡邑，需索金錢，海內爲之側目。」c.8〈嫉諂〉，頁215。

〔註113〕王畿《王龍溪全集》c.10，頁7。又，曹于汴（1558～1634）也說：「講學之
　　　　中，亦或有言然而行不然，而藉是以干貴人，捷仕徑者，而其名爲道學也，
　　　　是有口耳活套之實，而更美其名，人誰甘之。」《明儒學案》c.54，頁1308。

〔註114〕《明神宗實錄》c.8，頁11～12。

〔註115〕《明儒學案》c.42，頁1037。甘泉學派自湛若水與王守仁辯「格物」起，即
　　　　顯示兩派在理論上的歧異，但由於二人的交誼深厚，志趣相近，故僅止於學
　　　　術上的辯論，尚無嚴詞攻訐。而後其再傳弟子則頗多主調停說，如呂懷、洪
　　　　垣，至三傳弟子則有修正說如許孚遠、馮從吾、劉宗周，至於攻擊排斥者如
　　　　楊時喬，和極力反對守仁從祀的唐伯元，在此派中是較少數的。參見張克偉
　　　　〈王、湛二子之論交與學說歸趨〉，頁277。

王畿也說：

> 世之人所以病乎此學者，以爲迂闊臭腐，縱言空論，無補于身心也。
>
> 甚或以爲之門戶，崇黨與而侈囂譁，無關於行實也。〔註116〕

此處值得注意的是講學者的「分門立黨」，我們知道晚明政治上的最大問題，即是自萬曆十年（1582）張居正死後逐漸引發的一連串黨爭，從政治的角度來看，書院與講會確實提供了由學術組織而政治團體的機會，就當時而言，似乎這樣的轉變正在進行，如何心隱、羅汝芳的言行。當純學術的立場不再能貫徹時，書院與講學就非常容易與政治勢力發生衝突。此外，書院講學造成的虛浮士風，和破壞政府的教育體制，在崇法務實的張居正眼中，也是難以容忍的，於是在他主導下，書院講學受到巨大的衝擊。

　　張居正的政治思想，簡言之就是專制思想的重申。〔註117〕他推崇秦始皇爲「三代至秦，混沌之再闢者」，說秦代的創制立法「至今守之以爲利」，又感嘆始皇無賢子能繼承其業，若後代能「守其法而益振之」，「即有劉項百輩，何能爲哉」，依此眼光他論明太祖：

> 高皇帝以神武定天下，其治主於威強。前代繁文苛禮，亂政弊習，刬削始盡。其所芟除夷滅，秦法不嚴於此矣。又混沌之再闢也。懿文仁柔，建文誤用齊黃諸人，踵衰宋之陋習，日取高皇帝約束紛更之，亦秦之扶蘇也。〔註118〕

我們知道傳統政治在明代益趨專制與獨裁，太祖創立的嚴刑峻法，與廢除宰相是重要的關鍵，張居正推崇秦皇、太祖，正可見他的政治態度。他對教育的主張，也是專制政治下的教育主張，居正說：

> 記曰：「凡學，官先事，士先志。」士君子未遇時，則相與講明所以修己治人者，以需他日之用，及其服官有事，即以其事爲學矣，兢兢然求所以稱職免咎者，以共上之命，未有舍其本事，而別開一門以爲學也。〔註119〕

他認爲即使是孔子，也是主張「志服東周」，即以本朝典章制度爲學，他說：

〔註116〕王畿《王龍溪全集》c.2，頁28。

〔註117〕蕭公權說張氏論政的宗旨「殆可以『剛』之一字括之。張氏嘗自論其爲政『以尊主威，定國是，振紀綱，剔蠹蠧爲務。』此言最足以表現其剛之精神及條目。」《中國政治思想史》下，頁578。

〔註118〕張居正《張文忠公全集》文集十一，頁675～676。

〔註119〕《張文忠公全集》書牘九，頁384。

觀其（孔子）經綸大略，則惟憲章文武，志服東周，以生今反古爲
戒，以爲下不倍爲準，老不行其道，猶取魯史以存周禮，故曰吾志
在春秋，其志何也？志在從周而已，春秋所載，皆周官之典也，夫
孔子，殷人也，豈不欲行殷禮哉，周官之法，豈盡度越前代，而不
可易者哉？生周之世，爲周之臣，不敢倍也。假令孔子生今之時，
爲國子司成，則必遵我聖祖學規以教冑，而不敢失墜；爲提學憲臣，
則必遵奉皇上敕諭以造士，而不敢失墜。必不舍其本業，而別開一
門，以自蹈於反古之罪也。〔註120〕

此處論及孔子，是因講學之士多以孔子說：「德之不修，學之不講」，作爲模
範互勉，如林雲同（嘉靖五年進士）曾問王畿，對於一般人所說「未須講學，
且務實行」有何看法，王畿回答：

斯言似是而非，君子之講學，非徒教人也，自求其益而已，故曰學
之不講，是吾憂也。自求其益，則雖終日與朋友論議，孰非爲己實
事。〔註121〕

張居正爲徐階的門生，不免參與王門的講學活動，但他對此類活動深表不滿，
他說：

窺其微處，則皆以聚黨賈譽，行捷徑舉。所謂道德之說虛而無當，
莊子所謂其嗌言者若哇，佛氏所謂蝦蟆禪耳。而其徒侶眾盛，異趨
爲事，大者搖撼朝廷，爽亂名實；小者匿蔽醜穢，趨利逃名。嘉、
隆之間，深被其禍，今猶未殄。〔註122〕

又說：

吾所惡者，惡紫之奪朱也，莠之亂苗也。〔註123〕

我們進一步看，張居正雖然對講學深惡痛絕，但對江右王門部份成員的主張
虛寂，〔註124〕卻頗能認同，他曾在給聶豹信中說：

〔註120〕《張文忠公全集》書牘九，頁384～385。
〔註121〕《王龍溪全集》c.4，頁6。
〔註122〕《張文忠公全集》書牘九 c.384。
〔註123〕《張文忠公全集》書牘十一，頁422。「惡紫之奪朱也」一句，出自論語陽貨
　　　　篇，子曰：「惡紫之奪朱也；惡鄭聲之亂雅樂也；惡利口之覆邦家者。」張居
　　　　正未言後兩句，但應有其意。
〔註124〕江右王門中聶豹（1487～1563）和羅洪先（1504～1564）主張虛寂，黃宗羲
　　　　說聶豹：「獄中閒久靜極，忽見此心真體，光明瑩徹，萬物皆備。乃喜曰：『此
　　　　未發之中也，守是不失，天下之理皆從此出矣。』及出，與來學之靜坐法，

伏承高明，指未發之中，退而思之，此心有躍如者。……乃知人心
有妙萬物者，爲天下之大本，無事安排，此先無極之旨也。大虛者，
道之所居也。〔註125〕

江右王學與王畿和泰州相比，可說是較平和也較傾向於正統的程朱學。〔註126〕
但是張居正還說：

夫虛故能應，易曰君子以虛受人，寂然不動，感而遂通，天下之故，
誠虛誠寂，何不可者。惟不務實得於己，不知事理之如一，……宜
其大而無當，窒而不通矣。〔註127〕

此處應注意「實得於己」四字，張居正曾多次提到「實學」、「實際」，〔註128〕
相對於「大而無當」的「虛談」，〔註129〕代表的正是宋代以來與理學相抗的功
利思想，然而北宋陳亮（1143～1149）視心性之學爲無用，張居正則進一步欲
兼用心性和經濟，〔註130〕他在勉勵翰林院庶吉士時強調：

學不究乎性命，不可以言學；道不兼乎經濟，不可以利用。〔註131〕

雖然如此，「心性」與「經濟」最終仍歸結到「遵我聖祖學規以教胄」，即「心
性」以程朱爲本，「經濟」則修明祖宗法制，這就是他對教育的主張。

萬曆三年（1575），他上疏「請申舊章，飭學政，以振興人才」，這份文

使之歸寂以通感，執體以應用。」《明儒學案》c.17，頁372。說羅洪先：「始
致力於踐履，中歸攝於寂靜，晚徹悟於仁體。幼聞陽明講學虔臺，心即向慕，
比傳習錄出，讀之至忘寢食。……而聶雙江（豹）以歸寂之說，號於同志，
惟先生獨心契之。」c.18，頁388～389。

〔註125〕《張文忠公全集》書牘十五，頁514。又在給耿定向信中說：「此中靈明，雖
緣涉事而見，不因涉事而有，倘能含攝寂照之根，融通内外之境，知此心之
妙，所以成變化而行鬼神者，初非由於外得矣。」，頁518。

〔註126〕王家儉師把江右諸子列爲王學改良派，他們與泰州學派明顯不同。他說：聶
豹「主張返回程朱主敬持靜的舊路」、鄒守益「也有轉回程朱的傾向」、羅洪
先則主張「反躬實踐，還浮返樸，以無欲爲本，講經世之學。見〈晚明的實
學思潮〉《漢學研究》7卷2期，頁286～287。

〔註127〕《張文忠公全集》書牘二，頁238。

〔註128〕他曾說：「近來俗尚澆漓，士鮮實學。」《張文忠公全集》書牘五，頁292。
又稱許憲長周友山「學問得力處，所謂實際也。」書牘十，頁402。他在回
答羅汝芳時也說：「學問既知頭惱，須窺實際。欲見實際，非至瑣細、至蝟俗、
至糾紛處，不得穩貼。……今之以虛見爲默證者，僕不信也。」書牘十五，
頁519。

〔註129〕《張文忠公全集》書牘十，頁402。

〔註130〕蕭公權《中國政治思想史》下，頁575～576。

〔註131〕《張文忠公全集》文集六，頁598。

件讓我們了解當時官學的弊病和居正的補救方法。在官學的弊病方面，主要有以下幾點：

（一）提學官失職。由於地位不高，又受地方官侵職，因此提學官「憚於巡歷，苦於校閱，高座會城，計日待轉」，甚至「公開倖門，明招請託」。

（二）教官素質低落。「士之衰老貧困者，始告授教職，精力既倦於鼓舞，學行又歉於模範」。

（三）生員問題。有「荒疏庸耄，不堪作養者」、有「平日不務學業，囑託公事，或捏造歌謠，興滅詞訟，及敗倫傷化，過惡彰著者」、有「糾眾扛幫，聚至十人以上，罵詈官長，肆行無禮者」。〔註132〕

（四）濫舉名宦鄉賢、孝子節婦以及鄉飲禮賓。

在第二章的敘述中，我們知道這些問題至少從十五世紀中葉以前就已出現，此時則益趨惡化。一個世紀以來，明代政府並非沒有設法處理，其成效不彰，正顯示這些問題已涉及整個政治社會的風氣，教育體制必須配合社會的變遷重新定位，然而張居正只是重申舊章，仍以「不許─革黜」、「務遵─奏劾」的模式來解決，雖然在他嚴格的「考成法」下，頗能收一時之效，但終究是鋸箭之法，未及病根。

在重申舊章的保守與尊君格局下，張居正再次強調程朱學的正統地位，他說：

> 國家明經取士，說書者，以宋儒傳註為宗，行文者，以典實純正為尚，今後務將《四書》、《五經》、《性理大全》、《資治通鑑綱目》、《大學衍義》、《歷代名臣奏議》、《文章正宗》、及當代誥律典制等書，課令生員，誦習講解，俾其通曉古今，適於世用，其有剽竊異端邪說，炫奇立異者，文雖工弗錄。

基於這樣的認識，他反對書院的自由講學，他說：

> 聖賢以經術垂訓，國家以經術作人，若能體認經書，便是講明學問，何必又別標門戶，聚黨空談。今後各提學官，督率教官生儒，務將平日所習經書義禮，著實講求，躬行實踐，以需他日之用。不許別刱書院，群眾徒黨，及號招他方遊食無行之徒，空譚廢業，因而啟奔競之門，開請託之路。〔註133〕

〔註132〕引文見《張文忠公全集》奏疏四，頁57～62。
〔註133〕《張文忠公全集》奏疏四，頁59。

細讀張居正的主張，再加上他對秦始皇創制的讚揚，我們很容易聯想到李斯對焚書的建議，李斯說：

> 古者天下散亂，莫之能一，是以諸侯並作，語皆道古以害今，飾虛言以亂實，人善其所私學，以非上上所建立。今皇帝並有天下，別黑白而定一尊，私學而相與非法教，人聞令下，則各以其學議之，入則心非，出則巷議，夸主以爲名，異取以爲高，率群下以造謗，如此弗禁，則主勢降乎上，黨與成乎下。〔註134〕

居正說書院講學「別標門戶，聚黨空談」、「異趨爲事」和「搖搖撼朝廷」，其背後蘊藏的意義，眞可說與李斯不謀而合，蕭公權說他用「儒體法用之治術」，〔註135〕確是不易之論。萬曆七年（1579）一月，張居正下令「毀天下書院」。此事的導火線是常州知府施觀民，藉興建書院以斂財，致使居正通令：

> 各省私建者（書院）俱改爲公廨衙門，糧田當歸里甲，不許聚集遊食，擾害地方。仍敕各巡按御史提學官查訪奏聞。〔註136〕

我們也許要問，居正早在萬曆三年就提出「振興人才」疏，何以到此時才下令毀書院？原因當然可說是爲了進一步的整頓學術與教育，然而此事涉及政治的因素亦不可忽略。前述羅汝芳和何心隱的講學，就是政治因素的一個例證，羅、何二人的學說除了引起許多批評外，他們的講學似乎也逐漸的涉及政治，汝芳在萬曆初年任職雲南，在書院對生員講學時，曾強調學與仕之間的關係，他認爲貫穿二者的是孝、弟、慈，所謂「孝者，所以事君，弟者，所以事長，慈者所以使眾」，他說要做個好官，只要能依循「良知」，「以率民孝親敬長，而須臾不離，便做得好官」，而若人人如此，「便中庸可能矣」，他

〔註134〕《史記》〈秦始皇本紀〉《史記會注考證》，頁 123～124。

〔註135〕《中國政治思想史》下，頁 580。

〔註136〕《明神宗實錄》c.83，頁 4。又，萬曆八年八月「戶部復以各省直改毀書院，多有未行冊報及議處未盡者，議行各撫按查覈以報。」c.103，頁 2。關於這次毀禁書院的記載還有：《萬曆野獲編》：「今上初政，江陵公痛恨講學，立意翦抑。適常州知府施觀民，以造書院科斂見糾，遂遍行天下拆毀。其威令之行，峻於世廟。江陵敗而建白者力攻，亦以此爲權相大罪之一，請盡行修復，當事者以祖制所無折之，其議不果行。」c.24〈書院〉，頁 608。
《明史》：「七年春正月戊辰，詔毀天下書院。」c.20，頁 266。
《明紀》：「七年正月戊辰，詔毀天下書院。自應天府以下，凡六十四處，盡改爲公廨。」轉引自陳元暉《中國古代的書院制度》，頁 79。
《續文獻通考》：「萬曆十年（實錄爲七年），閣臣張居正以言官之請，概行京省查革，然亦不能盡撤，後復稍稍建置。」c.50，頁 29。

又感嘆的說：

> 奈何管、商之徒，惟以法制把持天下，且個個爭效法之，是做好官
> 的，不以中庸做好官矣。〔註137〕

此處很難說他是否意在批評時政，但汝芳與張居正的關係一直都不太好則是事實。萬曆元年（1573），汝芳丁憂起復，在謁見居正時，汝芳因民間疾苦難以上達而感傷，居正的反應是「堯、舜獨不病博濟耶？」，汝芳則認為雖然如此，但「唐、虞君臣時時刻刻必求博濟」，居正聽了為之默然。〔註138〕萬曆五年（1577），汝芳入京進表，曾在廣慧寺講學，朝中大臣如刑部尚書劉應節都曾參與，居正對此頗感厭惡，於是就有給事中周良寅的論劾，汝芳和應節都因此而罷官，〔註139〕當時有人勸汝芳暫停講學，並提醒他小心「黨錮」，汝芳表示「此學命根也」，「即萬死不悔避」，又說：「心患無實心，實心講學必無錮。黨人者好名士也，非實心講學者也」，〔註140〕可見當時可能已有因講學與黨禍的危機。

何心隱與居正的關係也相當尖銳，早在嘉靖三九年（1560），心隱與羅汝芳、耿定向等人跟時為國子監司業的居正會面，心隱與居正二人在言詞上即互相譏諷，心隱並預言居正「異日必當國，當國必殺我」。〔註141〕嘉靖四十年，心隱授計術士藍道行，利用世宗扶乩時毀謗嚴嵩，因畏懼嵩黨報復，而前往南直隸寧國府依汝芳。萬曆初年，心隱在湖北一帶講學，五年十月，心隱返江西葬父，時正當居正奪情，恰巧又出現彗星，心隱因以大肆抨擊居正蔑倫擅權，致遭天變，吉水（江西）人羅巽也同聲附和，並說要入京主持正議，驅逐居正去位，居正非常憤怒，示意地方官緝捕，心隱於七年三月在南直被捕，九月在湖廣被杖死。〔註142〕毀書院的命令也是在當年發出，此處可注意的不僅是時間上的巧合，更有是居正當政時，攻擊他的人士如劉臺、傅應禎、鄒元標等都是江西人，而汝芳、心隱也是，其中劉、傅二人與羅汝芳、何心

〔註137〕《近溪子明道錄》c.8，頁328。

〔註138〕《羅近溪先生全集》c.10〈附集〉中所收郭子章撰《皇明議謚理學名臣傳》，頁2。

〔註139〕《明神宗實錄》c.66，頁8。《明儒學案》c.34，頁760，《明史》c.220，頁5789。

〔註140〕《羅近溪先生全集》c.10〈附集〉，頁3。

〔註141〕《明儒學案》c.32，頁704。

〔註142〕《明神宗實錄》c.95，頁4。並參考容肇祖《明代思想史》，頁219。及沈德符《萬曆野獲編》c.18〈大俠遁免〉，頁480。又沈德符還說：「楚人李幼滋為工部尚書，正江陵入幕密客，素以講學為心隱所輕，故借江陵之怒以中之。」c.8，頁219。

隱的關係不太清楚，但鄒元標在萬曆五年（1577），汝芳進京時曾「侍先生左右者月餘」，後又為他撰寫墓碑，〔註143〕可見元標與汝芳的關係。而且以傳統的地方鄉誼關係，和汝芳、心隱的大名，推論劉、傅二人與他們彼此認識，應該是可接受的，黃宗羲曾記載鄒德涵（鄒守益孫）被貶的情形：

> 江陵當國，方嚴學禁，而先生求友愈急。傅慎所（應禎）、劉畏所（臺）
> 先後詆江陵，皆先生之邑人，遂疑先生為一黨，以河南僉事出之。
> 御史承江陵意，疏論鐫秩而歸。〔註144〕

可見當時居正確實以同鄉的關係，認為他們為一黨。而且後來在毀書院的措施中，江西地區似乎也是受影響最大的地區之一，可見此事並不單純。

　　這一次的毀禁書院，從史料上看，似乎比嘉靖時期的規模更大也更嚴格，以江西來說，著名的白鹿洞書院（南康），因巡撫邵銳等人以白鹿洞有敕額和先聖賢遺像為由，建議不予拆毀，並請酌量留田以備祭祀，但建昌府的學田一千二百多畝仍被變賣輸官。〔註145〕另外，南宋時與四大書院齊名的懷玉書院（廣信），則無法保全而遭毀廢，而陸象山講學的象山書院（貴溪），因知縣伍袁萃捐貲贖回，又避書院之名改為象山祠，而得以保全。〔註146〕其他確曾被毀的書院還有：

　　復古書院（安福）　　嘉靖年間知縣程文德建，文德為王門弟子，書院亦祀王守仁及舉行講會。萬曆九年奉文變賣。

　　玉溪書院（貴溪）　　原為宋人盧孝孫講學處，弘治、嘉靖時均有重建。萬曆八年奉例廢，改為玉溪祠。

　　道源書院（大庾）　　初建於宋淳祐時，明時屢有增修。萬曆初奉文廢。

　　正學書院（南昌）　　即朱宸濠建的陽春書院。萬曆初奉文毀。

　　東山書院（南昌）　　宋人趙汝愚建，萬曆八年議廢。

　　陳經歸書院（南康）　　弘治年間建，張居正毀書院時改名雲住祠。〔註147〕

〔註143〕鄒元標〈近溪羅先生墓碑〉，在《羅近溪先生全集》c.10，頁49～53。
〔註144〕《明儒學案》c.16，頁335。《明史》c.283，頁7271也有當同記載。
〔註145〕《江西通志》c.22，頁28～30文淵閣《四庫全書》513冊。並可參考陳東原〈廬山白鹿洞書院沿革考〉刊《民鐸》7卷1、2期。
〔註146〕《江西通志》c.22，頁10。
〔註147〕以上書院資料見《江西通志》c.21，22。東山書院見《古今圖書集成》職方典c.857，頁1021。陳歸經書院見c.869除江西以外，其他地區確定被毀的書院還有：
　　四川成都大益書院、北直隸恆陽書院、山東青州松林書院、福建興化涵江書

　　此外，類似象山書院，以當地人士捐金抵值而獲得保存的，還有江西吉水仁文書院和瑞州筠陽書院。仁文書院原名文江書院，鄒元標曾記其原委：

> 萬曆庚辰（八年 1580），江陵盡毀天下書院，市地歸民間。海寧陳
> 侯令茲邑，謂余居湫隘，以俸易而歸余。癸未（十一年 1583）余濫
> 塵省垣，以復書院請上，報曰可。〔註148〕

筠陽書院建於正德八年（1513），嘉靖年間重修，祀周、程、張、朱、陸、王諸子。萬曆七年毀書院，賣與侍郎傅孟春抵值，傅孟春說：

> 萬曆初載，秉政者喜紛更，議毀書院，筠亦在革中。予時居太恭人，
> 憫然太息曰：「茲地昔吾麗澤之所，何忍淪落市塵，而莫可圖復哉？」
> 遂捐資二百餘金，抵其值，越五年，歸於郡邑，置原值不問。〔註149〕

　　萬曆十年六月張居正死，張四維於十一年四月丁憂，九月，申時行繼為首輔，時行為收人心，在政務上力求寬大，並相繼召用居正時被黜之士，如鄒元標即起為吏科給事中。十一月，元標即上疏奏陳五事，其中之一為「崇儒術」，疏中元標首先批評居正「敢于蔑先聖之道者，不過惡聚講，假偽道學以箝天下之口耳」。他說聖人孔子且以「學之不講」以為憂，本朝天子也有日講和經筵的制度，天下生民豈「仁聖加於孔子，睿知出於陛下者哉」。就算講學者有真偽不分的弊病，但若是「百偽之中得一真焉」，即足以「維世道，匡頹風」，要是「因偽棄真」而禁書院講學，就是「因沙廢金，因噎廢食」之舉。元標認為「今儒風不振久矣」，正該使天下明瞭朝廷「崇儒重道盛心」，不該造成上禁下避的局面，〔註150〕他建請神宗敕禮部令各地將毀廢的書院修復，並提及祭祀守仁的浙江天真書院。禮部表示為免地方再受滋擾，已經拆毀的書院，不必概復，如果是先賢留下的，或是本朝敕建的，則量為修復，並要地方查明各書院的學田，在毀廢後歸於何處。神宗對此也下

院、山西太原三立書院、山西運城河東書院、廣東廣州大科書院、廣西岑溪桔園書院、廣西宣化敷文書院、協縣問津書院、江蘇武進龍城書院、福建建陽瑞樟書院、山東長清願學書院等十三所。資料根據陳元暉《中國古代書院制度》，頁81～82。

又，據《明神宗實錄》載，萬曆九年十月禮部報告：「稽查應天府（南京）等府書院，先後共六十四處，或改公署，或給原主，或行毀廢，其紫陽、崇正、金山、石門、天泉五書院存留如故。」c.117，頁4。

〔註148〕鄒元標《願學集》c.5 上，頁36～37 文淵閣《四庫全書》1294 冊。

〔註149〕光緒《江西通志》c.81。轉引自陳元暉《中國古代書院制度》，頁82。

〔註150〕「崇儒術」的全文，在張萱《西園聞見錄》c.7 道學，中有載錄。

旨曰：

> 重道崇儒，原無講學之禁，亦不係書院有無，若近年私創，已經拆
>
> 毀變賣者，不必一概議復，以費財擾民。〔註151〕

神宗的回答，可說是正式地解除了嘉靖以來講學、書院的禁令，而天眞書院
並於十二年五月由政府修復，且賜祠堂額爲「勳賢」。〔註152〕從前章的統計中
知道，萬曆朝的書院數量，在整個明代僅次於嘉靖朝，居第二位，可見張居
正的禁令威力雖大，但仍無法阻止書院的擴張。

十一月在申時行的支持下，王守仁得以從祀孔廟，解決了隆慶以來的爭
論，但神宗仍然強調：

> 朝廷重道崇儒，原尚本實，操修經濟都是學問。亦不必別立門戶，
>
> 聚講空談，反累盛典。〔註153〕

守仁入祀和書院解禁，正顯示王學和書院所代表的社會力量，已無法被
政府忽視，然而，從另一個角度來看，守仁的入祀，也代表其學說由此納人
朝廷的正統之學中，但守仁之後，王門立戶和空談的問題仍究未解決，神宗
此舉，實有藉守仁之學來限制守仁後學的用意，這也是學術史中非常弔詭的
地方，而門戶與空談的問題，到下一個世紀則再生轉折。

第三節 天啓朝的毀禁書院

張居正的禁書院措施，規模雖大，號令雖嚴，但終不能持續。隨著禁令
的解除，書院的興建迅速恢復，而講學則產生東林學派的另一轉折，並由於
東林諸子的結盟涉入政治，使明末的學術與政治，呈現了異常錯雜豐富的情
況，不僅影響至清代學術的發展，更涉及由傳統沿續下來的諸多問題，深深
的吸引學者投注其中。讓我們先看一段黃宗羲的敘述，以概略了解萬曆中期
前後的講學情況：

> 南都講學，先生（許孚遠）與楊復所（起元）、周海門（汝登）爲主
>
> 盟。周、楊皆近溪之門人，持論不同。海門以無善無惡爲宗，先生
>
> 作九諦以難之，言：「文成……云性無不善，故知無不良，良知即是

〔註151〕《明神宗實錄》c.142，頁5。
〔註152〕《明神宗實錄》c.149，頁6。
〔註153〕《明神宗實錄》c.155，頁2868。

未發之中，此其立論至爲明析。無善無惡心之體一語，蓋指其未發廓然寂然者而言之，……今以心意知物俱無善惡可言者，非文成之正傳也。」時在萬曆二十年前後，名公畢集，講會甚盛。〔註154〕

許孚遠（1535～1604）爲湛若水之再傳，與鄒元標（1551～1624）、李材（嘉靖41年進士）相善，大體屬王學的改良派，〔註155〕而楊起元（1547～1599）、周汝登（萬曆5年進士）二人爲羅汝芳弟子，除了強調「無善無惡」外，還主張「與愚夫愚婦同其知能，便是聖人之道」。〔註156〕從引文中可了解，二方面爭議的重點，是王守仁「無善無惡心之體」一語，這也是顧憲成（1550～1612）等人，對王學極力批判的重點。

顧憲成是萬曆八年（1580）進士，當張居正病時，朝中臣士群爲他祈禱，憲成就以爲不可，並削去同事代署之名。十五年（1587）大計京官，由左都御史辛自修和吏部尚書楊巍主持，楊巍聽命於首輔申時行，使辛自修所欲罷黜者，皆被時行包庇而獲免，自修也因工部尚書何起鳴列名拾遺，違背時行之意而罷官，御史高維崧等四人糾劾起鳴，並爲自修訟冤，但都遭貶職。當時憲成任吏部驗封司主事，上疏論君子小人之別，並爲辛自修、高維崧等人不平，語侵執政，被神宗嚴旨切責，因謫湖廣桂陽判官。後憲成擢爲吏部員外郎，又面臨張居正死後，朝中的最大爭議，即萬曆建儲的問題，也就是所謂的「國本之爭」。

「國本之爭」始於萬曆十四年（1586），言官懷疑神宗寵幸鄭貴妃，而有廢長立愛的意思，因而交章疏諫，神宗對這些主張頗感厭煩，就一再延緩冊立的時間。萬曆二十年（1592），給事中李獻可、御史錢一本等人，疏請皇長子出閣接受教育，皆遭黜謫，首輔王家屏也因此請罷去職，而由王錫爵繼任。錫爵迎合神宗意，擬旨將皇長子常洛、三子常洵、五子常浩並封爲王，消息傳出，舉朝大譁，顧憲成、允成兄弟皆上疏力爭，錫爵不堪眾人壓力，乃連疏請下廷議，並以去職向神宗力爭，神宗迫於公議無奈的追回前諭，但再度延緩冊立之期，時爲萬曆二十一年（1593）。

同時間的另一件大事爲本年的京察，即「癸巳京察」，主事者爲吏部尚書孫鑨、左都御史李世達、和吏部考功司郎中趙南星，另外吏部員外郎顧憲成、吏科給事中史孟麟也出力極多，孫鑨等人爲求公正，並欲杜絕當時包庇歪風，

〔註154〕《明儒學案》c.41，頁976。
〔註155〕參見王家儉師〈晚明的實學思潮〉刊《漢學研究》7卷2期，頁286～287。
〔註156〕《明儒學案》c.34，頁806。

即使是主事大臣的親戚也無寬貸，因此，孫鑛的外甥、趙南星的姻親、大學士趙志皋之弟、與首輔王錫爵的親故，都在被黜之列，孫鑛等人由此為內閣諸大臣所不滿。不久，言官以拾遺論劾虞淳熙等三人，孫鑛等覆議留之，刑科給事中劉道隆，遂奏言他們議留不當，並指孫鑛、趙南星專權結黨，孫鑛不為所動，覆奏時仍堅持原議，致使神宗指責孫鑛不引罪，而奪俸兩月，趙南星則遭貶謫。

此事使顧憲成上疏求與趙南星同罷，神宗未准，史孟麟也稱病歸里，孫鑛則在連疏乞休下致仕。郎中于孔兼、員外郎陳泰來、國子助教薛敷教等多人，交章為趙南星等人訟冤，但皆被謫，而主事顧允成、張納陛，則認為此事實由閣臣張位主導，上疏力詆，並詞連王錫爵，神宗大怒，謫允成、納陛二人。翌年，憲成因會推吏部尚書，而與錫爵相牴，又於錫爵謝政後，推舉王家屏繼任而忤逆神宗意，致削職為民。

萬曆二十二年（1594）以後，顧憲成等所代表的「清流」力量，在朝中幾已被逐一空，然而，在私人講學傳統的影響下，清流退居在野，重修東林書院，以講學的方式，繼續發揮他們在社會和政治的影響力。〔註157〕

這幾次爭議，代表的除了是嘉靖以來士風的激越外，也是承張居正死後的反對聲浪。國本之爭與嘉靖時的大禮之議，都可說是廷臣對皇室繼承的干涉，但世宗以他堅定的意志，貫徹了尊崇其生父獻王的主張，並由此排除了前朝大臣的控制，得以在施政上主導。

而神宗則反之，只能以消極的態度將問題擱置，這也使得內閣首輔的地位在張居正之後愈顯矛盾，雖仍能繼續操控大局，但也不斷受到廷臣的挑戰，他們不僅在朝時結成政治同盟，以尋求君權的支持，或以訴諸祖制的方式與首輔對抗，就制度史的角度看，萬曆朝的爭議尤其突顯出明太祖廢除宰相制度的影響。他們去職後在野，又以講學的方式維持組織，基於傳統的德治理想，以「清議」來監督主政的勢力，不僅為書院講學注入一股新動力，，也突顯了傳統政治中「道」與「勢」的緊張性。

東林書院在江蘇無錫城東弓河上，原為北宋楊時（1053～1135）講學之所，以後就在此地建書院，元代至正（1341～1367）年間，書院廢為僧寺。明成化時，邵寶在泰伯瀆上重建書院講學，後日久漸圮。顧憲成兄弟去職在

〔註157〕《明史》c.224，231，243。並參見林麗月《明末的東林運動》第二章第一、二節，第五章第一、二節。

—97—

鄉，乃提倡修復，即由無錫生員馬希尹等呈縣申請，在常州知府歐陽東鳳，和無錫知縣林宰協助下，於萬曆三十二年（1604）落成。

憲成等人倡建書院的目的有二：一是爲矯王學末流；一是藉清議以評政治，〔註158〕他們認爲學術是人心和政治的根本，「學術正則心術正，心術正則施政者得其依歸」。〔註159〕而憲成在離職歸家後，就積勞成疾，萬曆二十三年（1595）甚至病重幾殆，到二十五年才逐漸康復，在病中他深入的體會心性之學。〔註160〕二十六年，憲成、攀龍與管志道辨論王守仁的「無善無惡心之體」，觀聽者多至不能容，可見憲成在學術上要到此時才得以成就，而這件事也可說是他們倡建書院的導火線。〔註161〕

管志道受業於耿定向，曾著書數十萬言，黃宗羲批評他：「大抵鳩合儒釋」、「亦只是三教膚廓之論。平生尤喜談鬼神夢寐，其學不見道可知」。〔註162〕憲成也認爲管之學爲「一貫三教，而實主佛學」，又說佛學「一言以蔽之曰：『無善無惡』。試閱七佛偈，便可自見」，〔註163〕可見憲成把守仁的「無善無惡」定位爲「佛」，於是基於「儒」與「佛」的分辨，亦即「正統」與「異端」的對立，憲成等人要在傳周、程之道的楊時講學處，重建書院以端正學術，並矯正當時講王學者的流弊。

顧憲成等人嚴厲抨擊講良知學的末流，如高攀龍說：

> 姚江之弊，始也掃聞見以明心耳，究而任心而廢學，於是乎詩、書、禮、樂輕，而士鮮實悟；始也掃善惡以空念耳，究且任空而廢行，於是乎名、節、忠、義輕，而士鮮實修。〔註164〕

他們認爲這些弊病所以產生的根本原因，首要就是「無善無惡」的說法，因爲強調心的本體爲無善惡之念、爲不著於有，即成爲「空」與「混」，顧憲成解釋：

> 空則一切解脫，無復掛礙，高明者入而悅之，於是將有如所云：以仁義爲桎梏，以禮法爲土苴，以日用爲緣塵，以操持爲把捉，以隨事省察爲逐境，以訟悔遷改爲輪迴，以下學上達爲落階級，以砥節

〔註158〕錢穆《中國近三百年學術史》，頁9。
〔註159〕高攀龍《高子遺書》c.1
〔註160〕高攀龍〈顧憲成行狀〉，文刊《東林書院志》c.7，頁37。
〔註161〕葉茂才〈高攀龍行狀〉，刊《東林書院志》c.7，頁52。
〔註162〕《明儒學案》c.32，頁708。
〔註163〕《明儒學案》c.58，頁1387。
〔註164〕《明儒學案》c.58，頁1424。

礪行、獨立不懼為意氣用事者矣。混則一切含糊，無復揀擇，圓融
者便而趨之，於是將有如所云：以任情為率性，以隨俗襲非為中庸，
以閹然媚世為萬物一體，以枉尋直尺為捨其身濟天下，以委曲遷就
為無可無不可，以猖狂無忌為不好名，以臨難苟安為聖人無死地，
以頑鈍無不動心者矣。〔註165〕

其次是守仁說的「學貴得之心」，〔註166〕憲成認為程、朱之後的學者，陷於訓
詁而無益於「得」，守仁提出一個「心」字，確是對症之藥，但心是最活最難
把捉的，孔子要到七十才能「從心所欲不逾矩」，而守仁說「心即理」，是談
何容易？憲成說：

今夫人之一心，渾然天理，其是天下之真是也，其非天下之真非也。
然而能全之者幾何，惟聖人而已矣。自此以下，或偏焉、或駁焉，
遂乃各是其是，各非其非，欲一一而得其真，吾見其難也。……學
者之去聖人遠矣，求其之或得或不得，宜也。於是正應沈潛玩味，
虛衷以俟，更為質諸先覺，考諸古訓，退而益加培養，洗心宥密，
俾其渾然者果無愧於聖人。……徒以陽明此兩言橫於胸中，得則是，
不得則非，雖其言之出於孔子與否，亦無問焉。其勢必至自專自用，
憑恃聰明，輕悔先聖，註腳六經，高談闊論，無復忌憚，不亦誤乎？

〔註167〕

為矯挽這些因強調本體，而產生的種種弊病，顧、高等人就必須釐清工夫與
本體的關係，如攀龍就說：「不患本體不明，只患工夫不密」，〔註168〕史孟麟
說的更清楚：

有本體自有工夫，無工夫即無本體。試看樊遲問仁，是向夫子求本
體，夫子卻教他做工夫，曰：「居處恭，執事敬，與人忠。」……此
方是真當下，方是真自然。若飢食困眠，禽獸都是這等的，以此為
當下，卻便同於禽獸，豈不是陷人的深坑？且當下全要在關頭上得

〔註165〕《明儒學案》c.58，頁1391。
〔註166〕全文為：「夫學貴得之心。求之於心而非也，雖其言之出於孔子，不敢以為是
也，而況其未及孔子者乎。求之於心而是也，雖其言出於庸常，不敢以為非
也，而況其出於孔子者乎。」《傳習錄》中。陳榮捷《詳註集評》，頁 248。
因全文過長，此處只引首句代表，而顧氏的批評是指全透顯之意。
〔註167〕《涇皋藏稿》c.2，頁19～20。文淵閣《四庫全書》1292冊。
〔註168〕《明儒學案》c.58，頁1417。

力，今人當居常處順時，也能恭敬自持，也能推誠相與，及到利害
的關頭，榮辱的關頭，毀譽的關頭，生死的關頭，便都差了，……
不使眞工夫，卻沒有眞本體，沒有眞本體，卻過不得關頭。〔註169〕
此處孟麟說的「關頭」，是順著憲成而來，他常指示學生：「究其源頭，果是
性命上透得來否？勘其關頭，果是境界上打得過否？」〔註170〕孟麟並且以此
說批評風靡一時的李贄（1527～1602），〔註171〕說他是「恁的自然，恁的當下，
恁的見成聖人」，所以臨生死關頭時，只能消極的以自刎爲了結。

反對當下本體，強調工夫修養和學問，正顯出他們取朱學以救王學的傾
向，這種傾向並清楚的表現在東林書院的會約上。憲成說：「愚惟孔子萬世斯
文之主，凡言學者必宗焉。善學孔子則顏、曾、思、孟其選也」，故會約首列
孔、顏諸子的語要，其中尤以曾子、子思之語即《大學》、《中庸》爲最詳，
接著是詳列朱子的白鹿洞書院學規，因爲憲成認爲此規「至矣，盡矣。士希
賢，賢希聖，舉不出此矣」，另外，針對當時的情況，憲成又補充「飭四要」、
「破二惑」、「崇九益」、「屛九損」等四項，他認爲此與白鹿洞學規「互爲維
持，俾明者常明，行者常行，施之永永而勿弊也」，以下就大略介紹憲成補充
的內容：

飭四要：

一爲知本。「本云何？本者，性也。學以盡性也」，憲成認爲白鹿洞學規
強調的就是「性學」，學者於此不可不察。他強調「善者，性之實也。善存，
而性存矣；善亡，而性亡矣」。基於此，他批判守仁的「無善無惡」說，認爲
此說使本體、工夫由一分爲二，而既說「無善無惡」，又說「爲善去惡」，豈
非自相矛盾。「無善無惡」說的最大弊病，就是使朱子強調的「親、義、序、
別、信爲土苴，以學、問、思、辨、行爲桎梏，一切藐而不事者必伸，雖聖
人復起，亦無如之何矣」，所以學者於此不可不察。

二爲立志。「立志云何？夫志者，心之所之也。莫貴於人，莫靈於心。心

〔註169〕《明儒學案》c.60，頁1473～1474。
〔註170〕《明儒學案》c.60，頁1475。
〔註171〕李贄除了講學吸引人外，又著書極多，朱國楨曾說「讀其書，每至辯窮，輒
　　　　曰，吾爲上上人說法，嗚呼！上上人矣，更容說法耶？此法一說，何所不至。
　　　　聖人原開一權字，而又不言所以，此際著不得一言，只好心悟，亦非聖人所
　　　　敢言所忍言，今日士風猖狂，實開於此。全不讀《四書》、《五經》，而李氏《藏
　　　　書》、《焚書》，人挾一冊以爲奇貨，壞人心，傷風化，天下之禍未知所終也。」
　　　　《湧幢小品》c.16〈李卓吾〉條，頁9。此可見李贄的著作在當時很受歡迎。

欲超凡民而之豪傑，豪傑矣。心欲超豪傑而之聖賢，聖賢矣。」

三為尊經。「經，常道也。孔子表章六經，程子表章四書，凡以昭往示來，維世教、覺人心，為天下留此常道也。」憲成要學者「讀一字，便體一字；讀一句，便體一句。心與之神明，身與之印證，日就月將，循循不已」。他抨擊王學以「六經註我，我註六經」的態度，將使孔子、程、朱的苦心付諸東流，使「承學安所持循乎？異端曲說，紛紛藉藉都安所折衷乎？」

四為審幾。「幾者，動之微，誠偽之所由分也」。憲成期勉參與東林之會者，要以精神用於「相與交修互儆」，而不是「樹標幟、張門面」，「慕虛名、應故事」，要「相率而入於誠」，而非「入於偽」。

破二惑：

所謂「二惑」，簡言之，就是當時人對講學的疑惑，其一是認為講學「迂闊而不切」、「高遠而難從」。一是認為「學顧躬行」，徒講何益。這二點一直是反對講學者最主要的看法，憲成針對第一點的解釋是，東林所講重在「倫必惇、言必信、行必敬、忿必懲、慾必窒、善必遷、過必改、誼必正、道必明、不欲必勿施、不得必反求」，這些都是常人所共知所必行，豈有迂闊、高遠之義。其次是，常人認為講學無用，乃因有些講學之士「所講非所行，所行非所講」，其病在「所講」而非在「講」，故不可因某人的「毀行」，而移於講學上，他也希望東林學者能協力破此「二惑」。

崇九益：

即講學之益，此是明代講學者的共同主張

一、東林之會目的就在講聖賢之學，此本是國家設學之本，後因科舉而失去，所以東林要復「學之初意」。

二、東林講學不只是本地的士紳可參與，還可吸引「四方之尊宿名碩」，甚至「草野之齊民，總角之童子」，都可前來聽講而受益。

三、常人獨處無事，容易「游思」、「惰氣」，參與講會可使精神奮發，進而得「安身立命之處」。

四、與會時「非仁義不談，非禮法不動」，漸摩既久則「一切凡情俗態，不覺蕩然而盡矣」。

五、與會時能彼此互相「嚴憚」、「切磋」，即可收師友相處之益。

六、每人的見聞有限，當「參身心密切，或叩詩書要義，或考古今人物，或商經濟實事，或究鄉井利害」，經年累月，反覆旁搜而不得其要，與會時正

可質諸大眾，或許「片言立契，相悅以解者矣」。此處透露出講學內容的廣泛，應非僅有東林講學是如此。

七、會期雖短，但聚會時能「追按其既往」、「預籌其將來」，只在數刻間便能「起舊圖新」，「豈非人生一大關鍵耶」。

八、書院諸堂紀念諸子，其言行歷歷在前，即如諸子「責我」「望我」「愛我」，豈非人生一大幸事。

九、此會的目的在「明學」，學以「明道」，根本既立則不論立言、立功、之節，皆自本根出枝葉，自不同於世俗之名。

屏九損

即去除與會時個人可能犯下的缺失。

一、比暱狎玩，鄙也。

二、黨同伐異，僻也。

三、假公濟私，賊也。

四、評有司短長、議鄉井曲直、或訴自己不平，浮也。

五、談曖昧不明和瑣屑不雅、怪誕不經之事，妄也。

六、己有過而惡人之言，巧為文飾，怙也。

七、人有過而對眾指切，致其難堪，悻也。

八、問答時意見相殊，答者應明白，問者應從容。答者或遽為沮抑，使之有懷不展，及問者遽為執辨，至有激而不平，皆滿也。

九、人是亦是，人非亦非，道聽塗說，略不反求，莽也。〔註172〕

東林講學除了要端正學術以外，更進一步的他們要「救世」。這點也是東林與其他講學之士的不理政治，明顯不同的地方，顧憲成曾說：

> 官輦轂，念頭不在君父上；官封疆，念頭不在百姓上；至於水間林下，三三兩兩，相與講求性命，切磨德義，念頭不在世道上，即有他美，君子不齒也。〔註173〕

允成對當時與政事脫節的講學尤其不滿，黃宗羲記載了一段憲成兄弟的對話：

> （允成）一日喟然而歎。涇陽曰：「何歎也？」曰：「吾歎夫今之講學者，恁是天崩地陷，他也不管，只管講學耳。」涇陽曰：「然則所講何事？」曰：「在縉紳只明哲保身一句，在布衣只傳食諸侯一句。」

〔註172〕東林會約詳見《東林書院志》c.2。
〔註173〕《明儒學案》c.58，頁1377。

〔註174〕
然而，憲成等人當時均為在野之士，沒有施政的權力，只能透過輿論的壓力，即以主持「清議」的方式來影響時政。他們首先強調「眞是非」，憲成說：

> 人須是一個眞。是非之心，人皆有之，只以不眞之故，便有夾帶。是非太明，怕有通不去、合不來的時節，所以須含糊。少間，又於是中求非，非中求是，久之且以是為非，以非為是，無所不至矣。

〔註175〕
攀龍則直接的說：「紀綱世界，全要是非明白」。〔註176〕是非源於心術，所以要明是非則先要辨心術，錢一本說：

> 聖門教人求仁，無甚高遠，只是要人不壞卻心術。狂狷是不壞心術者，鄉愿是全壞心術者。〔註177〕

所謂鄉愿，是介於君子、小人間的「假善之人」，憲成對於他們的性格和處事，有一段深刻的描述，他說：

> 鄉愿之同流合污，從而不倡者也。大家如此，一滾隨去，凡事都不做頭，既以忠信廉潔媚君子，而其同流合污又不為倡而為從，則君子亦寬之而不責矣；既以同流合污媚小人，而其忠信廉潔又不為眞而為似，則小人亦安之而不忌矣。〔註178〕

允成則平生最痛惡鄉愿，認為他們名利兼收，雖稱不上弒父弒君，卻把弒父弒君的種子，暗佈於人心，所以他強調「學問須從狂狷起腳，然後能從中行歇腳」，常人好為中行，若分辨不清而依違兩端，反易墮為鄉愿，「只因起腳時便要做歇腳事也」。〔註179〕

　　東林諸子不僅以這種嚴格的道德標準自勉，也把這種標準用在清議上，於是他們無法摒除「九損」中的第四項，反而在「會中多裁量人物，訾議國政，亦冀執政者聞而藥之」。〔註180〕當他們在位時，就特別強調君子、小人的分辨，進賢，退不肖，成為他們施政時的重點之一，從萬曆二十一年（1593）

〔註174〕《明儒學案》c.60，頁1469。
〔註175〕《明儒學案》c.58，頁1383。
〔註176〕《明儒學案》c.58，頁1399。
〔註177〕《明儒學案》c.59，頁1436。
〔註178〕《顧端文公年譜》c.3，頁3。
〔註179〕《明儒學案》c.601472。
〔註180〕《明史》c.231，頁6032。

的京察開始，他們積極爭取人事權，務使正人在朝，善類咸聚。萬曆時期，他們批評當政者持祿固寵，恥與趨炎附勢者爲伍，朋黨相爭的局面因而形成，並由此一直延續到明朝滅亡。

由於憲成等人講學時，正是明代走向衰亂之時。神宗在張居正死後親政，憤於居正的專權，所以之後的首輔大多沉默避事，加上神宗又怠惰貪財，使百官曠職，卻容許礦稅諸使，毒遍天下，當時滿州人已整裝臨邊，卻仍未在意。〔註181〕此時與憲成相近，同樣「抱道忤時」者，必不在少數，聞東林講學，即紛紛響應參與，甚至使學舍不能容，〔註182〕葉茂才曾述其盛況：

> 每月集吳越士紳會講三日，遠近赴會者數百人，存之與涇陽先後主盟，每一開講得聞所未聞，靡不忻屨而去。〔註183〕

不止如此，還有一些東林諸士和地方人士，也組織講會，邀憲成等人蒞臨講學，如張納陛、史孟麟組麗澤大會，〔註184〕其他還有武進的經正堂（錢一本建）、金壇的志矩堂（于孔兼建）、宜興有明道書院（史孟麟爲山長）、常熟有文學書院（耿橘復）。〔註185〕此外，在京師另有一所與東林關係密切的首善書院。

首善書院爲鄒元標所建，與馮從吾（1556～1627）講學其中。鄒元標師江右王門的歐陽德、羅洪先，張居正奪情時，他抗疏直諫，遭杖八十而謫，居正死後，召爲吏科給事中。萬曆十一年（1583）十二月，慈寧官災，上疏言時政，並勸神宗無欲，帝以言刺己，謫往南京。十三（1585）年又奏陳吏治、民瘼等事。吏部文選司缺員外郎，尚書宋纁請用元標，神宗不允，又調往南京，居三年而罷官。光宗即位，任左都御史，首善書院即建於此時。黃宗羲說元標之學：「以識心體爲入手，以行恕於人倫事物之間，與愚夫愚婦同體爲功夫，以不起意、空空爲極致」。「於禪學，亦所不諱」。〔註186〕馮從吾師許孚遠，黃宗羲說從吾爲學：「全要在本原處透徹，未發處得力，而於日用常行，卻要事事點檢，以求合其本體」。〔註187〕又說元標「主解悟」，從吾「重工夫」，二人正相輔相成。同憲成等人一樣，鄒、馮二人對王學末流亦感不滿，元標說講良知者「流

〔註181〕孟森稱此時期爲醉夢之期。見《明代史》，頁 268。並參見《明史》c.218 申時行等人傳。

〔註182〕《明史》c.231，頁 6032。

〔註183〕〈高攀龍行狀〉，刊《東林書院志》c.7，頁 52。

〔註184〕《明史》c.231，頁 6036。

〔註185〕《明儒學案》c.58，頁 1377

〔註186〕《明儒學案》c.23，頁 535。

〔註187〕《明儒學案》c.41，頁 984。

於情識而不自覺，惡在其為良知」，〔註188〕從吾則力言：「元虛之學不講可也，躬行之學不講可乎？」〔註189〕二人立書院講學的目的就是為了「倡明正學」。此外，首善書院的創建和講學，高攀龍都有參與，可見首善和東林的密切關係，雖然馮從吾曾主張講學「不得議及他事，論及他人」，〔註190〕但是從鄒元標的文集中，仍可發現他批評鄉愿「只在媚世」，又說「老成持重，與持位保祿相似」，〔註191〕此皆隱含批評時政之意。由於鄒元標還朝以後地位日高，又與東林諸士接近，自然成為敵黨攻擊的對象，而書院講學則成為攻擊的藉口。

　　明代朋黨的起源，一般認為可追溯自萬曆五年（1577）張居正的奪情爭議。〔註192〕居正死後言路大為舒發，並且利用萬曆帝對居正的不滿，而攻擊居正生前的種種嚴政，再加上神宗對立儲的猶豫不決，與後任首輔的避事寡斷，使得朝中爭議不斷，從居正三子的科場案起，歷大峪山壽官案、申時行揭密案、國本案與多次的京察之爭，使得朋黨之分益趨明顯。近人謝國楨把萬曆二十年（1592）以後的黨爭，分成齊、楚、浙三黨與東林兩大派，並依其興衰分為四個階段，〔註193〕林麗月則在年代上略加修正，茲依據林氏的分期略述如下，以對這時期的黨爭有一概括理解：

（一）萬曆二十一年至二十九年（1593～1601）

　　前已略述萬曆二十一年的「三王並封」和「京察」的爭議，此時雖尚無「東林」之名，但顧憲成等人皆在此時去職，連同之前的鄒元標，成為朝野知名的清流。在首輔方面，王錫爵於二十二年致仕，趙志皋繼任，趙年老柔懦，為朝士所輕。二十九年，沈一貫為首輔，「浙黨」（一貫為浙人）逐漸形成。〔註194〕

（二）萬曆三十年至三十九年（1602～1611）

　　此時期東林書院重建，憲成等開始講學議政。三十一年有「妖書」案，

〔註188〕《明儒學案》c.23，頁544。

〔註189〕馮從吾《少墟集》c.7，頁10。轉引自王家儉師《晚明實學思潮》，頁286。

〔註190〕《少墟集》c.18辨學錄跋。

〔註191〕《明儒學案》c.23「媚世」，頁545，「老成」，頁537。

〔註192〕林麗月《明末的東林運動》，頁13。

〔註193〕分別是：
　　　　一、萬曆二十年至三十年（1592—1602），為東林當政期。
　　　　二、萬曆三十年至四十五年（1602—1617），為兩派互持期。
　　　　三、萬曆四十五年至天啟元年（1617—1621），為三黨當政期。
　　　　四、天啟元年至七年（1621—1627），東林再度得勢，以迄黨禍大起。

〔註194〕《明史》說：「浙人與公論忤，由一貫始。」c.218，頁5758。

〔註195〕使沈一貫頗受清流攻擊。二十八年，李三才被劾，憲成致書閣臣葉向高爲三才辯護，當時，于玉立、黃正賓等人附於東林，而二人被認爲是輕浮好事之人，於是徐兆魁等遂力排東林。徐兆魁屬「宣」、「崑」兩黨，其主要人物是祭酒湯賓尹（宣城人）和諭德顧天峻（崑山人）。〔註196〕此外，三十八年的「韓敬科場」案，也引起東林與三黨的爭議。〔註197〕此時東林黨在朝的有楊時喬、孫丕揚等人，而葉向高也與東林相近。楊時喬主持三十三年的京察，浙黨給事中錢夢皋、鍾兆斗皆被逐，一貫怒，將京察疏留中，並盡留被察的給事中、御史，此事更使清流抨擊一貫，終使他於次年憤而去職。〔註198〕三十九年的京察由孫丕揚主持，浙黨的鍾兆斗、姚文蔚，宣黨的湯賓尹和崑黨的顧天峻等多人被察，可見此期東林在朝之勢頗盛。

（三）萬曆四十年至泰昌元年（1612～1620）

四十年孫丕揚去職，由趙煥掌吏部，四十一年方從哲入閣，代表東林的勢力漸衰，而朝中朋黨亦分成齊、楚、浙三黨，諸黨以元詩教爲首，詩教爲首輔方從哲門生，趙煥的同鄉，方、趙二人因年老柔弱，故詩教幾可把持朝政，另外，原宣黨領袖湯賓尹，此時在三黨中也仍居重要地位。〔註199〕這時期黨爭的焦點，有四十三年的「挺擊案」和泰昌元年的「紅丸案」。四十五年的京察，則完全是三黨佔優勢，東林幾被排斥迨盡，因此四十七年的會推閣臣，也全由三黨操縱，東林在內閣的勢力要到泰昌元年八月，葉向高再度入閣，十二月從哲以「紅丸案」去職後始復盛。

總的來說，萬曆中葉以後的黨派爭議，大致以爭「京察」與「國本」爲主，換言之，就是以爭同黨人士在位和確立皇位繼承爲兩條主軸。爭「京察」涉及政治利益的分配，然而，利益並非政治活動的全部，就憲成諸子而言，這更關係到他們「進賢退不肖」的政治理念之實現。憲成等人以嚴格的道德標準自持，雖然能「清節矯修」爲士林之模範，〔註200〕但並不能要求人人皆與他們一般，於是被批評者，就無異於受到道德的審判，即使小節有虧，亦難說皆爲不賢，同異之分就因此而生，如《明史》贊曰：

〔註195〕妖書案見《明史》c.218 沈一貫傳；c.226 郭正域傳。

〔註196〕《明史》c.224 孫丕揚傳。

〔註197〕韓敬案見謝國楨《明清之際黨社運動考》，頁 31。

〔註198〕《明史》c.218，頁 5759。

〔註199〕有關三黨，詳見謝國楨《明清之際黨社運動考》，頁 35～36。

〔註200〕《明史》c.231，頁 6053。

> 朋黨之成也，始於矜名，而成於惡異。名盛則附之者眾。附者眾，
> 則不必皆賢而胥引之，樂其與己同也。名高則毀之者亦眾。毀者不
> 必不賢而怒而斥之，惡其與己異也。同異之見岐於中，而附者毀者
> 爭勝而不已，則黨日眾，而爲禍熾矣。〔註201〕

爭「國本」，則是代表對「祖制」與「倫理」的堅持，立嫡與立長，雖是皇位
繼承的原則，但就實際運作來說，此原則並無強制的約束力，國史上隨君之
所好而立嗣的情形，亦非少見，但皇位繼承所關聯的，不只是政權的更迭是
否穩定，尤具有維繫倫理的象徵意義，東林諸子在學術上有返朱的傾向，在
倫理的觀念上亦強調傳統的價值，從這個角度看，我們也可說他們是保守的，
至於神宗對此事的拖延，至使太子失學而不足承擔大任，終至引起後來更大
的爭議與動亂，則爲始料所未及。

（四）天啟元年至七年（1621～1627）

熹宗即位後葉向高任首輔，趙南星爲左都御史，天啓三年京察盡黜三黨
之人。四年初南星任吏部尚書，搜舉在野的東林人士布於庶位，此時東林勢
力再盛。另一方面，宦官魏忠賢與熹宗乳母相結，二人都有極大的權力欲望，
利用與熹宗親近又引之戲樂的機會，〔註202〕漸獲大權，而被廢的三黨人士則
轉向依附忠賢，形成「閹黨」與「東林黨」相爭的局面，而「紅丸」、「移宮」
等案又成爭論的重點，直到天啓五、六年間，「閹黨」獲得全勝，「東林黨」
人遭殺害和禁錮的慘禍而止。天啓五年的書院禁令，也正是「閹黨」攻擊「東
林」中的一環。

先是在天啓二年（1622）六月，閹黨忌憚時任左副都御史的鄒元標嚴毅，
深怕次年的京察不利，〔註203〕故由兵科都給事中朱童蒙首論元標和馮從吾，
謂二人「創建講壇，恐開門戶」，童蒙說：

> 皇祖時有理學之臣顧憲成、郭正域開講東林，其初亦以發明聖賢蘊
> 奧，開示後學，豈不甚善。逮從遊者眾，邪正兼收，不材之人借名
> 東林之徒以自矜詡，甚至學士儒生挾之以扞文網，冠裳仕進借之以
> 樹黨，……二臣一旦復爲擇地建壇，招朋引類，況又在皇都之內，
> 賢否輻湊之處乎，臣謂今日之人心，猶昔日之人心，將來今日之講

〔註201〕《明史》c.232，頁6067。
〔註202〕《明史》c.305，頁7817。
〔註203〕《明儒學案》c.23，頁534。

學，猶昔日之講學者也。〔註204〕

對此熹宗表示鄒、馮二人「素稱忠讜」，而門戶因言官「議論溷淆」所致，令「各宜省改」。元標聞言即上章辯解，全文情感誠摯，尤其可見元標真視講學為其「志業」，故不避冗長地摘引如下：

> 臣弱冠幸舉孝廉，從諸長者遊，一登講堂，此心戚戚。既謝計偕，獨處深山者三年，嗣入夜郎，兀坐深箐者六年。浮沈南北，棲遲田畝又三十餘年。賴有此學，死生夷狄，未嘗隕志。記隆慶徐階當國，集諸臣千餘人，手書識仁定性二書相與商度，今未嘗以是少徐階相業。……若只以臣等講學，惟宜放棄斥逐之，日以此澆其磊塊，消其抑鬱無聊之氣，則如切如磋道學之語，端為濟窮救苦良方，非盡性至命妙理，亦視斯道太輕，視林下臣太淺矣。……蓋不知不聞道，即位極人臣，勳勒旂常，了不得本分事，生是虛生，死是虛死，朽骨青山，黃鳥數聲，不知天與昭昭者飄泊何所。此臣所以束髮至老，不敢退墮自甘者也。〔註205〕

文末，元標又為東林辯，謂黨爭起自「在昔朝貴，自岐意見」，並「乞罷臣，以為倡學者之戒」。之後，從吾亦乞罷官歸田，且強調當今「夷虜交侵，邪教猖獗，正為講學以提醒人心，激發忠義」，王守仁所以能成功業，正是他在「兵戈倥傯之際，不廢講學」之故，〔註206〕熹宗對二人溫言嘉勉，未許罷官。

但此事並沒能了結，十月，工科給事中郭允厚再上奏論元標，其論重點有二：一說元標的聲望起自抗張居正奪情，但之前廷臣論居正時，怎又稱讚居正，故質疑元標「豈學問亦堪阿世，而會講總不越事情耶？」。二說元標位高權重，設書院舉講會，「恐賢者未必附，附者未必賢」，使附者「陰為乘，而顯為用」。〔註207〕熹宗雖再度稱元標忠直，但對允厚卻只要求毋爭辯求勝，似無譴責之意。另一方面，魏忠賢此時已掌權柄，傳旨說：「宋室之亡，由於講學」，並將嚴譴鄒、馮二人，〔註208〕故首輔葉向高立即上疏讚揚元標，反駁宋室亡於講學之說，並且透露有人偽作吏部奏章，欲進一步進議熹宗毀書院，

〔註204〕《明熹宗實錄》c.26，頁8～9。
〔註205〕此文在《明熹宗實錄》c.26，頁10～11與《明儒學案》c.23，頁534，皆有記錄，但詳略亦不同，大體以《明儒學案》較詳，上引文為整理所得。
〔註206〕《明熹宗實錄》c.26，頁11。
〔註207〕《明熹宗實錄》c.27，頁4～5。
〔註208〕《明史》c.243，頁6306。

〔註209〕可見後來閹黨毀書院之意，此時已然萌芽。

不久，左科給事中郭興治三論元標，此次論劾涉及元標學術。興治首先說元標曾有「是非不必太明」之語，認爲如此則「言官杜口，流品莫分，功罪可以糊塗，賞罰可以顛倒」，興治並引申到佛教之義，他說佛教主張戒殺、戒盜、戒淫，而山東的白蓮教殺人擄掠，卻說「吾奉佛、奉法，死後必生天也」，他認爲「今之講學者，不幸類此」，故請「敕憲臣實實講明孔孟眞學」〔註210〕。前已述元標講學，立論既高，兼又綜括，他不像理學家汲汲分辨佛老，〔註211〕且講學時也不忌談禪言悟。興治此說佛教、白蓮，不僅批評元標之學，並有比於邪教妖賊之意。我們進一步看朱童蒙等三人的立論，先是說講學會造成朋黨再起，復論元標學術爲邪，可知他們的用意並不僅在鄒、馮二人，參與首善書院的除了鄒、馮外，至少還有光祿寺少卿高攀龍、御史周宗建、郎中呂克孝，另外葉向高爲書院撰記，光祿寺左通政何喬遠撰上樑文，〔註212〕其中周宗建持論雖不盡與東林相同，但天啓元年他歷數錢夢皋、元詩教等人，二年初又攻魏忠賢，當時忠賢勢力猶未成，〔註213〕故可知童蒙等論雖以元標爲中心，實際上還有去攀龍、向高、宗建之意，向高等人也因此數度請辭，但皆爲熹宗所留，而元標、從吾則在堅辭之下去職。〔註214〕

天啓四年（1624），是兩黨勢力消長的關鍵年。先是御史李昇等四人，各以忠賢內操、乞祠額、濫蔭、立枷等事項上疏直諫，但皆遭忠賢矯旨切責，〔註215〕致使副都御史楊漣憤極，六月，奏劾忠賢二十四條大罪，疏上，忠賢懼，乃向熹宗泣訴，客氏也從旁維護，結果是熹宗溫言留忠賢，嚴旨責楊漣。於是給事中魏大中等七十餘人，交章論劾忠賢不法，熹宗皆不採納，此事使忠賢極爲憤恨，欲盡殺異己，閣臣顧秉謙、御史崔呈秀等又旁助之，七月，首輔葉向高致仕，十月趙南星、高攀龍罷職，十一月陳于廷、楊漣、左光斗等削籍，東林諸人紛紛去職。顧秉謙又編《縉紳便覽》，把葉向高等百餘人視爲邪黨，以黃克纘等六十多人爲正人，進於忠賢，以作爲黜陟的依據，於是崔呈秀繼造《天鑑錄》、

〔註209〕《明熹宗實錄》c.27，頁6。
〔註210〕《明熹宗實錄》c.27，頁11。
〔註211〕元標曾説：「道無揀擇，學無精粗」，又説「儒會吃，釋亦會吃，既能吃飯，總之皆可以治天下國家」。《明儒學案》c.23，頁538～539。
〔註212〕《天下書院總志》（撰人不詳）c.1，頁2～5。
〔註213〕《明史》c.245，頁6356～57。
〔註214〕元標於十月，從吾於十一月去職。《明熹宗實錄》c.27，頁22，c.28，頁1。
〔註215〕《明史》c.305，頁7818。

《同志錄》，王紹徽造《點將錄》，諸錄皆以鄒元標、顧憲成、葉向高等為首，把不附忠賢者都稱為東林黨人，欲藉忠賢之力以除之。五年（1625）三月，以汪文言獄連及東林二十餘人，〔註216〕其中趙南星等十五人於六月削籍，左光斗等六人於七月死於獄中，其他親故連坐而死者，不勝列舉。

先是於五年四月，貴州道試御史周維持，疏請毀東林黨人所建書院，但此疏似未有具體反應。〔註217〕六月，御史李嵩疏陳五事，其中之一為請禁講學，李嵩認為講學者雖依傍名理，卻是「薰染富貴之人，覆雨翻雲之輩」，尤可注意的是，他說這些人「動引宋人，互相標榜」，〔註218〕可見此時已不能以講學的內容是否背離「正統」作為批判的理由。八月，御史張訥再奏請毀天下講壇，張訥的目的當然是為了打擊東林諸人，故其毀書院的理由不一定俱屬實情，但其中仍可透露出，書院講學何以能成為攻擊的藉口。張訥首先說參與書院的人士複雜，並藉著講學的組織，干涉中央和地方政務，他說書院：

> 南北相距不知幾千里，而興雲吐霧尺澤可以行天，朝野相望不知幾十年，而後勁前矛登高自為呼應。其人自縉紳宗室、武弁、舉監、儒吏、星相、山人、商賈、技藝以至亡命罪徒，無所不收；其事則遙制朝權、掣肘邊鎮、把持有司、武斷鄉曲，無所不為；其言凡內而彈章建白，外而舉劾條陳、書揭文移，自機密重情以及詞訟細事，無所不關說。數年以來民生不得安堵，疆圍不得寧帖，朝廷不收正人之用，而受嘉言之益，謂非若輩之為崇耶？

接著就是以萬曆以來的爭議案件，評擊講學諸人，張說：

> 其巧借最大題目以箝軋人口、一空善類，如指挺擊、指進丸、指移宮，敢於啟釁宮闈，首發大難，而一時聚訟紛紛，飛騰清世，直蒙兩朝以不白，而虧損皇上之孝思，今雖改正實錄，宣布史館，而當日禮卿娓娓千言，污衊先朝，可終置不問乎？

〔註216〕汪文言在萬曆末年曾多方離間齊、浙兩黨，又與熹宗為太子時的伴讀王安相善，熹宗即位後起用鄒元標等人，亦是王安主謀，忠賢得寵後，頗忌安持正，故謀殺之。天啟四年，給事中傅櫆與忠賢外甥傅應星結為兄弟，誣奏被葉向高拔擢為中書的汪文言，並下鎮撫司獄。向高等人去職後，閹黨欲翻「三案」和歷年的京察，文言在獄，即成閹黨攻擊東林的機會，要他供稱楊漣等人受熊廷弼之賄，文言不肯，力抗而死。參見謝國楨《運動考》，頁 32～33，50～51。孟森《明代史》，頁 329～330。《明史》c.305，頁 7818～7819。

〔註217〕《明熹宗實錄》c.58，頁 23。

〔註218〕《明熹宗實錄》c.60，頁 3

依此，張納要求下令折毀書院，房屋田土變價，禁止官員會講，又要求處分孫愼行、馮從吾、余懋衡等「三大頭目」，以免「根株不拔，引蔓牽藤，爲禍更烈」，熹宗（實爲忠賢）下旨曰：

> 都城書院改作忠臣祠，久已有旨，會議如何，至今尚未其覆。其東林、關中、江右、徽州一切書院，俱著折毀，暨田土房屋，估價變賣，催解助工。

孫愼行等三人則是以「靦顏無恥」，削籍爲民，甚至張疏中未提的鄒元標，也說他「雖死已久，然巨姦依勢之惡尙存」，削籍並追奪誥命。〔註219〕

這次的毀書院，完全是因閹黨打擊東林而起，魏忠賢可能連東林書院在何處，都不見得清楚，〔註220〕據陳元暉的研究，確實被毀的書院全在江西，共八所，〔註221〕而著名的白鹿洞、懷玉、象山等書院，在張居正時曾受影響，但此時卻未見史料記載，可見這次毀禁的規模，比不上萬曆七年的禁令。但從書院講學成爲政治結盟—即門戶和崇黨—的角度來說，書院講學卻展現了學術以外的另一功能，而這項功能卻是當權勢力所極爲反對，也是內心所懼怕的。

〔註219〕《明熹宗實錄》c.62，頁6～7。
〔註220〕盛朗西《中國書院制度》，頁91。
〔註221〕被毀的書院如下：江西瑞州筠陽書院、樂平洎陽書院、浮梁紹文書院、黟縣中天、林應書院、吉水仁文書院，進賢鍾陵、徵士書院。《中國古代的書院制度》，頁85～86。

第五章　書院講學與社會、政治的關係

第一節　講學的類型與理想

在第二章中，我們已略論明代書院的類別，從書院的歷史來看，明代書院最有價值之處，即是書院的講學活動，如黃宗羲所說：「有明事功文章，未必能越前代，至於講學，余妄謂過之」，〔註 1〕由於書院教育著重學生自學，所以教師常只是居於輔助的地位，而以講學為主的書院，通常也沒有刻板的課程或教材，教師也不一定會有次序的施教，最多只是在固定的時間登堂講書，這種講書也類似學術演講，講的章節與內容全由教師決定，聽講的人也沒有資格和數量上的限制，所以是相當自由的。大體上，我們只能依據學者講論的內容和參與人數的多寡和階層，把書院講學分成三個類型：

一、學術傳授的講學

這類講學通常是參與的人數較少，師生間的關係也比較密切，所以常是不限於固定的時間和場所，如王守仁就很喜歡在遊歷山水之間點化學生。而由孔子所立下的對話教學方式，也被書院繼承，學者授學，多是在師生的對話中進行，這些對話再由學生編成語錄，使大師的學說得以廣泛的流傳。理學家最著名的語錄就是朱子的《近思錄》和陽明的《傳習錄》，讓我們先看兩段守仁師生間的對話：

〔註 1〕《明儒學案》序，頁 7。

在虔與于中（夏良勝）、謙之（鄒守益）同侍，先生曰：「人胸中各有個聖人，只自信不及，都自埋倒了。」因顧于中曰：「爾胸中原是聖人。」于中起，不敢當。先生曰：「此是爾自家有的，如何要推？」于中又曰：「不敢。」先生曰：「眾人皆有之，況在于中？卻何故謙起來？謙亦不得。」于中乃笑受。又論：「良知在人，隨你如何，不能泯滅。雖盜賊亦自知不當為盜，喚他做賊，他還忸怩。」〔註2〕何廷仁、黃正之（宏綱）、李侯璧（珙）、汝中（王畿）、（錢）德洪侍坐。先生顧而言曰：「汝輩學問不得長進，只是未立志。」侯璧起而對曰：「珙亦願立志。」先生曰：「難說不立，未是必為聖人之志耳。」對曰：「願必為聖人之志。」先生曰：「你真有聖人之志，良知上更無不盡。良知上留得些子別念掛帶，便非必為聖人之志矣。」洪初聞時心若未服，聽說到，不覺悚汗。〔註3〕

從這兩段對話中，可以看出王門師生間的親密，而守仁則極能抓住學生的回答，就他學說的「良知」、「立志」等重點，作精要的提示。

《傳習錄》中與守仁對話的學生至少有五十人，這些人並不一定都是繼承守仁學說的傑出弟子，但是換一個角度說，這些弟子也都可以說是善問者，善問才能提出切要的問題，才能讓老師有所發揮，如《禮記》〈學記〉說：「善問者如攻堅木，先其易者，後其節目，及其久也，相說以解」、「善待問者如撞鐘，叩之以小者則小鳴，叩之以大者則大鳴」。書院這種強調自由的教學和學習方式下，學生必須先有基礎，在大師的隻言片語啟發下，才能夠深入體會，如王艮和董澐就是很好的例子。

二、講會式的講學

通常是由多位學者參加，他們可能分屬不同的學派，目的在相互探討辯析其主張。這種講學方式大約是源自淳熙二年（1175），由呂祖謙主持並邀請朱熹、陸九淵參加的江西鵝湖之會。明代在王學興起後，講會尤其成為講學的重要活動，早期如王守仁和湛若水一起在京師講學。守仁死後其弟子講學更盛，如前章所述王畿、王艮，就經常往來各地參與講會，其他還有浙中王門的張元沖（嘉靖十七年進士），曾在任職江西時建正學書院，並與鄒守益、

〔註2〕《傳習錄》下。陳榮捷《詳註集評》，頁292～293。
〔註3〕同上，頁323。

羅洪先等人聯講會，又重修懷玉書院，邀王畿、錢德洪主講。江右王門的何廷仁（1486～1551），在守仁死後「與同志會於南都，諸生往來者恆數百人」，時人稱：「浙有錢、王，江有何、黃」。就是錢德洪、王畿、何廷仁與黃弘綱。〔註4〕南直隸地區的講會更多，黃宗羲曾記載當地的講會盛況：

> 陽明歿後，緒山、龍溪所在講學，於是涇縣有水西會、寧國有同善會、江陰有君山會、貴池有光岳會、太平有九龍會、廣德有復初會、江北有南譙精舍、新安有程氏世廟會，泰州有心齋講堂，幾乎比戶可封矣。〔註5〕

再如北方王門的張後覺（1503～1578），為廣求學友，南結會於香山，西結會於丁塊，北結會於大雲，東結會於王遇，使得山東地區增加了不少王門學者。又聽聞安徽水西講會很盛，即往參加以互證其學。〔註6〕至於其他不屬於王學的學者，互相聯屬、組織講會的也很多，如呂柟在南京任職時，就與湛若水、鄒守益聯講，而湛若水因得高壽，所以晚年還能與錢德洪、鄒守益聯講，再如甘泉學派的許孚遠與泰州的楊復所、周海門在南京講學辯難，顧憲成與管志道辯無善無惡，高攀龍在首善書院與江右的鄒元標、甘泉的馮從吾共同講學等等。

　　參與講會的人有數十人和數百人之多，例如安徽水西和江西復古之會，就常不下於二三百人。〔註7〕講會舉行的時間，有些是不固定的，一有著名的學者臨境，弟子或慕名者就集會請益，例如湛若水、王畿、羅洪先等人都曾經長途旅行，隨游隨會隨講。至於在書院舉行的講會，就比較有固定的時間，例如新安地區有六邑之會，分別於春、秋兩季，在斗山書院（歙縣）、全交館（祁門）、福山書院（婺源）等地輪流舉行，每次聚會十日。〔註8〕再如浙江祭祀王守仁的天眞書院，也是在每年春、秋的二、八月祭期之後，舉行約半個月的講會。〔註9〕此外，東林書院的講會比較頻繁，每年有一次大會，在春季或秋季舉行，每月也還有三天的小會（一、六、七、十二月因寒暑不舉行）。〔註10〕至於講會

〔註4〕　《明儒學案》c.19，頁453。
〔註5〕　《明儒學案》c.25，頁579。
〔註6〕　《明儒學案》c.29，頁637。
〔註7〕　《王龍溪全集》c.16，頁27，c.20，頁49。
〔註8〕　另外二縣為休寧、涇縣，聚會的地點不清楚，大約也是書院居多。這個地區的講會湛若水、王畿、錢德洪、鄒守益等人都有參與。湛若水《泉翁大全集》c.12，頁36。《王龍溪全集》c.7，頁17。鄒守益《東廓文集》c.9，頁26～27。
〔註9〕　《王陽明年譜》c.3，頁75。
〔註10〕　高廷珍《東林書院志》c.2，頁13。

舉行時的禮儀規制，可從《東林書院志》的記載中，得到一些印象，以下略述其重要的四點：

1. 大會首日由某人捧孔子像懸於講堂，午初擊鼓三聲，與會者詣聖像行四拜禮，然後至道南祠（祀楊時）行禮，再由與會者於講堂東西相對二揖。

2. 每會推一人主講四書一章，然後再行問答商量。

3. 久坐之後宜歌詩一、二章，以為「滌蕩凝滯，開發性靈之助」，每章倡和數遍，須反覆涵詠才能心口融洽，神明自通。所選的詩有楊時、程顥、朱熹、陳獻章、王守仁等人的七言絕句、律詩共六十四首。

4. 每會設門籍一簿，以考查與會者赴會的疏密、現在的勤惰，以及未來的計畫等等。〔註11〕

書院祭祀的對象各不相同，但大體上都會有行禮的儀式，如鄒守益訂的「惜陰會約」，就規定鄉會時設王守仁像於中庭，焚香而拜以後再依次列坐。〔註12〕另外，有些王學的書院，如江西聞講書院，在講四書之前，會先誦守仁的〈立志說〉和〈拔本塞源論〉，以開示學者為學的目的。〔註13〕

關於講會舉行時的情形，王畿的簡單敘述，可提供些許的了解：

（水西之會）晨夕聚處，顯論微言，隨所證悟，充然各自以為有得。

（福田之會）晝則大會於堂，夜則聯鋪會宿閣上，各以所見所疑，

相與質問酬答，顯證默悟，頗盡交修之益。諸生颯颯然有所興起，

可謂一時之盛矣。

（天心之會）萃東南志友數十輩，儲廩授餐，群居樂聚風動一時。

析六經同異之旨，闡三教顯密之機，意之所在，不言而喻，論之所

及，不約而同，期於斯道，斃而後已。〔註14〕

雖然這些講學，內容都是以理學為主，但是不論是在理論上，或是在修養的功夫上，不同學派之間仍存有一些差異，但至少從形式上來說，講會提供了各學派交流辯論的機會，而學者們積極的參與，也表現了對學術的篤誠與尊重的態度，黃宗羲說：「有明文章事功，皆不及前代，獨於理學，前代之所不及也，牛毛繭絲，無不辨析，真能發先儒之未發」，〔註15〕我們也可以說，明

〔註11〕《東林書院志》c.2，頁14。

〔註12〕《東廓文集》c.9，頁24。

〔註13〕《王龍溪全集》c.1〈聞講書院會語〉，頁6。

〔註14〕《王龍溪全集》c.2，頁10，c.2，頁28，c.19，頁15～16。

〔註15〕《明儒學案》發凡，頁17。

代理學所以能發前人所未發，學者們的積極參與講會是其因素之一，因爲講會正提供了學者們「牛毛繭絲，無不辨析」的機會。

三、社會教育的講學

　　這類型的講學規模最大，參與者是男女老幼各階層都有。廣泛一點來說，王守仁在龍場悟道後，與亡命之士和夷人說教，以及在江西立社學、舉鄉約和多次的告諭民眾，這些都是由他的中心思想鋪陳而來，也可以說是對廣大民眾的講學。守仁之後，各門各派的學者，在地方上或多或少都會參與和主持一些大眾化的集會，我們也可以說，這些集會講學，就是學者們所從事的社會教育工作，例如江右王門的鄒守益、劉邦采、劉文敏等人，在他們創建的復古、連山、復眞等書院中舉行四鄉會，與會者有當地的官員、士紳、英俊、耆舊、童子等等。〔註 16〕王畿也曾敘述他受邀參加九龍會的情形，他說該會本來是士子的集會，後來民眾聽說人人都可以學聖賢，於是農、工、商賈皆來參加，老少共有三百多人與會。〔註17〕

　　從事大眾講學最突出的可能是泰州學派。我們知道此派的創始人王艮，本就是一位出身灶丁的平民，早在從學守仁之前，他就已經依自己對經書的體會，在家中傳授「貫伏羲、禹、湯、文、武、周公、孔子」之道，並強調「不以老幼、貴賤、賢愚，有志願學者傳之」。〔註18〕之後，他雖然在守仁門下，並與許多知識分子交往，但這個想法卻一直存在著。守仁逝世後，他返回自己家鄉講學，大學士李春芳就曾記載，每到日暮時分，「鄉之人若農若賈」群聚王艮家中講論，他的學生被列入地方志〈理學傳〉中，除了士大夫以外，還有灶民、樵夫、商販等階層，〔註 19〕據程玉瑛統計《明儒學案》發現，泰州學派中宦（官員）與士（生員以上）約佔全部的 75%，是王門各派中最低的，而王艮門人中平民的比例也約佔了全部的 67%，〔註 20〕這可以說明王艮是非常重視對平民大眾的講學，何炳棣就曾說國史上沒有學者能如王艮一樣，那麼地接近孔子「有教無類」的理念。〔註 21〕

〔註 16〕《王陽明年譜》c.3，頁 76，《東廓文集》c.9，頁 22。

〔註 17〕《王龍溪全集》c.7，頁 28。

〔註 18〕《王心齋全集》c.1〈年譜〉。轉引自侯外廬《中國思想通史》第 4 卷，頁 962。

〔註 19〕《兩淮鹽法志》c.12〈理學〉

〔註 20〕程玉瑛〈王艮與泰州學派〉，頁 124～25。

〔註 21〕何炳棣《明清社會史論》，頁 199。

泰州學派中積極從事大眾講學的，除了前述的何心隱、羅汝芳之外，還有王襞（1511～1587）。王襞是王艮的次子，王艮從學王守仁時，襞也隨同前往，每當講會時有童子歌詩，王襞的聲音非常清朗，引起了守仁的注意，因而命王襞師王畿、錢德洪。王艮去逝後，就繼承父親為心齋講堂的講席，又常往來各地講學，歸則扁舟於村落之間，「歌聲振乎林木，恍然有舞雩氣象」。〔註22〕最特別的是以陶瓦為業的韓貞，黃宗羲記載他以化俗為己任，「隨機指點農、工、商賈，從之遊者千餘。秋成農隙，則聚徒講學，一村既畢，又之一村，前歌後答，絃誦之聲，洋洋然也」。〔註23〕

以上簡單地敘述講學的三個類型，對於明儒的講學方式已能大體了解，但是這樣的現象陳述，並不能深刻地掌握諸子汲汲講學的深意，尤其當他們的講學屢受批評甚至是打擊之後，是什麼樣的信念，促使他們繼續地堅持講學？他們的理想是什麼？為什麼需要講學？這些都是值得進一步探討的問題，讓我們先從王守仁談起。

守仁在武功方面的表現雖然極有成績，但講學才是他真正的志業，鄒守益曾記載有人對守仁說：「古之名世，或以文章，或以政事，或以氣節，或以勳業，而公克兼之，獨除卻講學一節，即全人矣」。守仁笑著回答說：「某願從事講學一節，盡除卻四者，亦無愧全人」。〔註24〕守仁的學說，在前面的章節已有略述，此處再引二段顧憲成的評論，憲成說：

> 程朱沒，而記誦辭章之習熾，所以使天下知有自心自性之當反而求者，王文成也。

又說：

> 當士人桎梏於訓詁辭章間，驟而聞良知之說，一時心目俱醒，恍若撥雲霧而見白日，豈不大快。〔註25〕

顧憲成的評語，讓我們清楚地瞭解，守仁學說在突破程朱末流的效用。然而，守仁並不滿足於此，在他確立了「致良知」的學說後，他是很有自信的認為，「致

〔註22〕《明儒學案》c.32，頁718～19。
〔註23〕《明儒學案》c.32，頁720。《兩淮鹽法志》載：韓貞「以踐履為實地，以勸誘為首務，以易簡為宗旨，常曰：『人皆可以為堯舜，堯舜之道，孝弟而已矣。人人親其親、長其長，而天下平矣。』貞於經史載籍，無所淹貫，或睹記得一二語，即以為道在是，觸處洞然，咸以心印識其大者而已。」c.19，頁16。此處可見他所講的「學」，是極通俗化之「學」。
〔註24〕鄒守益〈陽明先生文錄序〉收在《王陽明全集》序說，頁2。
〔註25〕顧憲成《小心齋箚記》。轉引自錢穆《中國思想史論叢》（七），頁249，250。

良知」才是真正的聖學。〔註26〕基於這樣的信念，他不僅努力的告訴眾人，「致良知」簡易直截親切可行，即使是愚夫愚婦，只要能「致其良知」，便與聖人相同，因此他以一種近乎宗教性的熱誠語言，說良知如同醫者的奇藥祕訣、佛教的心印、道教的靈丹、試金石，甚至於是點石成金的魔杖，〔註27〕只要大家能信仰良知，落實做去，就會發現良知「無不具足」、「無不如意」。〔註28〕

　　守仁的講學，當然是源於他對「致良知」的自信。另外，他認為「此學不明，使多少英雄漢為其擔閣」，〔註29〕所以他效法孔子，要以「良知之學」來挽救「斯民之陷溺」，也惟有如此才能使「天下可得而治」。〔註30〕此處涉及他對於「治世」的理想，與傳統的儒者相同，守仁認為堯、舜、禹三代，是他心目中的理想境界，這個境界所以能形成，就是聖人「推其天地萬物一體之仁以教天下」，而「教」的大原則，就是書經大禹謨「人心」、「道心」的十六字心傳，具體的科目，即是孟子說的五倫，守仁在〈拔本塞源論〉中敘述了這個理想境界：

> 閭井田野，農、工、商賈之賤，莫不皆有是學，而惟以成其德行為務。……學校之中，惟以成德為事，而才能之異，或有長於禮樂，長於政教，長於水土播植者，則就其成德，而因使益精其能於學校之中。迨夫舉德而任，則使之終身居其職而不易，……當是之時，天下之人，熙熙皞皞，皆相視如一家之親。其才質之下者，則安其農、工、商賈之分，各勤其業，以相生相養，而無有乎希高慕外之心。其才能之異，若皋、夔、稷、契者，則出而各效其能，若一家之務，或營其衣食，或通其有無，備其器用，集謀并力，以求遂其仰事俯育之願，惟恐當其事者之或怠，而重己之累也。〔註31〕

守仁認為三代之後，是「王道熄而霸術昌」，孔子之後，更是「聖人之學日遠日晦，而功利之習愈趨愈下」，其間即使有佛、老和宋儒之論，但仍無法破除

〔註26〕守仁除了說「致良知」是「聖門正眼法藏」外，還說是「千古聖聖相傳一點骨血也。」《王陽明年譜》c.2，頁 40。

〔註27〕《傳習錄》下。參見秦家懿《王陽明》，頁 148～149。

〔註28〕《王陽明年譜》c.2，頁 40。守仁「信得良知」的提法，也被王畿繼承傳揚。

〔註29〕《傳習錄》下。陳榮捷《詳註集評》，頁 312。

〔註30〕《傳習錄》中。陳榮捷《詳註集評》，頁 259～260。

〔註31〕《傳習錄》中。陳榮捷《詳註集評》，頁 195。陳榮捷在文後引劉宗周云：「快讀一過，迫見先生一腔真血脈，洞徹萬古。愚嘗謂孟子好辯而後，僅見此篇。」可見此文之真切雄健。惟限於篇幅，只能節引，失文章氣脈，亦不得已也。

人們功利之見，至於今日，甚至功利之毒已「淪浹於人之心髓」，因此在政風和士風上，皆出現「相軋以勢，相爭以利」的弊病。雖然如此，守仁還是樂觀的認為，「天理在人心，終有所不可泯，而良知之明，萬古一日」，也就是說，他希望透過致良知的講學，使「道」能復明於世。〔註32〕

　　守仁的〈拔本塞源論〉中，我們除了可以見到他的講學理想外，還可見到他為聖學樹立了新的道統觀，亦即良知學是超越宋儒，〔註33〕而直接孔、孟的，他還說：「綿綿聖學已千年，兩字良知是口傳」，〔註34〕似有以良知學取代〈大禹謨〉的十六字心傳，而上溯堯、舜之意。

　　王守仁講學的理想，在他死後繼續被其弟子繼承，例如王畿依據守仁之說，把古人的立志分成富貴、功名、道德三種，但今人受功利之風的影響，志向日趨卑下，即使志於富貴、功名，也不能像百里奚的忘爵祿，蘇秦、張儀的震憾於一方，至於如孔、孟的道德，就更難見到了，所以他感嘆「世降學絕，士鮮以豪傑自命，聖賢不世出，道德之風蓋亦邈矣」，也因此他強調「君子之學，莫先於辨志，莫要於求端」，「志」有「道誼之志」和「功利之志」，而「端」就是「人心之知，志之所由以辨也」，他依照守仁把「知」分成「聞見之知」和「德性之知」，德性之知就是良知，他舉顏子為例，說他的不遷怒、不二過，與後世的「守書冊、資見聞，全無交涉」，所以能「純乎道誼」之志，無一毫功利之私，相反的，子貢、子張等人，因不能自信其心，而從「多聞多學而入」，就不免有「功利之萌」，〔註35〕這裡就明顯地表現了王學講學的道德性目的，以及道德自主性的特色，而道德自主，正也是王學能興盛的原因之一，因為如此就不需借助經書等外在力量便能提昇自我，於是各階層人士都能接受和參與。

　　王畿的思想中，雖然明顯地有佛、道的色彩，但是他主要是取佛教中有利於建立他良知本體論的部分，以及借用禪宗的「悟」和淨土的「信」，來傳播良知學，他對於佛家在人生社會上的出世捨離態度，仍是繼承守仁所說：「禪者，外人倫遺物理，名為無神變無方，要之不可以治天下國家」。〔註36〕他理想中的

〔註32〕守仁曾說：「道必學而後明，非外講學而復有所謂明道之事也。」《傳習錄》中陳榮捷《詳註集評》，頁247。

〔註33〕守仁雖曾在〈象山文集序〉（正德十五年1520）中說「陸氏之學，孟氏之學也」，但是當時他的「致良知」理論尚未成形，待提出之後，他就全以此論立教。

〔註34〕《王陽明詩集》c.2〈別諸生〉，頁88。

〔註35〕《王龍溪全集》c.2，頁1，，頁3～6，，頁10～12，c.5，頁17。

〔註36〕《王龍溪全集》c.5，頁13又，勞思光認為儒學與佛教的主要差異，在於「肯定世界」和「否定世界」兩種基本態度。《中國哲學史》三上，頁77。

儒家，不僅要在人情事變上磨鍊，並且要積極的經世，他說：「聖人之學，主於經世，原與世界不相離，古者教人，只言藏修游息，未嘗專說閉關靜坐」，〔註37〕又說經世之學約有二端，一是「主於事者」，一是「主於道者」，〔註38〕但他也說「儒者之學，以經世爲用，而其實以無欲爲本。無欲者，無我也，天地萬物本吾一體，莫非我也」。〔註39〕此處需要解釋他說的「天地萬物本吾一體」。

　　孟子說：「萬物皆備於我」（〈盡心〉上），程顥則進一步說「仁者以天地萬物爲一體」，王守仁也說「萬物一體」，並用它來作爲其「心之本體」和「良知本體」的蘊涵，他在〈大學問〉中，用此說來貫穿《大學》的「明明德」、「親民」、「至善」三綱，以及格、致、誠、正八目，簡單的說，就是守仁由「良知」的道德哲學，進一步發揮至政治哲學和本體論的範疇。〔註40〕王畿說的「天地萬物本吾一體」，也是根據守仁的說法而來，但由於王畿的講學，比較偏重本體的闡述，〔註41〕所以對於「經世」，他也同樣用「萬物一體」來解說，亦即「經世」指的不僅是入世的取向，尤指的是「治道」或「治體」，也就是政治的基本原則，換言之，由「良知」而建立起的道德政治哲學，即爲他說的「主於道」，至於「主於事」，就是爲了實踐「道」，而建立起的客觀制度，〔註42〕在順序上自然是「道」優先於「事」，基於此，他勉勵學生們，要成爲一鄉、一國，乃至天下的善士，〔註43〕並且依「萬物一體」之說，立下「大人之學」的志向，以「天下有道，某不與易，如欲平治天下，舍我其誰」的胸懷自勉。〔註44〕

〔註37〕　《王龍溪全集》c.1，頁12～13。

〔註38〕　《王龍溪全集》c.14，頁1。

〔註39〕　《王龍溪全集》c.13，頁34。

〔註40〕　王守仁說：「大人者，以天地萬物爲一體者也」，「明明德者，立其天地萬物一體之體也」，親民者，達其天地萬物一體之用也」，「至善者，明德親民之極則也」，「天命之性，粹然至善，其靈昭不昧者，此其至善之發現，是乃明德之本體，而即所謂良知者也」《王陽明文集》c.6〈大學問〉，頁89～90。又，「良知是造化的精靈」，「聖人只是順其良知之發用，天地萬物，俱在我良知的發用流行中」《傳習錄》下。《詳註集評》，頁323，，頁328。

〔註41〕　王畿在對各階層人士都有的講會中，例如羅汝芳主持的宛陵會（南直），對與會的千餘人也講「一體之說」。《王龍溪全集》c.2，頁19～21。

〔註42〕　張灝在〈宋明以來儒家經世思想試釋〉文中，指出「經世」的三層意義：（一）入世的價值取向。（二）「治道」或「治體」。（三）「治法」即實現「治道」的客觀制度。文刊《近世中國經世思想研討會論文集》，頁3～19。

〔註43〕　《王龍溪全集》c.2，頁16～17。

〔註44〕　《王龍溪全集》c.5，頁23～25。

　　王門弟子中對講學懷抱深刻理想的，可再舉王艮為例。王艮雖是平民，但由於他的學養，因而曾被地方官推薦任官，但是終其一生他仍維持平民的身分，致力講學。

　　同王畿一樣，王艮也講經世，但他更進一步地把講學提昇到「經世之業」，他說：「經世之業，莫先於講學」，甚至「唐、虞君臣只是相與講學」。〔註45〕因此，他對於「師道」非常重視，也看得極高，周敦頤曾說：「曷為天下善，曰師」，王艮闡述說：「師者，立乎中善乎同類者也。故師道立則善人多，善人多則朝廷正，而天下治矣。」，〔註46〕他更強調「出必為帝者師，處必為天下萬世師」。曾有學生質疑他這樣說，不正是犯了孔子說的「人之患在好為人師」，王艮不表同意，他說：「學不足以為人師，皆苟道也」。所謂「人師」，當然指道德修養上的模範，所以身在一家，「必修身立本以為一家之法，是為一家之師矣」，由此才能進一步成為「一國之師」、乃至「天下之師」。而「出為帝者師」，就是要尊信自己的「修身立本之學，足以起人君之敬信，來王者之取法」，如此，則「道」可傳亦可行之於世。「處必為天下萬世師」，就是與人講明修身立本之學，並使此學「為法於天下」，己立立人，己達達人，也就是「修身見世，而非獨善其身者也」。〔註47〕王艮說的「出」與「處」，都是「見」而非「隱」，他曾說孔子當時雖不仕，但「無行不與二三子」，所以是「修身講學，以見於世」，從未嘗有一日之「隱」，真正的「隱」是長沮、桀溺之類，他們是「絕人避世，而與鳥獸同群者」。〔註48〕

　　他進一步的認為，能如孔子的「學不厭，教不倦」，就是「致中和，位天地，育萬物，便做了堯、舜事業。」。〔註49〕

　　王艮說的「修身立本」，是源於他的「淮南格物論」，在此論中，王艮不僅用王守仁的「大人之學」，來說明他的由「安身」而「至善」而「明明德」、「親民」，而且還用來說明他的理想，王艮說：

　　夫仁者以天地萬物為一體，一物不獲其所，即己之不獲其所也，務

〔註45〕《王心齋全集》c.2，頁7，，頁14。

〔註46〕《王心齋全集》c.4，頁3。

〔註47〕《王心齋全集》c.3，頁11。

〔註48〕《王心齋全集》c.2，頁11

〔註49〕《王心齋全集》c.2，頁9。又，在辭謝太守任公召用文中，王艮也說：「師道立則善人多，善人多則朝廷正，而天下治矣。豈曰小補云乎哉！故孔子曰：『吾無隱乎爾，吾無行而不與二三子者，是某也，亦所謂修身見於世也。』」c.5，頁10～11。

　　　　使獲所而後已。是故人人君子，比屋可封，天地位而萬物育，此予

　　　　之志也。〔註50〕

在上面的敘述中，我們多次見到王艮談「堯、舜」。王艮確實同守仁一樣，以
三代來描述他心中的理想境界，而這個問題也一直縈繞在他的心中，早在正
德十六年（1521）他往見守仁時，談及天下事，他就坦白地說：「某草莽匹夫，
而堯、舜其君民之心，未能一日而忘」，〔註51〕十七年之後他完成〈王道論〉
正式把理想形之於文字，文中他說「堯、舜在位，比屋可封」，原因正是堯、
舜「憂民之逸居無教，而近於禽獸也，使契為司徒，教以人倫」，如此使「上
下皆趨於德行，躬行實踐於孝弟忠信禮義廉恥之間，不復營心於功名富貴之
末」，而最後的成果，就是「精神命脈，上下流通」，「以至愚夫愚婦，皆知所
以為學，而不至於人人君子，比屋可封，未之有也」〔註52〕

　　以現在的角度來看王守仁的理想，我們會率直地認為他們的想法具有明
顯的「烏托邦」色彩，要落實於人間世中，幾乎是不可能也不需要的，但是
從他們的現實環境言，守仁、王畿在仕途上都不順利，而王艮則明白的拒絕
了仕宦，講學就成為他們的「外王」事業，相對於明代的專制政治，他們以
道德救世，甚至制衡王權的抱負，就相當明顯了，如王夫之所說：「帝王之統
絕，儒者猶保其道以孤行而無所待，以人存道，而道不可已」。〔註53〕

第二節　書院講學與社會的關係

　　由於書院基本上是屬於教育和學術機關，所以它對社會的影響，主要就
是在對個人及社會的教育這兩個層面上。

　　從第二章的敘述中，我們已大體瞭解書院設立的目的，以及書院長久以
來對於廣大地區實際教育的貢獻，從書院的教育活動來看，大體上也可以把
它們分為以科舉為目的和以講學為目的的二類，其中又以科舉為目的的書院佔
大多數。從明人書院記中的記載可以知道，以科舉為主的書院，其學生大多
數都是當地以及鄰近地區的生員，例如前已提過的浙江萬松書院和山西遼右

〔註50〕《王心齋全集》c.4〈勉仁方〉。

〔註51〕《王心齋全集》c.1，頁 5

〔註52〕《王心齋全集》c.4，頁 10～11。

〔註53〕王夫之《讀通鑑論》c.15。轉引自黃俊傑〈內聖與外王——儒家傳統中道德
　　　　政治觀念的形成與發展〉，頁 247。

書院，此外韓邦奇述山西河中書院有「生徒入院而習業者，幾百餘人」，胡直說果州正學書院「訓諸學宮弟子」，蔣信也說湖南的龍洲書院是因知縣以縣儒學房舍狹隘，無法使生員群眾，所以建書院來容納生員。〔註54〕

明代的科舉制度，一般是分成鄉、會、殿試三級，參加鄉試的資格有四：一是國子監生，二是儒學生員，三是儒士而未入仕者，四是官之未入流者，儒士參加科舉者稱為童生，《明史》載：「當大比之年，間收一二異敏、三場並通者，俾與諸生一體入場，謂之充場儒士，中式即為舉人，不中式仍候提學歲試，合格，乃准入學」，〔註55〕從這裡可知童生雖可參加鄉試，但人數可能不多，另外是要入學成為生員，也需要經過提學官的考試。關於儒士參加科舉，顧炎武還曾經記載景泰時陳循奏曰：「吉安府自生員之外，儒士報科舉者，往往一縣至有二三百人」，〔註56〕這裡顯示有些地區也允許相當多的儒士參加科舉，因此以科舉為主的書院，收取的學生就還包含了儒士，如邵寶任江西提學副使時，就規定白鹿洞書院要收取「山林儒士」入院肄習。

上述吉安地區不止是儒士報考科舉的人數多，錄取科舉的人數也多，吉安人在整個明代共有1020人獲得進士，幾乎佔了江西省全部的二分之一，〔註57〕可見當地的文風鼎盛。但是根據萬曆十三（1585）年編的《吉安府志》記載，吉安府的儒學從嘉靖元年（1522）到萬曆十三年以前有教授、訓導共六十人，這其中進士有四人，舉人十三人，歲貢生四十人，選貢生有三人，〔註58〕可知當地在嘉靖以後，儒學的教官是以歲貢生為主體，前面的第二章已經敘述，由歲貢生擔任教官，從景泰以後就遭到最多的反對意見，因此我們可以推想吉安府學的情況，應該也跟大多數的儒學一樣，面臨了教學空洞化等諸多問題，府學如此，其他州、縣儒學大概就更是等而下之了。然而，吉安地區的書院和講會卻相當的多，書院至少有四十五所，約佔江西全部的五分之一，而講會的活動朱國楨曾有記述：

> 江西講會，莫多於吉安，在郡有青原、白鷺之會，安福有復古、復
> 真、復禮、道東之會，盧陵有宣化、永福、二卿之會，吉水有龍華、

〔註54〕韓邦奇《苑洛集》c.3，頁2，胡直《衡廬精舍藏稿》c.12，頁7，蔣信《道林先生文粹》c.4，頁25。
〔註55〕《明史》c.70，頁1694，c.69，頁1687。
〔註56〕顧炎武《日知錄》c.19，頁489。
〔註57〕明代江西籍的進士有2400人。何炳棣《明清社會史論》，頁246，227。
〔註58〕《吉安府志》秩官表，頁19～21。

> 玄潭之會，泰和有粹和之會，萬安有雲興之會，永峰有一峰書院之
> 會，又有智度、敬業諸小會時時舉行。〔註59〕

如果我們相信有組織的教育機構和團體，對個人的學習或多或少會有幫助的話，那麼書院的教育活動對於士人參加科舉的影響就很清楚了，誠如馮從吾所說：「學宮作養有限，書院教思無窮，此正補學宮所不及」，〔註60〕又說：「雖然書院之講，固不專爲科第，而即科第，亦足見書院講學之益」。〔註61〕

　　科舉制度雖然有很多問題，但它終究是一項「公正」的制度，這項由來已久的制度，不僅是政府選取人才的依據，也可以說是平民參與政治的重要管道，它雖然不能促進大量的社會流動，但是在傳統社會中，科舉制度仍是提供了貧寒子弟透過自己的努力，使個人乃至家族的社會地位得以上升的惟一途徑，因此科舉制度就不只是一個單純的任官制度，實際上已成爲一種帶有重要社會意義的制度，書院與社會的關係也因此而更爲密切。

　　我們知道明代的儒學在十五世紀以後逐漸產生不少的問題，這其中科舉是一項極爲關鍵性的因素，書院既以科舉爲主，這些問題也同樣會在書院中出現，有些書院甚至可以說是科舉的補習班，因此它的價值也不高，當然我們仍不能抹殺它在「普及教育」這一點上的貢獻。然而，由於科舉制度的由來已久，再加上它與傳統社會的密切結合，所以從宋代以來學者們雖然對科舉屢加批評，但是大體上他們仍不主張廢除這個制度，所以即使是以講學爲主的書院，也必須面對學生們對科舉的需求，然而，對一位負責任的教育者來說，他就需要去反省科舉影響教育的問題，並且設法尋求聖學與舉業二者之間的平衡，例如王守仁強調的「立志」，湛若水提出的「二業合一」，都可以說是這方面的努力。另一方面，學生在官學中用的是統一甚至割裂的教材，教師教學也是以科舉爲目的，因爲他們的考核依據就是在此，在這樣一切均以「功名利祿」取向的環境下，要陶冶德性眞就是緣木求魚了，但是在比較有理想的書院中就不一樣了，如鄒元標在他建立的〈仁文書院記〉中說：

> 學政廢弛，士師之所督責，父兄之所期盼，子弟之所傳頌，惟佔畢
> 是習，稍一譚正學，群相訌譁以爲是不利進取。至書院，非齊明盛
> 服不臨，非仁義不談，泳斯游斯，有不報然內媿，勃然神悚，回心

〔註59〕《湧幢小品》c.17，頁 8。
〔註60〕馮從吾〈瀧江書院記〉，收在《天下書院總志》，頁 748。
〔註61〕馮從吾《少墟集》c.15，頁 10。

嚮道者非夫也。〔註62〕

可見對於道德理想的堅持，正是書院教育的價值所在，而道德理想的堅持與講學更有密不可分的關係。

表5　《明儒學案》、《明史》〈儒林傳〉諸子省籍表

省分	河北	山東	河南	山西	陝西	甘肅	江蘇	浙江	安徽	江西
人數	4	6	12	2	17	2	48	52	24	66
省分	福建	湖北	湖南	四川	廣東	廣西	雲南	貴州	遼寧	總計
人數	13	6	2	4	15	0	0	0	0	273

從朱熹復興白鹿洞書院以後，講學一直是書院的精神所在，所謂講學，就是講授著重探討「心性」的理學，如趙南星說書院：「掄邑之秀出者，聚而共給之，約期會文而指示之，時時爲講身心性命之學」，〔註63〕南星並非以理學聞名，他對書院這項學術功能的理解，應是具有代表性。明代的理學，同書院一樣大約要到十五世紀中葉，才逐漸地顯現出特色，到了王守仁提出突破性的見解之後，理學方始大盛。表5是《明儒學案》和《明史》〈儒林傳〉中 273 位理學家的省籍分布。從表中可以發現，江西籍的理學家人數最多，其次是浙江，再次是江蘇，但江蘇、安徽二省在明代爲南直隸，若合併計算則以 72 人爲最高，再就比例看，屬蘇、浙、皖、贛籍的理學家約佔全部的 70％，江西籍則有 24％。學者或許認爲蘇、浙四省本就是陽明學傳播的主要地區，而黃宗羲的著作亦以王門爲主，所以蘇、浙等地的理學家當然多，這是取樣上的偏差。爲了避免這樣的問題，可以再就《明儒學案》中的〈諸儒學案〉作進一步分析，因爲〈諸儒學案〉大多不屬於陽明學派的學者，甚至其中反王學的學者也不少，在分析之後依然可以發現，江西仍居首位，其次爲浙江，比較特別的是河南籍的學者居第三。〔註64〕我們把理學家的省籍分布，和書院的地理分布相聯繫，即可清楚了解書院在理學研究和傳播上的重要地位，萬曆十三年修的《吉安府志》就曾明確的記載：

> （吉安府）正嘉之際，新建伯倡明理學，一時遊其門者數十餘人，
> 而王氏之學獨傳於吉安，至今稱盛焉。

〔註62〕鄒元標《願學集》c.5 上，頁 37。

〔註63〕趙南星〈近聖書院記〉，收在《天下書院總志》，頁 50。

〔註64〕分別是：河北 3 人，河南 6，山西 1，江蘇 3，浙江 8，安徽 2，江西 9，福建 5，湖北 1，四川 1，廣東 3 人。

（安福縣）王陽明講學虔州，鄒文莊（守益）北面首事之，一時受
業之徒三十餘人，故良知之學，安成獨精詣。流風所及莫不根柢行
義，枝葉藝能，而士不談道即恥笑以爲非類。三書院爲歲時會聚講，
嬴糧負笈，冠蓋相望於路，縉紳處士高年有學行者，闐然見其鄉子
弟，鄉子弟雁行列次第，據經問難，敘其燕居獨行，而就正先生，
答問已，群子弟竦然正襟，私相唯曰，善哉，守其說至老死弗與易
也，蓋有西河稷下之風焉。〔註65〕

然而，書院講學，若只是象牙塔中的活動，那麼它對社會的影響，充其量只
是造就幾位與社會脫節的學者，如此的「君子之風」是無法擴大其影響面的。
當然，實際情況絕非如此，理學家們的講學活動，確實在社會上獲得了具體
的成效。前節已敘述講學的三種類型，以及王守仁等人的希望透過講學來重
建社會的理想。從實際的層面說，講學諸子要實現其理想，就一定得把他們
的理想向廣大的社會民眾宣揚，甚至要透過組織的力量來增強，因此，定期
的大眾化講學活動，是非常重要的，此處首先涉及的問題，就是理學的內容
能否被廣大民眾所接受。從社會史的角度說，朱熹「格物窮理」的成聖功夫，
確實是比較重視知識的地位，而王守仁的「良知學」，則訴諸人心所共有的一
點「靈明」，由此而來的「格物」，守仁自已也說是「自童子以至聖人皆是此
等工夫」，〔註66〕換言之，朱熹的立論主要是偏重「士」以上的人，而守仁的
學說，則較能親近一般大眾，如王棟曾說：

自古農、工、商業雖不同，然人人皆可共學。……至秦滅學，漢興，
惟記誦古人遺經者，起爲經師，更相授受，於是指此學獨爲經生、文
士之業，而千古聖人與人人共明共成之學，遂泯沒而不傳矣。天生我
師，崛起海濱，慨然獨悟，直超孔、孟，直指人心，然後愚夫俗子，
不識一字之人，皆知自性自靈，自完自足，不暇聞見，不煩口耳，而
二千年不傳之消息，一朝復明。先師之功，可謂天高而地厚矣。〔註

〔註65〕《吉安府志》c.11〈風土〉，頁3，，頁7。
〔註66〕《傳習錄》下。陳榮捷《詳註集評》，頁371。
〔註67〕《明儒學案》c.32，頁741。又，清儒焦循也說：「余謂紫陽之學所以教天下
　　　之君子，陽明之學所以教天是之小人。……至若行其所當然，復窮其所以然，
　　　誦習乎經史之文，講求乎性命之本，此惟一二讀書之士能之，未可執頑愚頑
　　　梗者而強之也。良知者，良心之謂也。雖愚不肖、不能讀書之人，有以感發
　　　之，無不動者。」《雕菰集》c.8。轉引自余英時〈中國近世宗教倫理與商人精
　　　神〉，頁338。

67〕

王棟是王艮的弟子，此說雖指王艮，但放在王守仁、王畿、錢德洪，甚至王門其他諸子身上應也可行。《傳習錄》中記載了一段守仁師生間的對話：

> （錢德）洪與黃正之（宏綱）、張叔謙（元沖）、汝中（王畿），丙戌
> （嘉靖五年1526）會試歸。爲先生道途中講學，有信有不信。先生
> 曰：「你們拏一箇聖人去與人講學，人見聖人來，都怕走了，如何講
> 得行？須做箇愚夫愚婦，方可與人講學。」〔註68〕

這段對話正是透露出，守仁師生們自覺的要把「良知學」傳播到群眾中去，而且還要放下士大夫身段，融入群眾中去講學。

明儒從事社會大眾的教育，除了利用許多各階層都可參與的講會以外，訂立鄉約與參與鄉約集會，也是一個特別的管道。鄉約緣自北宋陝西藍田呂大鈞兄弟的創作，後來又經過朱熹稍作增損。大鈞與張載爲同年友，因心悅張載之學，而執弟子禮，後又從二程子問學，錢穆先生說：「呂氏鄉約乃歐陽修本論之脫化」，「是承張載之新村運動之遺意」，亦「是張載〈西銘〉所講理想之具體化」，〔註69〕它主要的內容有「德業相勸」、「過失相規」、「禮俗相交」、「患難相恤」，〔註70〕其目的可以說是透過鄉里的自發力量，來提倡倫理道德、推廣地方教育、促進民眾交流與合作，並利用定期聚會，互相約束（訂有罰式）的方式，組織成一個在君政官治之外的地方性自治團體，蕭公權先生認爲這是「空前之創制」。但由於鄉約只是個人的自由參與，並不足以成爲地方的自治政府，而且約定的內容也偏重道德約束，地方的經濟、教育等事務並無規定，所以從「自治」的條件來衡量就並不完備。〔註71〕

王守仁也很重視鄉約，嘉靖十三年（1534）他在江西平亂，認爲「民雖格面，未知格心」，所以他制定了一套「南贛鄉約」，〔註72〕限於當時特殊環境的需要，「南贛鄉約」規定民眾不可無故缺席每月望日的聚會，並且授與由民眾推選的約長有民事糾紛的調解權，例如大戶以高利放貸，鄉鄰因小忿鬥毆，以及陰通賊情的軍民，約長均可調解或呈官追究。此外，鄉約中對於聚

〔註68〕《傳習錄》下。陳榮捷《詳註集評》，頁357。
〔註69〕錢穆《宋明理學概述》，頁119。
〔註70〕各項的細目可詳見錢穆《宋明理學概述》，頁113～119，及王蘭蔭〈明代之鄉約與民眾教育〉，收在《明史研究論叢》第二輯，頁276～278。
〔註71〕蕭公權《中國政治思想史》下，頁570。
〔註72〕《王陽明年譜》c.1，頁25。

會時彰善糾過的儀式及程序，也規定得相當清楚。

　　鄉約雖是一種地方性的自治組織，但從王守仁的例子中可以瞭解，這種組織並非皆如呂大均兄弟一樣，是由民眾自動自發地組織起來，就明代來說，很多地區的鄉約反而是由地方官組織的，〔註73〕而地方官倡組鄉約的目的，多是把它視爲「教化」工作的一環，例如戚衮在嘉靖二五年（1546）任項城知縣，「立鄉約以興民行，立社學，擇師以教其子弟，起古項精舍，與士夫諸生時爲期會，以明所學」，他認爲這才是治本之法，〔註74〕再如呂柟曾記載一位余姓御史，在山西運城推行藍田鄉約，「講習古義，表正群物，一時志士韋興，齊民多勸」。〔註75〕同樣地，書院也是「教化」的一環，因此有些地方的書院就擔負起組織鄉約的責任，如呂柟曾說：

> 書院既作，不徒爲資遊覽登眺之所，其必選敦行孝弟，博習經史，務本崇實之人，延請爲師，以立院主，使之開設科條，以待四方俊秀。徐以勸導鄉里凡民，或舉行鄉約，勤於業作，誘崇禮讓，比方風動之世，以助宣皇化，斯爲良舉。〔註76〕

呂柟此論雖是針對山西王官書院而發，但是他確實也是身體力行著，例如他在山西建的解梁書院中，就設有鄉約所。此外，羅汝芳在雲南時，也在海春書院舉行鄉約。〔註77〕鄒元標在江西建立的仁文、瀧江兩所書院，也刻有呂氏鄉約，以期能對鄉民「稍有維繫」。〔註78〕

　　明代鄉約的另一項特點，是鄉約聚會時演講太祖的「教民六諭」，據《太祖實錄》洪武三十年（1397）九月記載：

> 上命戶部令天下民，每鄉里置木鐸一，選年老或聾者，每月六次持鐸徇於道路，曰：『孝順父母，尊敬長上，和睦鄉里，教訓子孫，各安生理，毋作非爲』。〔註79〕

查「里老制」設於洪武二七年，太祖命地方官選擇民間「公正可任事」之老人，

〔註73〕王蘭蔭在方志中找出了十一個之鄉約的地區，其中只有一縣是由民眾倡行，其他皆是倡自地方官。〈明代之鄉約與民眾教育〉，頁279。
〔註74〕王畿《王龍溪全集》c.20，頁50。
〔註75〕呂柟《涇野先生文集》c.11，頁5。
〔註76〕呂柟《涇野先生文集》c.18，頁40。
〔註77〕羅汝芳《近溪子明道錄》c.8，頁354。
〔註78〕鄒元標《願學集》c.8，頁11。又，王蘭蔭文中也述及舉行鄉約的場所，他列了「建專所」、「利用社學」、「利用寺廟」等三種類型，此處正可做爲王文的補充。
〔註79〕《明太祖實錄》c.255，頁1。

處理地方民事，並規定糾紛須先經里老調解，重大者才可訴於官府。〔註80〕可見「六諭」本是里老的職務之一，與鄉約無關，大概到了明代中葉以後，鄉約的聚會中始有講「六諭」的活動。另外，有些鄉約集會，地方官也會邀請著名理學家演講，如王畿就曾參加安徽太平縣的鄉約講會，他也肯定這類活動，認爲鄉約「所以萃士民，昭法紀，開明是非之本心，以示吾好惡之公，於風化尤有所被」。〔註81〕

王門之中，最重視鄉約的可能是羅汝芳，黃宗羲說他任安徽寧國知府時「以講會鄉約爲治」，〔註82〕他的學生曾記載他在當地「檄下六邑，各興講學鄉約之會，又每躬臨會寓，敷宣高皇條令，竟日忘勞，務期家諭而戶曉之」，之後任職山東、雲南時亦「無不以是爲急務」，〔註83〕汝芳自己則說：

> 今府屬各縣訟獄日煩，寇盜時警，家殊其俗，肆爭競以相高，心各
> 其心，逞習奸以胥處。是宜各院勤拳多方督切，但法立則弊生，每
> 畫一之爲難，勢懸則情隔，必大同之是貴。爰循古人鄉約之規，用
> 敷今日保申之意。〔註84〕

雖然如此，但是汝芳在講鄉約和「六諭」時，卻不流於政令宣導的舊調，反而是用「良知」來闡釋其中的蘊涵和精神。例如他以孟子「孩提之童，無不知愛其親」的良知來說孝順，而「只要不失了原日孩提的一念良心，便用之不盡」，「便可做到聖賢地位」。他說「和睦鄉里」是「人秉天地太和之氣以生，故天地以生物爲心，人亦以同生爲美」，這也正是張載說的「民吾同胞」，所以能「愛我敬我盡一鄉之人，自然災害不生」。〔註85〕汝芳在雲南講鄉約，尤發揮王艮「人心本樂」之說，他說「諸人的心果就是同者萬物的心」，「亦果就是同者天地的心」，而「宇宙之間渾然是一團和樂」，太祖六諭所教也就是要閭閻之間一團和樂，和樂即能「致詳」，如春日和暖，則禽獸自然生育，苗稼自然秀穎，所以「人家一和，而其興旺繁昌，所有利益又何可盡言耶？」，所以樂就是「君子邦家之基」，「君子萬壽無期」。〔註86〕

〔註80〕《明會要》c.51，頁951。
〔註81〕王畿《王龍溪全集》c.17，頁10～11。
〔註82〕《明儒學案》c.34，頁760。
〔註83〕羅汝芳《羅近溪先生全集》〈鄉約〉卷首王文燦之序。
〔註84〕《羅近溪先生全集》〈鄉約〉，頁1。
〔註85〕《羅近溪先生全集》〈鄉約〉，頁5～11。
〔註86〕《羅近溪先生全集》〈鄉約〉，頁21～22。

　　黃宗羲說汝芳「舌勝筆」，即他的演說技巧很好，事實確也如此，汝芳很能善用臨場的情境來啟發聽眾。有一次幾百位鄉民集會，時當酷暑，行禮之前稍有喧鬧，但演講開始後就安靜下來了，汝芳即以此事為例，說明其中的緣故，正是「吾人之生，不止是血肉之軀，其視聽言動，個個靈靈明明，有一良知之心以主宰其中」。〔註87〕其實，明太祖的「六諭」，就好像標語一樣沒有新意，甚至透過老人持木鐸定期地在道路上宣喊，聽多了，就更乏味了。此外，鄉約原是地方民眾自發地勸善改過的活動，但由地方官來主導，而且每次集會又有記錄，就不免有些「刑政」的意味，這都容易使得此類活動流於形式，而效果不張。但汝芳的演講就不一樣了，以他的熱誠和技巧，再加上「良知學」的簡易直截，以及「泰州學」的親近自然，對於農村中的民眾來說，確實有一新耳目的感覺，有一段記載正可說明汝芳講鄉約的精彩和民眾的感受：

> 子（汝芳）按騰越（雲南騰衝），州衛及諸鄉大夫士，請大舉鄉約。
> 迨講聖諭畢，父老各率子弟以萬計，咸依戀環聽，不能舍去。……
> 諸老幼咸躍然前曰：我百姓們此時懂忻的意思，真覺得同鳥兒一般
> 活動，花兒一般開發，風兒日兒一般和暢，也不曉得要怎麼去持他，
> 也不曉得怎麼去放，但只恨不曾早來聽得，又只怕上司去後，無由
> 再來聽得也。〔註88〕

　　我們知道，由於明初的積極恢復生產，以及長期的休養生息，明代的經濟到了中葉以後有了很大的變化，尤其在江南地區，商品經濟和手工業的發展極為迅速，〔註89〕對社會風氣也帶來很大的影響。據徐泓先生研究江、浙地區發現，大體上從嘉靖時期以後，社會風氣已逐漸由明初的淳樸趨向奢靡，這種變化表現在食、衣、住、行各方面，例如宴飲的荦饈，從以前的五荦增加到八、十二、甚至十八道荦，並且還有歌舞妓女助興，衣著除了講求質料外，式樣也追求變化，婦女則又重視金玉珠寶首飾的妝扮，而在住屋上也強調要高廣輝煌，聳人耳目。從方志的記載知道，奢靡的風尚並不是只有少數的仕宦或商人階層，平民乃至奴僕也莫不以奢華相尚。影響所及，首先是太祖規定的「貴賤有等」、「安分守禮」的體制無法維持，例如太祖規定一般平

〔註87〕《羅近溪先生全集》〈鄉約〉，頁26～27。
〔註88〕羅汝芳《近溪子明道錄》c.8，頁379～380。
〔註89〕參見傅衣凌《明代江南市民經濟初探》，頁1～22，劉翠溶〈明清時代南方地區的專業生產〉，刊《大陸雜誌》56卷3，4期，頁125～159。

民止能用紬、絹、素、紗等衣料，商人則止能用絹、布，不可用金繡、錦綺、綾羅，但後來則不止是平民，連娼、優也以羅綺爲常服。其次是建立於傳價值上的社會秩序，也產生一些混亂的現象，如一切價值以利益衡量，富人驕縱凌人，婚姻專重錢財，敬老尊賢的風氣不再，師生形同路人，甚至有生員毆罵師長的情形等，而士人爲學也只以「博科第、肥妻子」爲目的。〔註90〕

　　江右王門的王時槐、鄧元錫在他們二人編的《吉安府志》中，也記載了當地有同樣的情形，他們感嘆說：「今文餚有餘，質厚不足，羨慕豐麗之習而恥其故常，平居務以勝相高，緩急不知所恤」，又引述尹臺的〈俗變論〉說當地的風俗：

> 飲食或窮豐侈，而祭祀顧安於簡陋，宴享輒及暱狎，而教養靡致夫鮮腆，道叛之童欺孤弱趨豪勢，法吏剖折之不爲衰止，而婚聘至較金多寡，娶則計粧厚薄，以婚姻爲市道。〔註91〕

至於個別的地區如盧陵縣是「城市人物繁夥，俗漸滑於誇麗」，安福縣則「邇年物力尤漸耗減，俗亦漸侈靡」。〔註92〕鄒元標也曾說吉水縣「年來世事漸乖，奢靡相競，蕩然無復先民繩檢」。〔註93〕

　　理學家們對於社會風氣轉向奢侈，尊卑、長幼的關係受到挑戰，民眾違反禮制，使既有的社會秩序難以維持，多數是持負面的態度視之，這也是學者們反對功利，強調去人欲存天理的社會背景之一，他們倡導講學，組織講會和從事社會教育的目的也可說是與此有關，例如《南昌府志》就記載說：

> 嘉靖初王陽明先生復倡以致良知之學，迄今陳仁義、談性命者，皆其倡導之力，則一鄉風教之助，豈鮮淺哉。〔註94〕

再如江右王門的劉元卿（1544～1609），說他的家鄉（江西安福）詩書之士少而缺乏聲教，鄒守益雖曾到當地講學，但影響不大，所以當地的風俗惡劣，「上富競勝，人重使氣，莫肯順教，豪傑者至抗吏治而強有力」，此處配合上述《吉安府志》的記載，就可以知道當地的風俗惡劣，是整個社會風氣轉變的一部

〔註90〕徐泓〈明代社會風氣的變遷〉，刊《第二屆國際漢學會議論文集》「明清近代史組」，頁137～159。

〔註91〕《吉安府志》c.11〈風土〉，頁10。

〔註92〕《吉安府志》c.11，頁4，頁7。

〔註93〕鄒元標《願學集》c.8，頁11。其他如《南昌府志》也記載當地「學校本以禮讓相先而少長無序，縉紳本爲閭閻表率而靡麗相高，每每崇富貴羞貧賤、喜事功黜怙退，婚媾靡金幣，饋宴侈珍奇」。c.3，頁33。

〔註94〕《南昌府志》c.3，頁33。

分。劉元卿對這樣的風俗深感爲恥,因而倡建復禮書院,舉辦文會和施行鄉約。起初鄉民認爲「學」是深奧難爲的,元卿乃引地方有行誼者爲例,說明「學」即是「明倫而已」,並非高遠難行,只是爲與不爲的差別,鄉民了解了元卿的解釋,其結果是:

> 遂相率即其家季一會,會輒引其子弟訓督之,奢者爭爲簡,暴者忍辱,貪者捐其分以外之求。行之期年,風俗浸浸可觀。〔註95〕

暫不論劉元卿所說是否有誇大的情況,但是,講會對參與者多少有些團體的約束力量,再加上思想上的薰陶,至少對於小範圍地區的社會風氣,相信還是有一定的影響,明末清初的學者施閏章,針對講會的社會影響就有一段合理的論述:

> 一邑之中所在有會,歲必數舉,舉必累日,用相砥以勿懈,有入其中而戾其教者,則人目笑而背指之曰夫夫也而與於講學者耶?其人聞之必大慚,於是君子有所誘而爲善,小人有所憚而不敢爲惡,淺者習威儀守繩墨,深者略言語而優入於性命,田夫、孺子、市販之徒,皆耳習其言,目習其事,若日用飲食之相循不廢也,故其教立而俗以不偷,則此數君子力也。〔註96〕

第三節　書院講學與政治的關係

我們從書院的演進歷史看,宋代以間接的方式介入書院,元代把書院納入體制之中,到了明代則稱之爲私創而屢加毀禁,根本不承認書院的地位,此正是明代書院講學最特別的地方,即書院與政治之間的關係。本節即以此爲中心作進一步的探究,期以對書院講學在專制政治下的特殊性格,以及它在政治活動中扮演的角色和功能,有比較完整的認識。

就政治的角度來說,書院講學的特殊性格,最重要的就是它的反體制性格。關於這一點,我們需要先從學術正統的層面談起。元代把程朱理學定爲正統,原因當然是爲了科舉需要統一的標準,與專制政府需要一套能與統治相配合的意識型態,以維持學術與思想的劃一。除此之外,傳統的觀念裡也相當重視學術的一致性,如孟子說的「道一」,朱子說的「理一」,王守仁說

〔註95〕劉元卿〈復禮書院記〉收在《天下書院總志》,頁712～715。
〔註96〕施閏章〈復眞書院記〉收在《天下書院總志》,頁711～712。

三代時「人無異見，家無異習」，以及高攀龍主張的「上無異教，下無異習」，錢穆先生對這種心態有一段淺顯的解釋：

> 中國人的心智，常傾向於一種綜合而簡化的要求，好把一切思想理論異中求同，期能有一更高眞理來綜合會通此種種異說而簡化了，終至於只賸下一條最高、最簡單、最易使人人都能瞭解接受的共同大眞理。〔註97〕

從宋明理學來看，正是這種追求「一致」、「一貫」心態的表現，如朱子的「理」，尤可說是宇宙天地人倫百物的最高通則，朱子說：

> 宇宙之間，一理而已。天得之而爲天，地得之而爲地。而凡生於天地之間者，又各得之以爲性。其張之爲三綱，其紀之爲五常，蓋皆此理之流行，無所適而不在。若其消息盈虛，循環不已，則未始有物之前，以至人消物盡之後，終則復始，始復有終，又未嘗有頃刻之或停也。〔註98〕

依此，元代以程朱理學爲正統，也可說是受這種追求「一致」態度的影響。程朱理學當然不只是一個空泛的通則，作爲一套穩定而周延的理論，它具有廣泛的適用性和完整的方法論，所以它不僅能夠被統治集團用來作爲意識型態，也能夠提供學者在人格提昇上的必要資源，換言之，在傳統「修己治人」的需求上，程朱學都能夠滿足，無疑地，程朱理學是具有理論「典範」（paradigm）的內涵與意義。

由於程朱學的「典範」地位，加上追求「一致」的心態，使得傳統對學術多元的看法，是比較不足的，有也只是「殊途同歸」式地相對性多元，也就是在最高眞理之前的「殊途」，其最後的目標仍是要「歸」，這就構成了學者在探究問題時的限制。至於超出正統範圍的理論，其能不能歸的問題，往往已非單純的學術爭辯，而是涉及統治集團基於是否動搖正統，來加以判斷和干預。我們看明初的學術風氣，正是在程朱正統學術籠罩下所表現的限制，學者們強調的是「躬行實踐」，而政府則以科舉、察舉、學校和文字獄來積極維護正統。待王學興起後，政府又以「異端」和「邪說」來加以禁止，並毀禁傳播其學說的書院。王守仁除了批評朱熹爲「支離」外，他又強調個人的「良知」，此正是明白的反對「正統」，而且又可能顚覆整個建立在「正統」

〔註97〕錢穆〈四部概論〉收在氏著《中國學術通義》，頁38。
〔註98〕《朱子文集》c.70。轉引自《中國哲學辭典大全》陳榮捷撰「理」條，頁480。

上的體制，統治集團對此自然不能坐視，這也突顯出書院講學在學術上的反
體制性格。不僅是明代，宋代也是如此，錢穆先生對此早有清楚的論述：

> 南宋以來，書院講學之風尤盛，然所講皆淵源伊洛，別標新義，與
> 朝廷功令漢唐注疏之說不同。及元仁宗定制，改遵朱氏章句集注，
> 明承元舊，又編大全，然後往者書院私人之講章，懸爲朝廷一代之
> 令甲，亦猶夫熙寧之三經矣。功令所在，學者爭趨，而書院講學之
> 風亦衰。其敝也，學者惟知科第，而學問盡於章句，陽明良知之學，
> 即針對當時章句訓詁功利之見而發，……蓋亦南宋以來私家講學舊
> 轍，與朝廷國學科舉生員之所治者，絕然異趣。……實則書院講學，
> 明與朝廷功令相背。〔註99〕

書院講學的反體制性格之第二個面向，是表現在教育體制上。中國的教育體
制，雖然一直存在著政府與私人的二元體制，但至少從孟子以來，普遍都認
爲教育應由政府興辦，孟子就說：「人之有道也，飽食煖衣逸居而無教，則近
於禽獸，聖人有憂之，使契爲司徒，教以人倫」，又說：「夏曰校，殷曰序，
周曰庠，學則三代共之，皆所以明人倫也」、「有王者起，必來取法」（〈滕文
公上〉），朱子則更依其「本然之性」和「氣質之性」的學說，來闡述他心目
中的教育體制，他說：

> 蓋自天降生民，則既莫不與之以仁義禮知之性矣，然其氣質之稟，
> 或不能齊，是以不能皆有以知其性之所有而全之也，一有聰明睿智
> 能盡其性者，出於其閒，則天必命之以爲億兆之君師，使之治而教
> 之以復其性。此伏羲、神農、黃帝、堯、舜所以繼天立極，而司徒
> 之職，典樂之官，所由設也。三代之隆，其法寖備，然後王宮國都，
> 以及閭巷，莫不有學。〔註100〕

王守仁當然也不例外，在〈拔本塞源論〉中，守仁發揮了他的教育理想。在
教育應由國家興辦的立場下，屬於私學性質的書院即產生了矛盾。然而，明
代學者若能強調書院也具有主體性，也能與學校並行而成爲教育體制中的一
環，則書院的地位即能提高，其矛盾立場也可能減低，但是事實並非如此，
明代學者大多沒有這樣的體認，反而認爲書院只是作爲學校的輔助，如王守
仁說書院是「匡冀夫學校之不逮也」，鄒元標說書院「亦倣黨庠塾序餘意，輔

〔註99〕錢穆《中國近三百年學術史》上，頁7。
〔註100〕朱熹〈大學章句序〉。

學政之所未逮」，尹臺也說書院「其切磋相長之益，固當有輔學校所不及者」。〔註101〕比較有二元色彩的是唐順之，他說：

> 王教興，則道德禮樂經術之寄在庠序，而師道爲公，王教廢，則道
> 德禮樂經術之寄在山澤，而師道爲私，……國家建學徧宇內，蠻陬
> 海徼，莫不有學，生徒多者七八百人，少者百人，可謂至盛，然而
> 道德禮樂經術之寄其在焉否也。所習者不過乎章句咕嗶……〔註102〕

順之此說雖可能只是描述性的文字，但清楚地透露出，他爲書院等私人教育體制確立正當性的意圖，只是他以王教興廢作爲前提，則仍然表現了以官學爲優先的態度，且言下有視當時爲王教已廢的意思，更明白地顯示私人教育的反體制性格。

　　要瞭解書院在教育上的反體制性格，我們還必須再深入探討教育的目的這一層面，才能獲得比較完整的認識。在第一章的敘述中，我們已經知道政府對於設立官學的目的，主要集中在「養士」和「教化」這兩點，其中「養士」這一項雖然也具有政治色彩，但是大體上仍比較接近現代的教育義意，然而，「教化」的這一項功能對於整個社會的影響，可能尤勝於「養士」，這是對傳統教育研究中不可忽略的課題。

　　關於「教化」的理論，在《禮記》〈學記〉中就已說：「君子如欲化民成俗，其必由學校」。董仲舒對此，尤其有詳細的發揮，在他的賢良策中，教化可說是焦點之一，仲舒對教化的主張基本上是政治性的，他以「陰陽」的理論強調「刑者不可以治世」，「爲政而任刑，不順於天」，但「萬民之從利，如水之走下」，非得設立「教化堤防」，否則即生「奸邪並生，刑罰不能勝者」，他承襲傳統觀點，認爲教化是「上行下從」的，其具體的方法就是設立學校來推行，他並且特別強調教化制度的完備，有助於後代子孫的統治，仲舒說：「聖王之繼亂世也，掃除其跡而悉去之，復修教化而崇起之，教化已明，習俗已成，子孫循之，行五六百歲，尚未敗也」，又說：「故聖王已沒，而子孫長久，安寧數百歲，此皆禮樂教化之功也」。〔註103〕

　　我們知道，董仲舒的教化主張對於漢武帝的建立學校制度，起了很大的

〔註101〕王守仁語見《王陽明文集》c.1，頁22，鄒元標語見《願學集》c.5上，頁37，尹臺語見《洞麓堂集》c.4，頁10。或許明儒的說法，正是謙虛地避免與官學形成競爭或衝突的局面，但這些主張確實是顯現出書院的附屬地位。

〔註102〕唐順之〈重修涇縣儒學記〉，收在《古今圖書集成》選舉典 c.24，頁 240。

〔註103〕《漢書》c.56〈董仲舒傳〉，頁 2499～2512。

作用，而明太祖對董仲舒也很尊崇，〔註104〕雖不能說明太祖的設立學校也是受董仲舒的影響，但對於「教化」的認識，二人是很相近的，太祖在詔設國子監和地方的儒學、社學時，都不斷的強調「教化」，他說太學是「育賢之地，所以興禮樂，明教化」，〔註105〕在設立儒學和社學詔令中，他說：

> 學校之教，至元其弊極矣。上下之間，波頹風靡，學校雖設，名存
> 實亡。兵變以來，人習戰爭，惟知干戈，莫識俎豆。朕惟治國以教
> 化爲先，教化以學校爲本。京師雖有太學，而天下學校未興，宜令
> 郡縣皆立學校，延師儒，授生徒，講論聖道，使人日漸月化，以復
> 先王之舊。〔註106〕

> 昔成周之世，家有塾，黨有庠，故民無不知學，是以教化行而風俗
> 美。今京師及郡縣皆有學，而鄉社之民，未睹教化，宜令有司，更
> 置社學，延師儒以教民間子弟，庶可導民善俗也。〔註107〕

除了學校，明代的地方官也負責「教化」，〔註108〕此外，地方的「里老」也負責「勸民爲善」等接近教化的工作，這與秦、漢時由三老專責教化的制度不同。

　　瞭解了地方官與學校都負有教化的責任之後，我們要進一步問，太祖如此重視教化的理由何在？而教化的內容是有那些？其主要的目的是什麼？

　　太祖對於禮儀制度非常重視，在初定天下後即開禮、樂二局。洪武二年（1369），在設立學校的同時，他又詔儒臣修禮書。五年，太祖表示他「出身草莽，失習聖經」，且領軍作戰二十餘年，無暇顧及禮教，因而「道理未臻，民不見化，鄉閭市里，尚染元俗。天下大定，禮儀風俗可不正與？」。〔註109〕次年，他又對尚書牛諒說：「元世廢棄禮教，因循百年，中國之禮，變易幾盡。朕即位以來，夙夜不忘，思有以振舉之」。〔註110〕由此可知太祖制定和推行禮

〔註104〕太祖於洪武二九年，以揚雄曾事王莽，從祀孔廟不宜，而命罷之，以董仲舒輔漢武帝崇儒術，於弘揚聖學有功，故祀之。《明史》c.50，頁1297。參見岑練英〈明太祖之教育政策及其得失〉，刊《中國歷史學會史學集刊》18期，頁78。

〔註105〕《明會要》c.25，頁396。

〔註106〕《明史》c.68，頁1686。

〔註107〕《明太祖實錄》c.96，頁4。

〔註108〕《明史》〈職官志〉載：「知府掌一府之政，宣風化，平獄訟，均賦役，以教養百姓。」c.75，頁1849。

〔註109〕譚希思《明大政纂要》c.3，頁20。轉引自岑練英〈明太祖之教育政策及其得失〉，頁81。

〔註110〕《明會要》c.6，頁76。

教的主要目的，是為了矯正元代不重制度而造成的法紀蕩然，和元末戰亂造成的秩序無存。

太祖制訂的禮制範圍很廣，《明史》〈禮志〉記載，洪武朝編纂的禮儀制書有《大明集禮》等十五種，從中央到地方、貴族到平民，凡祭祀、婚喪、冠服等都有規定。對於一般民眾的禮制，其主要的目的在於「辨貴賤，明等威」和「敦尚朴素」，以防止「官民漸生奢侈，踰越定制」，而「習以成風，有乖上下之分」，期使社會風俗能達至淳美的境界，〔註111〕這一點可以說是教化的內容之一。再有就是「勸孝勵忠」。早在洪武元年（1368），太祖在告諭新授的北方縣令時，即要求他們對民眾「善拊循之，毋加擾害，簡役省費，以厚其生，勸孝勵忠，以厚其俗」，〔註112〕十六年（1383）又命大學士吳沈編《精誠錄》，並且說：「古聖賢書，其垂訓立教，大要有三：曰敬天，曰忠君，曰孝親。君能敬天，臣能忠君，子能孝親，則人道立矣」。〔註113〕太祖對於教忠教孝，不僅只是在言詞上表示，他非常重視忠孝之士的褒揚，《明史》〈忠義傳〉敘述：「太祖創業江左，首褒余闕、福壽，以作忠義之氣」，二人都是元臣，以忠於元室而死，太祖為他們建祠造像，亦有勸勵風教的用意。《明史》〈孝義傳〉也記載太祖時「有司上禮部請旌者，歲不乏人，多者十數。激勵之道，蔑云備矣」。〔註114〕當然，對於專制君主的教忠教孝，我們不會直接地認為，他們是依據先秦儒家的對父母「事之以禮」（《論語》〈為政〉）和「事君以道」（〈先進〉）來推行教化，換言之，即以孝作為道德意識的萌芽，而忠則是普遍性的道德條目之一。專治政府強調的忠和孝，是把個人層面的倫理擴大為政治層面的絕對倫理，是「資於事父以事君而敬同」，「事君不忠非孝也」的君父同倫、忠孝合一之內涵。〔註115〕

「教化」的第三個重點是政令宣導。此可先舉「鄉飲酒禮」為例。太祖在洪武五年（1372），命地方官和教官率民眾於儒學定期舉行聚會，習禮讀律，以「申明朝廷之法，敦敘長幼之節」，所以鄉飲酒是儒學推行社會教化的重要

〔註111〕徐泓〈明代社會風氣的變遷〉，頁138～139。

〔註112〕《明會要》c.42，頁730。

〔註113〕《明會要》c.26，頁424。

〔註114〕《明史》c.289，頁7407，c.296，頁7576。

〔註115〕有關「忠」、「孝」觀念的原義與發展，可參見劉紀曜〈公與私──忠的倫理內涵〉，曾昭旭〈骨肉相親，志業相承──孝道觀念的發展〉，收在《中國文化新論──思想篇二──人道與天道》。

工作。十六年又重頒條文詳備的「鄉飲酒禮圖式」於天下，規定每年的正月十五日、十月初一日舉行。會場規定年高者，就算至貧，亦須上坐，少者雖至富，必依年歲列坐，不許逾越，而有犯過之人，即使年高財富，也要坐於最末，讀律時須站立聆聽，若不行赴飲，或強坐上席，就是頑民，可遷徙邊遠。十八年，頒《大誥》天下，太祖說明鄉飲酒禮的目的是：「敘長幼、論賢良、別奸頑、異罪人」，〔註116〕所以他再度重申長幼、善惡的坐席規定。我們知道《大誥》的內容多是由明太祖親撰，《明史》〈刑法志〉載：

> 太祖患民狃元習，徇私滅公，戾日滋。十八年，采輯官民過犯，條爲《大誥》。……次年復爲《續編》、《三編》，皆頒學宮以課士，里置塾師教之。囚有大誥者，罪減等。於時，天下有講讀大誥師生來朝者十九萬餘人，並賜鈔遣還。〔註117〕

可知太祖對此書的重視，不僅是國子監生要讀，地方儒學、社學，乃至家家戶戶都要傳誦熟觀，以其中的事例爲戒，每年二次的鄉飲酒禮，在講讀律令時，應也以此書爲主要依據。甚至在洪武二四年（1391），還命令禮部從此書中出題考試。

　　瞭解了太祖的「教化」內容之後，我們可以肯定的說，明代推行的教化，是以強制的力量，依據政府規定的內容和標準，使地方能「移風易俗」，以求達成文化統一的目的。從「統治」的角度說，各地的習俗能貴賤分明、人民勤奮儉樸、家家明白律令、人人忠君孝父，這個境界眞可使「子孫長久，安寧數百歲」。韓非子說：「明主之國，無書簡之文，以法爲教；無先王之語，以吏爲師」（〈五蠹篇〉），所謂「政教、官師合一」，正是秦代復古的制度。明代的教化，也是由地方官和教官來推行政令和禮儀，也就是認爲政治應統理文化，這樣的體制，當然是不容許地方樹立自己的特色，不容許以地方的標準推行教化，那麼，不屬於教育體制的書院，其「教」不由「政」出，其「學」是「私學」甚至是「異學」，以此來「養士」和「教化」，怎能收「道一風同」之效，更何況由私人來從事「教化」還容易獲得民心和「群聚徒黨」，這些都不是專制政治所需要的。楊時喬對羅汝芳的批評，正可看出這層意思，他說：

> 汝芳假聖賢仁義心性之言，倡爲見性成佛之教，謂吾學直捷，不假

〔註116〕《明史》c.56，頁 1419～1421。並參見岑練英〈明太祖之教育政策及其得失〉，頁 23～24。

〔註117〕《明史》c.93，頁 2284。

修爲。於是以傳註爲支離，以經書爲糟粕，以躬行實踐爲迂腐，以
綱紀法度爲桎梏，踰閑蕩檢，反道亂德，莫此爲甚。望敕所司明禁，
用彰風教。〔註118〕

不理「綱紀法度」，又「反道亂德」之學，怎可用來推行教化？

在本章的第一節中，我們已簡要地瀏覽了諸位學者講學的理想，以知識
社會學的角度來說，諸子的理想可視爲他們改善政治、社會的理論，在落實
理論使其成爲制度的過程中，最主要的問題就是韋伯（Max Weber）提到「權
威的正當化」（legitimation of authority），〔註119〕也就是說知識分子在從事理
論實踐時，勢必與統治集團發生密切的關係。書院作爲學者們傳播和實踐理
論的基地，它在政治活動中提供了什麼樣的功能？以及它扮演了何種角色？
這是值得思考的問題。

明代書院雖多由地方官興建，但由於它的反體制特色，所以書院可以說是
一種「民間社會」，雖然明代曾有三次毀禁措施，但從整體來看，書院大致上不
是國家所能操縱的，因此學者在講學時發出評議時政、裁量人物之論，應是常
有，且理學家們強調的就是人們自我在道德上的提昇，由重視道德而分別「君
子」和「小人」、「狂狷」和「鄉愿」，也是難以避免的，其實不僅僅是東林，從
王守仁、王畿以降，辨別鄉愿，一直就是學者們論學的主題，這點也可以說是
他們成德理論的具體實踐，而東林則特以此點作爲他們講學的重點，甚至懸諸
爲他們在朝時的政治綱領之一，因此東林的講學乃成爲當時的「清議」，「清議」
就是政政治上的一種「輿論」，輿論在「市民社會」（civil society）中占有重要
的地位，西方學者視之爲「公共領域」（public sphere）之一。

書院本是一個教育和學術組織，但由於它提供學者們一個定期聚會的場
所，與親密的聚會方式（講會），再加上傳統讀書人所享有的社會聲望，以及他
們大多數也是屬於仕宦或鄉紳階級，因此，書院很容易就成爲他們討論公共事
務的場所，例如王艮雖終身以平民身分講學，但對地方事務非常關心，據年譜
記載，他在三二歲（正德九年 1514）時以自得發明說經，「宗族及各場官民，
遇難處事，每就質於先生」。而後當地方遭饑饉，王艮也多次捐米施藥，並協助
地方官籌畫公益事業。五六歲（嘉靖十七年），安豐場灶產不均，貧者失業的問

〔註118〕《明史》c.224，頁 5909。
〔註119〕參見葉啓政〈「理論—實踐」的轉型與安置〉，在氏著《社會、文化和知識份
子》，頁 107。

題延續數十年無法解決，地方官乃請王艮協助，對此他著〈均分草蕩議〉，主張把鹽田平分給一千五百多名灶丁，而分配前要先丈量定好經界，然後依圖冊登記清楚，再依印信、紙票和圖冊分發，如此才能有憑有據，不致紊亂。年譜記載依照王艮的方法，實行起來效果很好，「民遂帖然樂業」。〔註120〕再如唐順之於嘉靖十八年（1539），因請太子出文華殿受百官朝見而逆世宗，被削職為民，居鄉（江蘇武進）十年，時正當倭寇作亂，順之極憤，以其無所不窺之學，「指畫方略於當事」，〔註121〕之後他以羅洪先之言而出仕，也以平倭亂為首務。王、唐二人參與地方事務，雖然可能只是以個人的身分和力量，但他們二人都是講學名儒，也都熱心參加講會，所以推想他們在聚會時與其他學者商量討論，也應是合理的。讓我們再看一段王畿記載王璣（1490～1563）的講學：

> 癸巳（嘉靖十二年 1533），補山東按察司僉事，兵備武定等處，政
> 務之暇，即進諸生論學，……一時同官若蓮峰葉君、石雲沈君（謐）、
> 遵巖王君（慎中），時相討論宗要，以政為學。繼遷江西布政司參議，
> 與藩臬為會同仁祠，若今少師存齋徐公（階），時為督學，契厚尤深，
> 下水洲魏君（良弼）、瑤湖王君、魯江裘君輩，咸在會中，而東廓鄒
> 君（守益）、師泉劉君（邦采）、念菴羅君（洪先）輩，往來聚處，
> 虔吉饒信之間，多士雲集，師門之學，益若有所發明。〔註122〕

這段敘述除了說明王門諸子的往來聚處外，最值得注意的是「以政為學」四字，這四個字正明白地透露，諸子在聚會時，不僅僅是切磋心性之學，尚包含屬於眾人事務之學。

　　明代的學者在稱呼他們的友朋時，常用「同志」而不用「同學」，這個稱呼包含了他們彼此間的情感和熱誠，標示他們在追求聖賢之學上的志同道合。然而，「同志」也可以用在「政事之學」上，此時他們師友間的真摯情感，就足以使他們成為利害與共的政治結盟，例如方獻夫、黃綰、席書等人與費宏、桂萼、夏言等人的鬥爭，何心隱、羅汝芳和鄒德涵、鄒元標等人與張居正的衝突，最有名的當然就是「東林」與其敵對勢力的鬥爭。他們都是由學術上的「同志」而成為政治上的「盟友」，講學聚會在此時即已不僅僅是單純的學術活動了，它更提供了政治結盟的機會與場合。

〔註120〕以上所述見《王心齋全集》c.1〈年譜〉，頁 3～12。
〔註121〕《明儒學案》c.26，頁 598。
〔註122〕王畿《王龍溪全集》c.20，頁 68。

　　提到講學由學術組織到政治結盟，何心隱的言行是可以作爲一個有用的證據。前述心隱與嚴嵩和張居正都曾有過直接的衝突，顯示他的講學一直與政治密切相關，沈德符就說他：「以講學自名，鳩聚徒眾，譏切時政」。〔註123〕心隱確實很重視組織，黃宗羲記載他因大學中的修、齊、治、平，「乃構萃和堂以合族，身理一族之政，冠、婚、喪、祭、賦役，一切通其有無，行之有成」。〔註124〕在社會組織方面，他主張破除一般的身家，以建立一種「會」的組織，他說「夫會，則取象於家，以藏乎其身」，這是指「會」的組織是類似家。這種「會」可能是源於「萃和堂」的家族組織，然後加以擴大而成，他說：「必身以主會而家以會」，所以個人可以入「會」，而家也可與「會」有連繫，個人入「會」之後，身分就會有改變，成爲「君子以顯以藏乎士農工商其身其家於會也」，組織的目的，起初可能是社會性的，例如經濟的互助，或以會費來從事老人和兒童的安養教育工作。〔註125〕

　　由於何心隱非常重視師友關係，所以「會」員與會員之間的關係，可能是取法朋友間的平等地位，他曾經把「友朋之道」比於「君臣之道」，他說：

> 惟君臣而后可以聚天下之豪傑，以仁出政，仁自復天下矣。天下非統於君臣而何？故唐、虞以道統於堯、舜。惟友朋可以聚天下之英才，以仁設教，而天下自歸仁矣。天下非統於友朋而何？……君臣朋友，相爲表裡者也。……且君臣之道，不有友朋設教於下不明。友朋之道，不有君臣出政於上不行。行以行道於當時，明以明道於萬世，非表裡而何？〔註126〕

此處可見他主張的「會」，就可能帶有一些政治組織的意味。

　　何心隱一生的講學事業，可以說都是爲了發揮他的「以仁設教」而「統天下」的「朋友之道」，李贄說他家世富饒，卻棄之不事，「而直欲與一世聖賢共生於天地之間」，因此他的交遊甚雜，黃宗羲就曾記載他在京師時，「招來四方之士，方技雜流，無不從之」，王世貞也記載：

> （心隱）縱游江湖，有呂光者，力敵百夫，相與爲死友。……所至聚徒，若鄉貢、大學諸生，以至惡少年，無所不心服。呂光又多游

〔註123〕《萬曆野獲編》c.18〈大俠遁免〉條，頁480。
〔註124〕《明儒學案》c.32，頁704。
〔註125〕參見侯外廬《中國思想通史》第4卷下，頁23～24。
〔註126〕何心隱《爨桐集》c.3。轉引自《中國思想通史》第4卷下，頁1025。

蠻中，以兵法教其酋長。〔註127〕

此外，嘉靖四十年（1561），他因計去嚴嵩而離開京師，在往後的十八年間，他游歷了大半個中國，在各地聚徒講學，把他所結識的人，用簿冊登記下來，又以數千金與呂光，要他求天下奇士，「故心隱所識奇士，盡於海內」。何心隱如此的言論與行事，其不容於「儒體法用」的張居正，是可以想見的。

我們以宏觀的角度看明代毀禁書院的歷程，官方所持的理由先是嘉靖時的「傳習邪說」、「號召門徒」，然後是萬曆時的「別標門戶」、「聚黨空談」，以至天啓時的「相互標榜」、「遙制朝權」，這一過程確實是由學術轉向政治，從零散而成組織。此處牽涉的問題，不僅僅是嘉靖前後學風士習的轉變，以及萬曆以後的政局日非。更還關係到由來已久的「組織」問題，也就是學術上的「門戶」和政治上的「朋黨」。

「門戶」的問題，可上溯至漢代的經學發展。武帝時立五經博士及設弟子員，使經學成爲正統而通經亦成爲入仕的資格。又因秦始皇焚書使漢初傳經多由私人口授，同一經各家所說不同，遂成今文經的「師承」和「家法」，各家也都積極爭立於朝，所以在西漢時有石渠、東漢時有白虎觀會議，來討論五經的同異問題，《後漢書》〈黨錮列傳序〉就說：「石渠分爭之論，黨同伐異之說」。除了今文各家之爭以外，還有今古文經之爭，也就是劉歆的爭立古文經。大體而言，今文經學是官定之學，古文經學只在王莽主政時一段時間受重視，而因今文經學講究家法，不易有創見，古文經學則較少門戶之見，反而能兼採今文家言，所以東漢的經學大家如馬融、鄭玄等都屬古文經學家。從這裡可以了解，學術上的門戶之爭，除了學術本身的爭議之外，還涉及政治地位與現實利益的分配，明代王學和朱學的爭議以及王學被認爲「門戶」，都有這一層意思，再加上傳統「道一」的觀念，使得不屬於正統的學說，都被認爲是「異端」，正如張居正說「紫之奪朱，莠之亂苗」。

「門戶」又與「群眾徒黨」的問題有關。傳統對「黨」的態度，多是傾向於負面，如孔子說：「君子矜而不爭，群而不黨」（《論語》〈衛靈公〉），朱子注「相助匿非曰黨」。〔註128〕《管子》主張國家要有「經臣」，也就是「謹於法令以治，不阿黨，竭能盡力而不尚得」之臣（〈重令〉）。再如漢代的劉向

〔註127〕王世貞《弇州史料後集》c.35〈嘉隆江湖大俠〉。轉引自《中國思想通史》第4卷下，頁1012。

〔註128〕此注語並非注此章，而是注〈述而〉篇中陳司敗曰：「吾聞君子不黨」。

說「人臣之行，有六正六邪」，六邪之第五為：「專權擅勢，持權國事，以為輕重。於私門成黨，以富其家。又復增加威勢，擅矯主命，以自貴顯，如此者賊臣也」。第六為：「諂言以邪，墜主不義。朋黨比周，以蔽主明。入則辯言好辭，出則更復異其言，使白黑無別，是非無間。伺候可推，因而附然，使主惡布於境內，聞於四鄰，如此者亡國之臣也」（《說苑》〈臣術〉）。似乎只歐陽修對朋黨有比較正面的看法，他認為朋黨是自古就有的，朋黨可分成兩類：君子之朋和小人之朋。小人之朋目的在爭利，利盡則交疏，所以其黨是「偽」，君子之朋是守道義、行忠信，「事國則同心而共濟」，「故為人君者，但當退小人之偽朋，用君子之真朋，則天下治矣」（〈朋黨論〉）。雖然如此，但就「統治」的立場說，「黨」總是不好的，不管「小人」或「君子」，只要產生「黨與成乎下」的局面，就會有「主勢降乎上」（李斯語）的危機，從這裡即可明瞭，何以明代官方在毀禁書院的過程中，「黨」的問題，即「政治結盟」足以威脅當權勢力的情況，一直是居於主要地位。

書院講學與政治之間的種種問題，我們還需從儒學本身的性格來瞭解。錢穆先生對宋明理學的產生，有一段簡明的闡論：

> 宋後的學者早非門第貴族，他們既不講出世，亦不在狹義的門第觀念上面來講功業禮教，他們要找出一個比較更接近平民性的原則，來應用於宇宙人生國家社會入世出世等各方面，這一個原則，他們稱之曰道，或稱理。〔註129〕

可知理學家們雖重視「心性」、「本體」，但其終極關懷仍是現存世界。徐復觀先生說：

> 蓋儒家之基本用心，可概略之以二，一為由性善的道德內在說，把人建立為圓滿無缺的聖人或仁人，對世界負責。一為將內在的道德，客觀化於人倫日用之間，使人與人的關係，人與物的關係，皆成為一個「仁」的關係。二者是內外合一，本末一致而不可分的。內在的道德實踐，大體是從三個方面發展，一為家庭，二為政治（國家），三為教化（社會）。〔註130〕

據此，我們也可以把理學家們的講學分成二個部分，一是「成聖之道」，屬學

〔註129〕《國史大綱》下，頁603。
〔註130〕徐復觀〈儒家精神之基本性格及其限定與新生〉，在《儒家政治思想與民主自由人權》，頁65～70。此處文字稍有刪節，但意義大致不變。

術層面，一是「實踐之用」，屬政治層面，二者是合而爲一的。簡言之，就是認爲只要動員「心的理知經驗與內在道德功能」，便可獲得道德和思想的重建，如此則政治、社會等客觀的人間秩序即可獲得改善，這種「藉思想、文化以解決問題的方法」是具有明顯的「烏托邦」性質。〔註131〕

因此，王守仁要以良知學來救「斯民之陷溺」，王艮說「經世之業，莫先於講學」，高攀龍說：「學術正則心術正，心術正則施政者得其依歸」，以及顧憲成說：「世君子惟以躬行之教，斯救時第一義」，〔註132〕都是這一層意義。此處也突顯出，儒家的這種思想模式，使得學術與政治之間沒有清楚的界限，學者要以「道」來議政、來救世，而統治者則以「壞人心術」來禁止，否則即會有「搖撼朝廷」的危機。兩方面都從政治之「用」來判斷學術，所以學術的獨立就益顯困難了。

我們知道在我國傳統社會中，根本就缺乏一個類似西方的中產階級這種介於政府和社會之間的次層結構，也沒有一個不受統治階級控制的獨立領域，尤其是知識分子所代表「道」的力量，更也缺乏組織型式，從這一層面來看，明代學者在講學時討論公共事務，主持輿論，以至於用組織的力量與當權的政治勢力對抗，就極富有突破性。黃宗羲在《明夷待訪錄中》對學校的主張，正是必須放在這樣的背景下，才能比較完整的認識。

黃宗羲對學校的主張，首先突破了傳統的「養士」觀點，他認爲養士雖爲學校功能之一，但「學校不僅爲養士而設也」，還須「使朝廷之上，閭閻之細，漸摩濡染，莫不有詩書寬大之氣」，此處也有「教化」的特色，但是他並進一步的認爲，如此才能使：

> 天子之所是，未必是；天子之所非，未必非。天子遂不敢自爲非是，
>
> 而公其非是于學校。

從廣泛一點的角度來說，「天子之非是」可視爲政府的施政，要能使政府「不敢自爲非是」，則民眾的知識水平必需有一定的程度，才能判斷「是非」，所以學校的功能還要能「普及教育」才行。不只如此，黃宗羲還進一步「必使

〔註131〕「藉思想、文化以解決問題的方法」是林毓生所提出。見林著〈五四時代的激烈反傳統思想與中國自由主義的前途〉在《思想與人物》，頁 160，〈兩種關於如何構成政治秩序的觀念〉在《政治秩序與多元社會》，頁 18～22。關於儒家思想的烏托邦性格，可參見陳弱水〈追求完美的夢——儒家政治思想的烏托邦性格〉，在《中國文化新論——思想篇一——理想與現實》。

〔註132〕顧憲成《涇皋藏稿》c.10，頁 6。

天下之具，皆出於學校」。所以他對學校的全盤規畫，即是：

在中央太學方面：

> 祭酒推擇當世大儒，其重與宰相等，……每朔日天子臨幸太學，宰
> 相、六卿、諫議皆從之。祭酒南面講學，天子亦就弟子之列，政有
> 缺失，祭酒直言無諱。

在地方學校方面：

> 郡縣學官毋得由自遷除，郡縣公議請名儒主之，……不拘已未仕也。
> 其人稍有干於清議，則諸生得共起而易之。郡縣朔望，大會一邑之
> 縉紳士子，學官講學，郡縣官就弟子列，北面再拜師，弟子各以疑
> 義相質難。……郡縣官政事缺失，小則糾繩，大則伐鼓號於眾。

依此，可知黃宗羲認為學校不僅是教育中心，更還是輿論中心。黃宗羲以其
嚴厲抨擊君主專制的立場，認為學校之壞，由於「是非一出於朝廷」，朝廷以
其勢利設教，遂使士子由屈從而奔競，只為科舉以謀富貴。有才能學術之士，
多由自學而成，書院的興起，也正是為此，他說書院：

> 有所非也，則朝廷必以為是而榮之，有所是也，則朝廷必以為非而
> 辱之。偽學之禁，書院之毀，必欲以朝廷之權與之爭勝。

此處，宗羲明顯地透露，書院不僅代替學校「養士」，更還發揮了「議政」的
功能。這也正是明代書院的特殊性格。

第六章　結　論

　　明代的書院興起於十五世紀中葉前後，主要是爲因應社會上對教育的需要而產生。明太祖建立的教育制度，主要的目的是爲了培養政治人才，所以儒學的名額受到限制，後來雖然不斷地擴增，但仍不足以滿足社會的需求。又因儒學本身的政治性格，使它不具有獨立的地位，受到地方政府的層層節制，教師也屬於最低級的官僚，待遇稀少，升遷困難，有志者不願擔任，使得教師素質低落的問題，長期存在難以解決。另外，生員因爲是官員的預備人選，所以享有不少的特權，有些人利用各種方法營求入學，目的就是爲了這些特權，而不肖者也可以他的特殊身分爲非作惡，加上社會風氣的日趨奢靡，使儒學規模擴大後，風氣反而惡化，有些地方甚至連教學活動都停止了，於是地方官員和士紳乃興建書院，以繼續教育。

　　爲了教育而興建的書院，數量是最多的。由於官學的侷限性，所以這類書院擔負著廣大地區的實際教育，一般來說，書院教育比私塾的啓蒙教育要高一級，學生的年紀大概是十五歲以上，在傳統的農業社會中，這樣的年紀仍繼續教育，其目標就不僅是爲應付生活所需，傳統的觀念裡，「學而優則仕」仍是大多數讀書人的目標，也就是讀書然後參加科舉再擔任官職，基於此，大多數的書院，雖然不屬於官學體系，也不受政府的直接指揮，但在教材教法上，與地方儒學已無太大差別，同樣是誦書作文，以通過科舉爲目的，這是書院教育的科舉化。

　　另一種類型的書院，是繼承了孔子以來的私人講學傳統，並且在宋代時融入了禪林制度，再加上了朱熹等新儒家學者所賦予的理想，成爲南宋以來最有活力的學術思想中心。明代這種以講學爲主的書院，同樣也是在十五世

紀中葉左右興起，其外在因素主要是科舉造成士子只重文章，不讀經典，甚至為求錄取而不擇手段，造成弊端日多，防範日嚴，培養道德的目的為之蕩然。有志之士為恢復聖賢之學，乃興建書院、或在書院講學，如吳與弼、胡居仁等人。至於內在因素，則是十五世紀以後，學術風氣由元代的專重考索文字、註解書本，逐漸轉向內在探索，此風從吳與弼等人強調「敬」而顯露。此外，由於程、朱理學在方法上的困境，長期地困擾著學者，並也造成他們在「心」與「理」上的不合，而後陳獻章承續向內探索的學風並專主靜坐，乃使問題得以突破，再加上傳統強調的「學貴自得」，使學者能更堅定地建立自主性，王守仁的「吾性自足」正是代表，也由於他的「心即理」，使學術路徑完全改變。此後，王守仁、湛若水以及他們弟子的孜孜講學，大力創建書院，使書院講學到十六世紀後達於鼎盛。

　　明代在書院興起後，隨即發生了三次大規模的毀禁書院措施。第一次是在嘉靖十六年（1537），主因是王守仁以其超絕的天資，突破了程、朱學的困境，但程、朱學仍是多數讀書人的信仰，對於守仁以「良知」作為「理」的權衡，以及他強調「心」為聖學的主體和目的，一時頗難接受，學者們也多以「背朱」、「廢書」和「近禪」來批判守仁學說。再加上守仁立下平定宸濠之亂的重大功績，並與朝中的當權勢力發生衝突，乃有第一次王學禁令的產生。世宗即位之後，為追尊其本生父親而引發了大禮議事件，造成了當時政局的巨大變動，在七年之中，首輔換了三人，閣臣也有七人致仕，除了「濮議派」與「考獻派」的鬥爭外，考獻新貴間亦有衝突。守仁雖未參與此事，但以他的聲名地位，使朝中弟子故舊，均欲引之以為己助，在張璁與桂萼的鬥爭下，守仁學說再遭禁令，而由游居敬彈劾湛若水引發的毀禁書院，也正是禁止「心學」政策的深化。守仁的「心學」固然有利於世宗的「考獻王」，但世宗亦清楚它在動搖程、朱正統學說上的力量，為了維持士人意識的一致，乃屢次的禁止王、湛「邪說」，而書院作為傳播王、湛學說的基地，也難免遭禁，但由於陽明學在學術上的突破性，以及正統學術的僵化，使禁令無法貫徹，書院講學仍益發昌盛。

　　第二次是在萬曆七年（1579），由張居正主導。其原因可從兩方面來談，一是王門弟子大力講學所引發的問題，一是張居正個人在政治和教育上的態度。由於王守仁學說留有極大的空間，所以在他死後弟子們能各以己見發揮，衍生出不同的學派，各派也都致力講學，其中王畿、王艮二人的學說是比較

受到爭議的。再加上身居高位的王門弟子如徐階也倡率講學，使得講學產生了不少問題，如藉講學以干進和斂財、專務空談、崇黨立戶等，這些問題自不能為張居正所容忍。張居正在政治方面強調法家的威勢和嚴法，他推崇秦始皇和明太祖建立的獨裁制度，在教育和學術上他主張遵守太祖的規定，即以程、朱學為「性命之本」，以本朝的典章制度為「經濟之用」。基於此，他對江右王門以外的王門講學深惡痛絕，在「儒體法用」的治術下，他下令毀禁天下書院。由於張居正的施政極重效率，所以這一次的毀禁措施，可能是三次毀書院中規模最大也最嚴格的。然而，由於書院和陽明學所代表的社會力量無法被忽視，所以在張居正死後的二年之內，講學和書院的禁令即正式解除，而王守仁也入祀孔廟，使其學術地位得以肯定。

　　第三次在天啟五年（1625），是萬曆中葉以來東林與反東林兩派鬥爭的副產品。東林之名起自顧憲成等人在江蘇的東林書院講學，他們講學的目的有二：一是為矯正王學末流的任心廢學之弊，一是藉清議來批評時政。他們認為王學弊病產生的根本原因是「無善無惡」，所以他們主張性善，反對當下本體，強調工夫修養和學問。在議政方面，他們認為學術是人心和政治的根本，所以他們強調是非和心術，也使他們特重鄉愿之辨，此處也顯示東林雖以朱學來救王學，但終是受王學極大的影響，因為是非本就是王守仁「致良知」中所強調的，而「正念頭」更是守仁「格物」的內容之一，且在鄉愿的分辨上東林與王守仁和王畿也差距不大，只是東林以之作為他們的政治綱領，此也代表書院講學由學術而政治的轉型。在守仁學說納入朝廷正統之後，東林兼具朱、王特色的學說，就不再是敵黨攻擊的藉口，以講學的組織來樹黨干政，才是最主要的理由。

　　黃宗羲曾說明代講學的風氣超越前代，其中的因素當然很多，如陽明學突破了程朱學的困局，以及它的「簡易直截」，就算未具學養的一般民眾也能體會。但是學者所懷抱的深刻理想，也是促使他們汲汲講學的關鍵因素，基本上學者們的理想是源於先秦儒家的道德理想主義，從思想史的角度來說，宋代的學者重新把道德提高到政治之上，希望能以道德來作為政治的根本，但是明代學者面對的是益趨專制的政治體制，他們要以「德」取「位」的可能性是相當低的，我們看從吳與弼到顧憲成，他們不是拒絕出仕，就是仕途多舛，因此，他們的「外王」事業就只能在社會的講學上，期使師道立然後善人多，以建立儒家心目中的理想世界，所以明儒的講學除了學術討論之外，

最重要的就是他們的社會教育講學，他們透過書院和鄉約的定期聚會，進行道德說教和團體約束，希望喚醒民眾的道德自覺，以達到「人人君子，比屋可封」的境界。

　　然而，由於他們的成聖理論被政府判為「異端」，所以書院講學，無論在形式上，或是實質上都是違反現存體制的，換言之，書院不屬於政府規定的教育體制，其「教化」內容也不符合政府的標準。另一方面，同樣也是基於儒家的道德理想和經世性格，使得學者們不可能不理世事，而講學也就不止是切磋心性之學，還包含了研商「政事之學」，此時講會的親密聚會方式，使他們很容易結合為政治上志同道合的「同志」，書院講學於是由學術團體轉成政治結盟。這一點不僅是明代書院講學特別的地方，似乎也是明儒在學術和政治上的突破，也就是知識分子的「道」的力量已不再是傳統的獨立行使方式，而逐漸有以組織的力量來對抗「勢」的趨勢，黃宗羲對學校的規畫正是繼承了明代書院講的特殊性格。

附　錄

附錄一 《明史》中的書院資料

名　稱	地　點	創建者	性　質	創修時間	特　點	資　料
洙泗書院	山　東	太祖令	官	洪武1年		C.284 P.7296
尼山書院	山　東	太祖令	官	洪武1年		C.284 P.7296
石鼓書院	湖　南	知府史中	官	永樂時重建	元末毀。嘉靖時蔡汝楠聚諸生說經。	C.287 P.7369
百泉書院	河　南	提學副使吳伯通	官	成化年間	宋人邵雍隱居於此崇禎時賊曾屯兵於此。	C.292 P.7499
養中書院	江　蘇	知縣劉成	官	成化時	劉觀閉門讀書，來問道者眾，劉成爲建書院。	C.282 P.7248
岳嶽書院	湖　南	通判陳鋼	官	成化時陳鋼重修		C.281 P.7210
志學書院	河　南	知府段堅	官	成化初年	聚秀民講五經要義及濂谷諸儒遺書。	C.281 P.7209
紫雲書院	湖　北	李　敏	官	成化13年以後	李敏築室聚書與學者講習，後疏籍之於官，詔賜名紫雲書院。	C.185 P.4895
西湖書院	浙　江	布政使張瓚	私	成化時	夏時正致仕歸，張瓚築以居之。	C.157 P.4307
宣城書院	廣　西	提學僉事姚鏌	官	弘治6年以後	延五經歸以教士子	C.200 P.5277
金川書院	江　西	提學副使李夢陽	官	弘治中	祀練子寧	明史 C.141 P.4023
正學書院	陝　西	御史張士隆	官	正德6年以後	建書院興起文教	C.188 P.4992
陽春書院	江　西	寧王朱宸濠	官	正德時	李夢陽撰陽春書院記。	C.286 P.7346
西樵書院	廣　東	湛若水	私	正德末年	集士子講學	C.283 P.7266
龍津書院	安　徽	知州歐陽德	官	嘉靖2年以後	歐陽德聚生徒講學	C.283 P.7277
解梁書院	山　西		官	嘉靖3年以前	御史爲呂柟講學建	C.282 P.7243
復初書院	安　徽	州判鄒守益	官	嘉靖3年以後	鄒守益謫廣德建院講學。	C.283 P.7269
五經書院	廣　西	提學副使李中	官	嘉靖初中	擇諸生高等聚於書院，五日一登堂講難。	C.203 P.5362

新泉書院	南　京	尚書 湛若水	官	嘉靖時	龐嵩集諸生講習。	C.281 P.7215
願學書院	山　東	提學副使 鄒善	官	嘉靖末年	以利六郡士師事張後覺。	C.283 P.7287
見泰書院	山　東	知府 羅汝芳	官	嘉靖末年	汝芳建以講學	C.283 P.7287
崇正書院	江　蘇	提學副使 耿定向	官	嘉靖末年	選十四郡名士讀書於此，以焦竑爲之長。	C.288 P.7392
滏陽書院	河　南	布政使 陳邦瞻	官	萬曆26年以後	集諸生講習。	C.242 P.6277
東林書院	江　蘇	顧憲成		萬曆年間	宋人楊時講道處。憲成修之與高攀龍等在此講學。	C.231 P.6032
關中書院	陝　西	布政使 汪可受	官	萬曆末年	曹欽誠請毀東林、關中、江右、徽州諸書院。	C.306 P.7856
首善書院	北　京	御史 鄒元標	官	天啓初年	鄒元標與馮從吾集同志講學。	C.243 P.6306
芝泉講會		呂維祺		天啓年間	祀伊洛七賢。	C.264 P.6820
定惠書院	湖　北	知府 祝萬齡	官	崇禎初年	祝萬齡集諸生迪以正學。	C.294 P.7550
中天書院	河　南	知州 魯世任	官	宗禎十年	魯世任集士子講肄，遠近從學者千人。	C.293 P.7518
證人書院	浙　江	劉宗周		崇禎時	聚同志講肄。	C.255 P.6592

附錄二 《明儒學案》中的書院資料

名　稱	地　點	創建者	性　質	創修時間	特　點	資　料
桐源書院	江　西			成化年間	諸生請胡周仁在此講學。	C.2 P.29
弘道書院	陝　西			弘治6年以前	王承裕在此講學，弟子至不能容。	C.9 P.164
嵯峨精舍	陝　西		官	正德末年	藩臬爲馬理建精舍以居生徒。	C.9 P.164
稽山書院	浙　江	知府南大吉	官	嘉靖4年	從守仁學者眾，建書院以居之。	C.29 P.653
蒼梧書院	廣　東			嘉靖8年以前	總督陶諧延程文德主書院。	C.14 P.302
天眞書院	浙　江	薛　侃	私	嘉靖9年	柴鳳曾主教於此，衢嚴之士多從之。	C.11 P.220
五峰書院	浙　江	程養之	私	嘉靖初年	養之弱冠爲諸生，受業陽明，歸即建之。	C.附案 P.1599 P.1601
懷玉書院	江　西	張元沖	官	嘉靖17年以後	元沖建院迎王畿，錢德洪主講席。	C.14 P.301
正學書院	江　西	張元沖	官	嘉靖17年以後	建書院與鄒守益、羅洪先等聯講會。	C.14 P.301
酒西書院	湖　北	南大吉	私	嘉靖20年以前	教四方來學之士。	C.29 P.653
商山書院	陝　西			嘉靖22年以前	馬理致仕後隱居於此。	C.9 P.164
養正書院	福　建	沈　寵		嘉靖25年	講　學	C.25 P.580
崇正書院	湖　北	沈　寵		嘉靖25年前後	講　學	C.25 P.580
正學書院	貴　州	提學副使蔣信	官	嘉靖中期	擇秀士養之，使不測有流俗。	C.28 P.627
文明書院	貴　州	使蔣信	官		沒有流俗。	
桃花崗書院	湖　北	蔣　信	私	嘉靖38年以前	蔣信講學，學者雲集，以精舍學田廩之。	C.28 P.627
文學書院	江　蘇	知縣耿橘	官	萬曆34年重建	值東林講學方盛，復書院，請顧憲成主教。	C.58 P.1736 C.60 P.1482
崇正精舍	浙　江	知縣張鳳梧	官	萬曆年間	聘徐用檢主教席。	C.附案 P.1601
仁文書院	江　西	鄒元標	私	天啓年間	元標罷官家居，建以聚徒講學。	C.23 P.533

附錄三　明代江西的書院

名　稱	地　點	創建者	性　質	創修時間	特　點	資料來源
濂溪書院	贛　州	知縣崔天錫	官	洪武4年重建 弘治中遷建 正德中遷建	初建不知何時，元末毀 祀周敦頤	《B》C.22 P.40
甘業書院	建　昌	趙宗信	私	洪武10年重建	元至正時初建	《G》C.869 P.56
石門書院	新　喻	梁寅	私	洪武初年	聚書以遺子孫	《H》C.21 P.22
廬陽書院	南　康	邑人 黃仲美	私	洪武初年		《H》C.22 P.32
仁山書院	吉　水	劉惠庭	私	洪武初年	聚書以待來學者	《H》C.21 P.27
龍潭書院	星　子	邑人 查琛	私	洪武年間	教鄉里子弟	《H》C.22 P.32
安湖書院	興　國	知縣 唐子儀	官	洪武年間重建 正德14年遷建 萬曆31年改爲名 賢祠	宋咸淳時建 祀周、程、陽明諸子	《E》C.6P.18 《G》C.922 P.501 《H》C.22 P.42 ～43
鳳岡精舍	廬　陵			元延祐中建 洪武中，正德中改建		《G》C.899 P.326
龍溪書院	萬　安			洪武年間重修	宋時初建 祀周敦頤二程	《H》C.21 P.33
長薌書院	浮　梁			宋慶元3年建 洪武初朱伯高 爲山長，4年書 院廢		《H》C.22 P.21
白雲書院	鄱　陽	知府 陶安	官	洪武年間	陶安爲劉琼玉建	《G》C.857 P.1020
環谷書院	安　仁	學士 鄭倫	官	洪武年間		《H》C.22 P.26
湖頭書院	永　豐	金從緘		永樂5年重修	宋人金汝礪講學處	《H》C.21 P.29
匡山書院	泰　和	羅汝止	私	永樂中重修	南唐人羅韜建以講學	《H》C.21 P.24 《I》C.15 P.9
南薰書院	泰　和	蕭氏	私	永樂中	劉子彥教授其中	《H》C.21 P.26
石岡書院	安　福	宋三溪	私	永樂中	初建於宋，元末毀	《H》C.21 P.31
竹園書院	安　福	孫大淵	私	永樂年間	宋人劉弘仲建	《H》C.21 P.31

塢溪書院	萬 載	易 節		永樂年間		《H》C.21 P.18
竹庄書院	安 仁	李復觀	私	永樂年間重建	元人吳存與等人講學之所	《H》C.22 P.25
書岡書院	永 豐	張 衡	私	洪熙年間		《H》C.21 P.32
桐原書院	貴 溪	高吉昌	私	宣德年間重建 萬曆年間重修	宋高仰可建院，以教其鄉之子弟，元末毀	《H》C.22 P.10 ～11
九川書院	弋 陽	李文儀	私	宣德年間 正統年間重修		《H》C.22 P.9
白鹿洞書院	南 康	知府翟溥福等	官	元末毀，正統3年翟溥福重建，景泰中、成化、弘治、正德、嘉靖年間屢有修建。萬曆7年禁書院，洞田售出，11年修復，此後屢有增修。	唐人李渤在此讀書，南唐建國學，北宋初建書院，後壞，南宋朱子重建並講學其中。	《F》C.4 P.7 《G》C.869 P.55 《H》C.22 P.27 ～30
義泉書院	贛 州	通判鄭暹	官	正統4年鄭暹重建 正德13年重建	原為宋楊澹軒故居，淳熙時為書院，元設山長，久傾廢。	《E》C.6 P.15 《H》C.22 P.40～41
濂溪書院	德 化	御史徐傑	官	正統初年徐傑建 弘治年間重修 萬曆41年重修	周敦頤築濂溪書堂於此 有生徒肄業	《C》C.10 P.17～18 《G》C.875 P.109～110
清溪書院	廣 昌	賴 異		正統年間		《H》C.22 P.4
養中書院	吉 水	知縣劉成	官	正統年間	居學者	《H》C.21 P.28
小陂書院	崇 仁			正統年間	吳與弼在此講學	《H》C.21 P.36
潭石書院	弋 陽	御史黃溥	官	正統年間		《H》C.22 P.9
東岡書院	鉛 山	費 瑄		正統年間		《H》C.22 P.17
道源書院	大 庾	知府金潤	官	景泰4年重建，弘治正德嘉靖屢有修建，萬曆7年廢書院，尋復。	周敦頤授二程處，淳祐時江萬里創建書院，元設山長，明初廢。	《G》C.927 P.541 《H》C.22 P.37 ～38 《L》C.10 P.30
巴山書院	崇 仁	知府吳宣	官	景泰年間		《H》C.21 P.36
疊山書院	上 饒	知府姚堂	官	景泰年間遷建 正德年間重修 嘉靖年間重修	宋人謝枋得講學處，元末毀	《H》C.22 P.5 ～6

端明書院	玉　山	知府姚堂	官	景泰年間重建 正德 16 年重修 萬曆 8 年遷建	宋人汪應辰講學處	《H》C.22 P.8
象山書院	貴　溪	巡撫韓雍	官	景泰年間重建，正德，嘉靖年間屢有增修，萬曆 8 年奉例廢書院，後復。	宋陸九淵講學之所，紹定四年建院，祀陸九淵，元末毀。	《H》C.22 P.10
鵝湖書院	鉛　山	巡撫韓雍	官	景泰年間重建 正德 6 年重修 萬曆 18 年重修	宋朱陸二子及呂祖謙講學之所，元末毀。	《H》C.22 P.12
東園書院	〃			何卒於天順元年	吏部尙書何文淵讀書之所	《H》C.22 P.4
濂溪書院	寧　州	羅姓知縣	官	天順 3 年重建 成化 14 年重修，弘治 16 年及萬曆年間增修。	周敦頤創，以延四方游學之士。元末毀。	《H》C.21 P.11
龍岡書院	樂　安	謝　輔	私	天順年間重修	元人謝均福建	《H》C.21 P.38～39
草堂書院	玉　山	知府姚堂	官	天順成化年間重修 正德 6 年重建	朱子在此講學	《H》C.22 P.8～9
靖忠書院	九　江	知府蘇致中	官	成化 5 年蘇致中建，弘治、嘉靖年間均重修	祀陶淵明狄仁傑有生徒肄業	《C》C.10 P.19～20 《G》C.875 P.110 《H》C.22P.34～35
金牛書院	永　豐		私	羅倫卒於成化 14 年	羅倫講學之所	《G》C.899 P.327 《H》C.21 P.30
惜陰書院	〃	僉事陳奇		成化年間 崇禎年間重修	原爲陶侃讀書處	《B》C.4 P.11 《H》C.21 P.20
龍溪書院	雩　都	袁慶祥	私	成化年間	邑人袁慶祥讀書之所	《E》C.6 P.16 《H》C.22 P.42
桂巖書院	高　安	幸順迪	私	成化年間	唐人幸南容初創	《H》C.21 P.12
南谷書院	餘　干			胡居仁卒於成化 20 年	胡居仁講學之所	《H》C.22 P.21
柳山書院	武　寧	知縣馮琦	官	成化年間 萬曆 16 年前廢		《H》C.21 P.11 《K》C.10 P.13

懷玉書院	上　饒		官	成化年間重建正德年間重修，既而宸濠叛，爲僧據，嘉靖間改復書院，萬曆9年詔廢。	朱陸二子在此講學，有司建院以居學者，此院因與四大書院齊名，元時成爲僧寺。嘉靖改復悉遵白鹿洞制。	《H》C.22 P.7～8
經歸書院	都　昌	知縣王珀	官	弘治年間正德6年重修萬曆7年禁書院改名雲住祠	祀陳灝元時爲雲住書院	《F》C.4 P.7《G》C.869 P.55《H》C.22 P.32
一峰書院	永　豐	知府張本	官	弘治年間萬曆23年知縣瞿式耜改建	祀羅倫	《G》C.899 P.327《H》C.21 P.31
龍洲書院	吉　安	知縣楊南金	官	弘治中改建	宋嘉泰時建，後圮	《H》C.22 P.25
文溪書院	泰　和	知縣楊南金	官	弘治年間改建	宋人曾季永藏修之所	《H》C.21 P.25
龍雲書院	永　豐	劉　忠	私	劉忠弘治7年致仕	劉忠講學處，閩楚浙蜀來學者甚眾，建書院以居之。	《H》C.21 P.30～31
前溪書院	永　豐	劉　教	私	弘治年間		《H》C.21 P.32
清風書院	泰　和	知縣楊南金	官	弘治年間	毀淫祠改建	《H》C.21 P.26
宗濂書院	萍　鄉	知府朱華	官	弘治年間	周敦頤初立，元末毀	《H》C.21 P.17
玉溪書院	貴　溪	提學黃仲昭	官	弘治年間重建，後圮，嘉靖5年重建，萬曆8年奉例廢，後復。	宋人盧孝孫講學之所，元末毀。	《H》C.22 P.11
陽剛書院	安　仁			桂蕚正德六年進士。	桂華桂蕚讀書之所	《H》C.22 P.26
盱江書院	建　昌	提學副使李夢陽	官	正德7年正德10年知府韓轍增建	宋李覯教授之所，元末毀。李夢陽毀東嶽廟而設，以養士之優等者。	《A》C.7 P.16～17

鍾陵書院	進　賢		官	正德 7 年建。萬曆 16 年前廢〔註 1〕	祀周敦頤	《H》C.21 P.9《K》C.10 P.11
徵士書院	進　賢		官	正德 7 年。嘉靖年間重修。萬曆 16 年前廢。天啓 5 年毀。		《H》C.21 P.9《K》C.10 P.11
筠陽書院	瑞　州	知府鄺璠	官	正德 8 年建嘉靖間重修，萬曆 7 年毀，12 年重建，天啓毀	宋時州學基地，後廢爲寺	《H》C.21 P.12
瀧岡書院	永　豐	提學田汝耘	官	正德 11 年	祀鄒瑾、魏冕二先生	《G》C.899 P.327《I》C.15 P.10
金川書院	〃	提學副使李夢陽	官	正德年間隆慶四年知縣李樂重建	祀練子寧	《B》C.4 P.11
靜齋書院	泰　和	御史陳文明	官	正德年間	居游學者	《H》C.21 P.26～27
槐東書院	瑞　州	謝　廷	私	正德年間		《H》C.21 P.13
忠宣書院	鄱　陽	洪　春	私	正德年間	祀洪忠宣	《G》C.857 P.1020《H》C.22 P.18
東山書院	餘　干	知縣沈時	官	初建不知何時正德間重建，萬曆 7 年廢，後復建	趙汝愚師朱熹於此	《G》C.857 P.1020《H》C.22 P.20
石洞書院	萬　年	參政吳廷舉	官	正德年間	宋人饒雙峰初建以居學者	《G》C.858 P.1822《H》C.22 P.26
丹陵書院	新　建	魏良弼	私	正德年間	魏良弼講學處。	《H》C.21 P.5
石林書院	金　谿			周瑛卒於正德 13 年	宋人葉夢得建，明知府周瑛題額	《H》C.21 P.37
高峰書院	新　淦	知縣田邦傑	官	嘉靖 1 年隆慶 3 年知府李樂重建	宋黃勉齋建，嘉靖一年田邦傑重建，祀黃勉齋。	《B》C.4 P.11《H》C.21 P.21
李弘齋書　院	建　昌	知縣顧陽和	官	嘉靖 2 年建，43 年重修	宋人李文定讀書處有生徒肄業	《G》C.869 P.56《H》C.22 P.33

〔註 1〕 因南昌府志修於萬曆 16 年，故只要志上記載該書院「今廢」或「廢」，皆把時間定爲「萬曆 16 年前」。

旭嶺書院	南 康	通判 黃廷宣	官	嘉靖 2 年建，13 年重修，隆慶間重修	聚邑士講學其中	《H》C.21 P.38
御書院	上 饒	知縣 陳添祥	官	嘉靖 3 年重修	宋人徐直方建祀其父徐元杰	《H》C.22 P.6
湘江書院	會 昌	監生賴貞	私	嘉靖 4 年		《E》C.6P.18
求仁書院	峽 江	知府錢崎	官	嘉靖 5 年 嘉靖 26 年通判何堅重建	祀練子寧	《B》C.4 P.11
肄武書院	九 江	兵備何棐	官	嘉靖 6 年	教武弁子弟	《H》C.22 P.35
陽明書院	信 豐		官	嘉靖 7 年以前 萬曆 48 年縣令修復	有司爲王守仁講學而建	《E》C.6 P.17 《G》C.922 P.501 《H》C.22P.41 《M》C.5P.5
龍光書院	豐 城	沈姓知縣	官	嘉靖 10 年 萬曆 16 年前廢	南宋初建朱子曾在此講學	《H》C.21 P.7 《K》C.10 P.10
梅國書院	南 安	兵備陶諧	官	嘉靖 12 年	陶諧爲劉節致仕家居講學建	《H》C.22 P.38 《L》C.10 P.33
復古書院	安 福	知縣 程文德	官	嘉靖 15 年建隆慶年間重修萬曆 9 年奉文變賣，後修復		《H》C.21 P.32 《I》C.15 P.11
白鷺書院	吉 安	知府 何其高	官	嘉靖 21 年移建	宋淳祐時建，元時毀。隆慶 5 年改爲儒學，以舊學文廟爲書院，尋廢。	《G》C.899 P.325 《I》C.15 P.7
河東書院	德 安	知縣 蔡元偉	官	嘉靖 26 年	諸生肄業其中	《H》C.22 P.35
尊道書院	瑞 州	知縣 潘仲儒	官	嘉靖 26 年	邑人謝與棟講學	《H》C.21 P.13
仰高書院	臨 江	知府李檠	官	嘉靖 28 年		《B》c.4 P.10 《G》C.895 P.281
六一書院	永 豐	知縣張言	官	嘉靖 29 年	祀歐陽文忠公	《G》C.899 P.327 《H》C.21 P.31
正學書院	南 昌	提學副使 王宗沐	官	嘉靖 35 年 萬曆中重修	即朱宸濠陽春書院祀周程諸子，可容生徒數百人，萬曆初奉文毀，15 年重修。	《H》C.21 P.3 《K》C.10 P.5

射國書院	湖　口	知縣沈詔	官	嘉靖 37 年 崇禎 10 年重建	庠生肄業之所	《H》C.22 P.37
復眞書院	安　福	邑人公建	私	嘉靖 37 年	祀劉文敏劉邦 采鄒守益等人	《H》C.21 P.32 《I》C.15 P.11
緒山書院	德　興	庠生 王守勝	私	嘉靖 37 年 萬曆 23 年改建	王守勝聘鄒緒 山主教	《G》C.857 P.1081 《H》C.22 P.24
萃和書院	泰　和	郭應奎		嘉靖 39 年		《I》C.15 P.9
蓉林書院	臨　江	知府李榮	官	嘉靖年間。	原爲宋侍郎向 子諲別墅	《H》C.21 P.19
石龍書院	〃	知府錢琦	官	嘉靖年間。		《H》C.21 P.20
明德書院	建　昌			嘉靖萬曆年間	羅汝芳講學之 所	《G》C.881 P.170
紫陽書院	南　豐	知縣向縞	官	嘉靖年間 隆慶 2 年重修 萬曆年間增修		《H》C.22 P.1
正宗書院	新　城			嘉靖年間	王材講學之所	《H》C.22 P.3
東園書院	〃	司空張檟	官	嘉靖年間	張檟講學之所	《H》C.22 P.3
石岡書院	廣　昌	吏部郎李 喬	官	嘉靖年間		《H》C.22 P.5 《J》C.5 P.29
濂溪書院	雩　都			羅洪先卒於嘉 靖 43 年。	何廷仁，黃弘 綱，羅洪先講學 之所	《H》C.22 P.40
成德書院	湖　口	同知吳淞	官	嘉靖末年 崇禎 10 年重建		《G》C.87 P.111 《H》C.22 P.36
濂溪書院	九　江	兵備 陳洪濛	官	嘉靖年間	祀濂溪先生 諸生肄業之所	《H》C.22 P.34
崇正書院	永　新	尙書尹臺	官	嘉靖年間		《H》C.21 P.34
龍溪書院	安　福	劉繼文		劉繼文嘉靖 41 年進士。	周敦頤與二程 曾來遊，元時建 書院，元末毀。	《I》C.15 P.13
武城書院	永　豐			嘉靖年間修復	元人曾德裕創 ，祀曾子，元末 毀。	《I》C.15 P.10
金石書院	上　高	御史 尹敏生	官	嘉靖年間		《H》C.21 P.14
秀江書院	宜　春			嘉靖年間	籍嚴氏產入官 ，改爲書院課士	《G》C.913 P.435 《H》C.21 P.16

昌黎書院	袁 州	徐姓知縣	官	嘉靖年間		《H》C.21 P.16
昌文書院	萍 鄉	知縣蔣時謨	官	嘉靖年間萬曆6年重修		《H》C.21 P.17
二賢書院	德 興	程德美	私	嘉靖年間合建	元儒程端蒙程珙原各有書院	《G》C.857 P.1081 《H》C.22 P.24
柳湖書院	德 興	俞姓知縣	官	嘉靖年間	宋儒程珙講學之所	《G》C.857 P.1081
見山書院	安 仁	桂 萼	官	嘉靖年間		《G》C.858 P.1822 《H》C.22 P.26
浮洲書院	鄱 陽	知府應鳴鳳	官	嘉靖年間		《H》C.22 P.18
蒙齋書院	德 興	程德美	私	嘉靖年間重建	元人程端蒙講學之所	《H》C.22 P.22
歸軒書院	德 興	鄒 侃	私	嘉靖年間重修	宋人鄒近仁講學之所	《H》C.22 P.23 ～24
羅原書院	南 昌	萬廷言	私	嘉靖年間	萬廷言李材等在此講學	《H》C.21 P.3
羅山書院	豐 城	李 遂		嘉靖年間		《H》C.21 P.8
山泉書院	寧 州	知縣蔣芝	官	嘉靖年間隆慶1年增建萬曆年間廢		《H》C.21 P.12
崇正書院	金 谿	知縣馮元鼎	官	嘉靖年間崇禎年間重修	祀朱陸二子	《H》C.21 P.37
象山書院	金 谿	知縣程秀民	官	嘉靖年間	祀陸象山	《D》C.21 P.37
慈竹書院	樂 安	樂 翰	私	嘉靖年間重修	宋人樂史建	《H》C.21 P.38
聞講書院	廣 信	大學士夏言	官	嘉靖年間	夏言致仕歸建，祀朱子，集諸生講學	《H》C.22 P.6
嚴家書院	貴 溪	徐樾	私	嘉靖年間	明邑人徐樾講學之所	《H》C.22 P.12
道一書院	南 城				嘉靖37年鄉官王材佃居	《J》C.5 P.9
南臺書院	南 豐	知縣金文葉	官	隆慶2年萬曆年間重修		《H》C.22 P.4
綿江書院	瑞 金	知縣呂若愚	官	原為鄉校，嘉靖40年改為行臺，隆慶3年為書院	祀王守仁諸生肄業之所	《H》C.22 P.43 《M》C.5 P.9

明經書院	清　江	知府 管大勳	官	隆慶 4 年		《B》C.4 P.10 ～11 《G》C.895 P.282
太平書院	安　遠	知縣 周昶	官	隆慶 5 年		《H》C.22 P.44
復禮書院	安　福	劉元卿	私	隆慶 6 年	每歲於書院講 鄉約舉文會	《H》C.21 P.32 ～33 《I》C.15 P.12
忠禮書院	上　饒	道台尙德 恆	官	隆慶年間		《H》C.22 P.7
濂溪書院	安　遠	知縣周昶	官	隆慶年間		《H》C.22 P.40
聯雲書院	湖　口	知縣 陳啓明	官	萬曆 5 年 崇禎 10 年重建		《G》C.87 P.111 《H》C.22 P.36 ～37
雙溪書院	浮　梁	知縣 周起元	官	萬曆 12 年重建 天啓 5 年毀書 院	元代初建，元末 毀祀朱子	《G》C.857 P.1021 《H》C.22 P.21 ～22
紫陽書院	南　平			萬曆 14 年建		《J》C.5 P.19
高士書院	袁　州	提學錢櫃	官	萬曆 21 年	祀鄉賢	《H》C.21 P.17
泊陽書院	樂　平	義民 王邦本	私	萬曆 23 年 天啓 5 年毀書 院		《G》C.857 P.1020 《H》C.22 P.25
留餘書院	上　高	僉事李偕		萬曆中		《G》C.909 P.394 《H》C.21 P.14
觀瀾書院	峽　江	知縣鄭燿	官	萬曆中	鄭與諸生會講 其中。	《H》C.21 P.21
攘溪書院	瑞　昌	訓導 葉濟英	私	萬曆 30 年		《G》C.875 P.110
龍門書院	石　城	知縣 黃廷鳳	官	萬曆 35 年		《H》C.22 P.44
旴江書院	南　城	郡理陸鍵	官	萬曆 37 年建	祀許敬菴。課諸 生於此。今（萬 曆 41 年）入益 藩，爲群牧所。	《J》C.5 P.9
芝山書院	鄱　陽	參政 舒其志	官	萬曆 43 年		《H》C.22 P.18
兩河書院	浮　梁	陳大授	私	萬曆 45 年		《G》C.857 P.1021

思皇書院	雩 都	知縣 賽啓皋	官	萬曆年間		《H》C.22 P.42
鴻飛書院	興 國	知縣 何應彪	官	萬曆年間		《H》C.22 P.43
長春書院	興 國	知縣 吳宗周	官	萬曆年間		《H》C.22 P.43
匡廬陽明書院	九 江	兵備 葛寅亮	官	萬曆年間	有生徒肄業	《G》C.875 P.110 《H》C.22 P.35
懷溪書院	瑞 昌	知縣 陳鼎	官	萬曆年間		《H》C.22 P.36
匯東書院	都 昌	邵 氏	私	萬曆年間 崇禎 13 年遷建		《G》C.869 P.56 《H》C.22 P.32
崇桂書院	吉 水	鄒元標		萬曆年間	鄒元標講學之所	《G》C.899 P.326 《H》C.21 P.29
識仁書院	安 福	王師仁	私	萬曆年間	祀瀘瀟先生	《H》C.21 P.33
勿齋書院	德 興	知縣 吳維魁	官	萬曆年間改建	宋人王億講學之所	《G》C.858 P.1022 《H》C.22 P.23
興賢書院	德 興	何姓知縣	官	萬曆年間	知縣課士之所	《G》C.858 P.1822 《H》C.22 P.24
拙齋書院	德 興			萬曆年間改建	宋人王過講學之所	《G》C.858 P.1822 《H》C.22 P.23
慈湖書院	樂 平	知縣 鍾化民	官	萬曆年間重建	宋人楊簡沒之書院祀之，元至正年間設山長，歲久廢。	《H》C.22 P.24 ～25
豫章書院	南 昌		官	南宋初建 萬曆年間重修 *萬曆 16 年前廢	祀宋元明儒 24 位。	《H》C.21 P.1 《K》C.10 P.7
棲賢書院	進 賢	知縣 黃汝亨	官	萬曆年間	唐人戴叔倫故居	《H》C.21 P.9
四賢書院	奉 新	知縣馮烶	官	萬曆年間	祀周敦頤蘇軾	《H》C.21 P.10
雲龍書院	武 寧	知縣 陳子侃	官	萬曆年間 萬曆 16 年前廢		《H》C.21 P.11 《K》C.10 P.7
寶唐書院	撫 州	知縣 李紹春	官	萬曆年間		《H》C.21 P.36

岑山書院	興　安	知縣 謝光陽	官	萬曆年間		《H》C.22 P.17
仁文書院	吉　水	知縣 徐學聚	官	萬曆中毀尋復 天啓間毀崇禎 中修復	鄒元標講學之 所	《G》C.899 P.327 《H》C.21 P.29
依仁書院	吉　安	李邦華		李邦華萬曆32 年進士	講　學	《H》C.21 P.24
求仁書院	吉　水	邑　人	私	胡直卒於萬曆 13年	邑人爲胡直建	《H》C.21 P.29
同江書院	吉　水	尚書 曾同亨	官	曾同亨卒於萬 曆35年	講致良知之學	《H》C.21 P.28
瀧江書院	吉　水	知縣 沈裕	官	沈裕萬曆20年 進士		《H》C.21 P.28
廩山精舍	新　城			鄧元錫卒於萬 曆23年	鄧元錫江如僧 張之奇涂景祚 在此讀書	《H》C.22 P.3
泮東書院	吉　水	邑　人	私	鄒元標卒於天 啓4年	鄒元標會講地	《H》C.21 P.29
道鄉書院	樂　安	知縣 莊學曾	官	天啓年間	祀李材	《H》C.21 P.39
蕭曲書院	新　城		私	黃崇禎元年進 士	黃端伯聚徒講 學之處	《G》C.881 P.170
龍門書院	豐　城	知縣 謝龍文	官	崇禎年間		《H》C.21 P.9
銀峰書院	德　興	余應馨	私	崇禎年間改建	宋淳熙時余瀚 延朱子講學之 所	《H》C.22 P.22
明宗書院	臨　江	知縣 王心純	官	崇禎年間		《H》C.21 P.20
道東書院	安　福			李時勉卒於景 泰元年	祀李時勉	《H》C.21 P.33
復初書院	吉　水	知縣 陳王輝	官	毛伯溫卒於嘉 靖24年。	祀毛伯溫及俾 諸生講業	《H》C.21 P.28
崇正書院	信　豐	知縣洗充	官		祀王守仁	《H》C.22 P.42
鳳崗書院	南　城			夏卒於嘉靖17 年	祀李覯曾鞏何 喬新夏良勝	《H》C.22 P.2
江陽書院	吉　水	邑　人	私	羅洪先卒於嘉 靖43年	祀羅洪先	《H》C.21 P.28
正學書院	建　昌			羅汝芳卒於萬 曆16年	祀羅汝芳	《G》C.881 P.170

三谷書院	建　昌					《A》C.7 P.17
圭峰書院	建　昌					《A》C.7 P.17
斗湖書院	建　昌					《A》C.7 P.17
武彝書院	新　城				朱子與門人講學處，後人立祠祀之	《H》C.22 P.3
正蒙書院	贛　州					《E》C.6 P.16
鎮寧書院	贛　州					《E》C.6 P.16
富安書院	贛　州					《E》C.6 P.16
澄清書院	贛　州					《E》C.6 P.16
靖忠書院	彭　澤	邑人 王演疇	私		元至正時建院後廢祀陶淵明狄仁傑	《H》C.22 P.35
石潭書院	建　昌	熊德明	私			《H》C.22 P.33
文昌書院	吉　水	王　氏	私	元人王相所建明初王氏重修	教鄉人子弟	《G》C.899 P.327
白鷺洲書院	吉　安	知府 汪可受	官	明季重修	宋人江萬里建，祀周三程張朱六子	《H》C.21 P.22～23
明學書院	廬　陵	曾養全			祀文天祥等五君子	《H》C.21 P.24
朴山書院	泰　和	嚴從禮	私	明初重修	元人嚴周父建聚學徒於此	《H》C.21 P.26
曲江書院	吉　水	羅匡湖				《H》C.21 P.28
浮雲書院	永　豐	劉公鐸	私	明初重修	元人劉鶚建	《H》C.21 P.30
息園書院	高　安	徐瑨				《H》C.21 P.13
傍蓮書院	瑞　州	劉慟子	私		劉子講學處	《H》C.21 P.14
聯壁書院	上　高	王　徽		明末		《H》C.21 P.14
曲江書院	新　昌	毛懋諫			聚俊秀講學	《H》C.21 P.15
鈐岡書院	分　宜			崇禎16年毀於賊	宋淳祐時初建，祀濂溪、二程、朱子等人	《G》C.913 P.435 / 《H》C.21 P.17
六柳書院	宜　春				袁魯訓讀書處	《H》C.21 P.16
王公書院	袁　州	侍御 王相說				《H》C.21 P.17
三峰書院	萍　鄉	龍國臣				《H》C.21 P.19
興文書院	上　猶	知縣 章爵	官	初建不知何時萬曆初重修		《G》C.927 P.541 / 《H》C.22 P.39

里仁書院	鄱　陽	長史 潘一諤	私		潘一諤捨宅爲之	《H》C.22 P.18
銀麓書院	樂　平	徐　珊	私		明貢士徐珊講學課士之所	《H》C.22 P.24
洪厓書院	新　建	李　遷	私			《H》C.21 P.5
樞山書院	新　建					《H》C.21 P.5
浯溪書院	新　建	譚　煥				《H》C.21 P.5
雲中書院	新　建	李　耿				《H》C.21 P.5
羅溪書院	新　建	鄧以讚				《H》C.21 P.5
香城書院	新　建	大理寺丞 謝廷傑	官		廷傑捐租百石以充會費	《H》C.21 P.6 《K》C.10 P.8
吟溪書院	奉　新	陰　鎧				《H》C.21 P.10
崇儒書院	南　昌			萬曆 4 年毀，15 年改爲先賢祠。		《K》C.10 P.5
正誼書院	南　昌			萬曆 16 年前廢	即舊鎮守府	《K》C.10 P.6
隆岡書院	南　昌			萬曆 16 年前廢	宋進士劉邦木建	《K》C.10 P.7
施肩吾書院	新　建			萬曆 16 年前廢		《K》C.10 P.8
秀溪書院	新　建			萬曆 16 年前廢		《K》C.10 P.8
五溪書院	新　建	丁　鋏				《K》C.10 P.8
虎溪書院	新　建			萬曆 16 年前廢		《K》C.10 P.8
東山書院	新　建			萬曆 16 年前廢		《K》C.10 P.8
層林書院	新　建			萬曆 16 年前廢		《K》C.10 P.8
香山書院	新　建			萬曆 16 年前廢		《K》C.10 P.8
香溪書院	新　建			萬曆 16 年前廢		《K》C.10 P.8
徐孺子書院	豐　城			萬曆 16 年前廢		《K》C.10 P.8
貞文書院	豐　城			萬曆 16 年前廢		《K》C.10 P.10
同文書院	豐　城			萬曆 16 年前廢		《K》C.10 P.10
石峰書院	豐　城			萬曆 16 年前廢		《K》C.10 P.10
敷山書院	豐　城			萬曆 16 年前廢		《K》C.10 P.10
蓮溪書院	豐　城			萬曆 16 年前廢		《K》C.10 P.10

三賢書院	進 賢			萬曆 16 年前廢待		《K》C.10 P.12
華林書院	進 賢			萬曆 16 年前廢待		《K》C.10 P.12
梧桐書院	進 賢			萬曆 16 年前廢		《K》C.10 P.12
龍洲書院	進 賢			萬曆 16 年前廢		《K》C.10 P.12
山谷書院	寧 州					《K》C.10 P.14
芝臺櫻桃書 院	寧 州			萬曆 16 年前廢		《K》C.10 P.14
崇儒書院	撫 州				祀宋人晏元獻元人吳澄明人吳與弼。薦紳每講會於此。	《H》C.21 P.35
文成書院	瑞 金				祀王守仁	《H》C.22 P.44
臥雲書院	樂 安	董時狆	私			《H》C.21 P.39
安定書院	樂 安	胡伯成	私		祀胡安定先生	《H》C.21 P.39
荷峰書院	興 安	張 深	私		張深教其族里子弟	《H》C.22 P.17

資料來源：見參考文獻

參考文獻

一、方志（英文字母為附錄江西書院的代碼）

A 《建昌府志》，正德十二年，夏良勝等纂。

B 《臨江府志》，隆慶六年，管大勳修。

C 《九江府志》，嘉靖六年，何棐等修。

D 《袁州府志》，正德九年，徐璉修。

以上諸書在《天一閣藏明代方志選刊》11冊，臺北，新文豐出版公司。

E 《贛州府志》，嘉靖十五年，黃天錫等纂。

F 《南康府志》，正德十五年，陳明纂。

以上二書在《天一閣藏明代方志選刊》12冊。

G 《古今圖書集成》職方典。

H 《江西通志》，文淵閣《四庫全書》513冊。

I 《吉安府志》，余之楨、王時槐等纂，中央圖書館漢學資料中心景照日本內閣文庫藏萬曆十三年刊本。

J 《建昌府志》，鄔鳴雷等纂，中央圖書館漢學資料中心景照日本國會圖書館藏萬曆41年刊本。

K 《南昌府志》，范淶、張位等纂，中央圖書館漢學資料中心景照日本內閣文庫藏萬曆16年刊本。

L 《南安府志》，中央圖書館漢學資料中心景照日本尊經閣文庫藏天啓元年刊本。

M 《贛州府志》，中央圖書館漢學資料中心景照日本尊經閣文庫藏天啓元年刊本。

《瑞金縣志》，嘉靖21年，《天一閣藏明代方志選刊》12冊。

《淳安縣志》，《天一閣藏明代方志選刊》6冊。

《太平志》，嘉靖九年，《天一閣藏明代方志選刊》6冊。

《兩淮鹽法志》，台灣，學生書局，中國史學叢書。

二、文　集

1. 王守仁，《王陽明全集》，臺北，宏業書局，民國 72 年。
2. 王艮，《王心齋全集》，臺北，廣文書局印行。
3. 王畿，《王龍溪全集》，臺北，華文書局，民國 59 年。
4. 尹臺，《洞麓堂集》，文淵閣《四庫全書》1277 冊。
5. 呂柟，《涇野先生文集》，中央圖書館藏明嘉靖 34 年刊本。
6. 沈鯉，《亦玉堂稿》，文淵閣《四庫全書》1288 冊。
7. 吳寬《家藏集》，文淵閣《四庫全書》1255 冊。
8. 林文俊，《方齋存稿》，文淵閣《四庫全書》1271 冊。
9. 邵寶，《容春堂前集》，文淵閣《四庫全書》1285 冊。
10. 胡居仁，《胡文敬集》，文淵閣《四庫全書》1260 冊。
11. 胡直，《衡廬精舍藏稿》，文淵閣《四庫全書》1287 冊。
12. 高攀龍，《高子遺書》，文淵閣《四庫全書》1292 冊。
13. 梁潛，《泊菴集》，文淵閣《四庫全書》1237 冊。
14. 張岳，《小山類稿》，文淵閣《四庫全書》1272 冊。
15. 張居正，《張文忠公全集》，臺北，商務印書館，民國 57 年。
16. 陳獻章，《陳白沙集》，文淵閣《四庫全書》1246 冊。
17. 陸深，《儼山集》，文淵閣《四庫全書》1268 冊。
18. 崔銑，《洹詞》，文淵閣《四庫全書》1267 冊。
19. 湛若水，《泉翁大全集》，中央圖書館藏嘉靖 19 年刊本。
20. 湛若水，《泉翁續編大全》，中央圖書館藏嘉靖 34 年刊本。
21. 馮從吾，《少墟集》，文淵閣《四庫全書》1293 冊。
22. 賀欽，《醫閭集》，文淵閣《四庫全書》1254 冊。
23. 楊士奇，《東里文集》，文淵閣《四庫全書》1239 冊。
24. 鄒元標，《願學集》，文淵閣《四庫全書》1294 冊。
25. 鄒守益，《東廓文集》，中央圖書館藏嘉靖未年刊本。
26. 鄭岳，《山齋文集》，文淵閣《四庫全書》1263 冊。
27. 韓邦奇，《苑洛集》，文淵閣《四庫全書》1269 冊。
28. 蔣信，《道林先生文粹》，中央圖書館藏萬曆 5 年刊本。
29. 歸有光，《震川先生集》，臺北，中華書局，四部備要本。
30. 魏校，《莊渠遺書》，文淵閣《四庫全書》1267 冊。
31. 羅汝芳，《羅近溪先生全集》，中央圖書館藏萬曆 46 年刊本。

32. 羅汝芳,《近溪子明道錄》,臺北,廣文書局印行。

33. 羅洪先,《石蓮洞集》,中央圖書館藏萬曆 44 年刊本。

34. 顧炎武,《顧亭林詩文集》,臺北,漢京文化公司,民國 73 年。

35. 顧憲成,《涇皋藏稿》,文淵閣《四庫全書》1292 冊。

三、重要史料

1. 王圻,《續文獻通考》,文淵閣《四庫全書》627 冊。

2. 司馬遷,《史記》,臺北,鼎文書局,新校本。

3. 朱國楨,《湧幢小品》,臺北,新興書局,民國 49 年。

4. 沈朝陽,《皇明嘉隆兩朝聞見記》,臺北,學生書局,民國 58 年。

5. 沈德符,《萬曆野獲編》,臺北,新興書局,民國 65 年。

6. 朱熹,《四書集注》,臺北,中華書局,四部備要本。

7. 何良俊,《四友齋叢說》,臺北,新興書局,筆記小說大觀。

8. 紀昀,《四庫全書總目提要》,臺北,商務印書館。

9. 高廷珍,《東林書院志》,臺北,廣文書局,民國 57 年。

10. 班固,《漢書》,臺北,鼎文書局,新校本。

11. 黃宗羲,《明儒學案》,臺北,華世書局,民國 76 年。

12. 黃宗羲,《明夷待訪錄》,臺北,新興書局,國學基本叢書。

13. 張廷玉,《明史》,臺北,鼎文書局,新校本。

14. 張萱,《西園聞見錄》,臺北,明文書局,明人傳記叢刊。

15. 陳夢雷,《古今圖書集成》。

16. 趙翼,《甘二史箚記》,臺北,華世出版社,民國 66 年。

17. 謝肇淛,《五雜俎》,臺北,偉文出版公司,民國 65 年。

18. 顧炎武,《日知錄》,臺北,文史哲出版社,民國 68 年。

19. 龍文彬,《明會要》,臺北,世界書局,民國 61 年。

20. 《明實錄》,臺北,中央研究院歷史語言研究所,民國 51 年。

21. 《天下書院總志》(撰人不詳),臺北,廣文書局。

四、中文論著

(一)專 書

1. 毛禮銳等,《中國古代教育史》,人民教育出版社,1983 年。

2. 皮錫瑞,《經學歷史》,臺北,藝文印書館,民國 76 年。

3. 牟宗三,《從陸象山到劉蕺山》,臺北,學生書局,民國 79 年。

4. 朱鴻，《「大禮」議與明嘉靖初期的政治》，台灣師範大學歷史研究所碩士論文，民國 71 年。

5. 吳晗，《吳晗史學論著選集》，北京，人民出版社，1988 年。

6. 吳晗，《讀史箚記》，臺北翻印本。

7. 吳萬居，《宋代書院與宋代學術之關係》，臺北，文史哲出版社，民國 80 年。

8. 李焯然，《明史散論》，臺北，允晨文化公司，民國 80 年。

9. 吳智和，《明代的儒學教官》，臺北，學生書局，民國 80 年。

10. 余英時，《歷史與思想》，臺北，聯經出版公司，民國 70 年。

11. 余英時，《中國知識階層史論》，臺北，聯經出版公司，民國 73 年。

12. 余英時，《史學與傳統》，臺北，時報文化公司，民國 75 年。

13. 余英時，《中國思想傳統的現代詮釋》，臺北，聯經出版公司，民國 76 年。

14. 余英時等，《中國歷史轉型時期的知識分子》，臺北，聯經出版公司，民國 81 年。

15. 狄百瑞（de Bary），《中國的自由傳統》，臺北，聯經出版公司，民國 72 年。

16. 林毓生，《思想與人物》，臺北，聯經出版公司，民國 72 年。

17. 林毓生，《政治秩序與多元社會》，臺北，聯經出版公司，民國 78 年。

18. 林麗月，《明代的國子監生》，中國學術著作獎助委員會，民國 67 年。

19. 林麗月，《明末的東林運動》，台灣師範大學歷史研究所博士論文，民國 71 年。

20. 孟森，《明代史》，臺北，中華叢書委員會，民國 46 年。

21. 胡美琦，《中國教育史》，臺北，三民書局，民國 67 年。

22. 韋伯（Max Weber）著康樂等譯，《支配的類型》，臺北，遠流出版公司，民 78 年。

23. 韋政通編，《中國哲學辭典大全》，臺北，水牛出版社，民國 72 年。

24. 侯外廬編，《中國思想通史》，北京，人民出版社，1960 年。

25. 容肇祖，《明代思想史》，臺北，台灣開明書店，民國 71 年。

26. 秦家懿，《王陽明》，臺北，三民書局，民國 76 年。

27. 徐復觀，《學術與政治之間》，臺北，學生書局，民國 69 年。

28. 徐復觀，《儒家政治思想和民主自由人權》，臺北，學生書局，民國 68 年。

29. 章柳泉，《中國書院史話》，教育科學出版社，1981 年。

30. 淡江大學中文系，《晚明思潮與社會變動》，臺北，弘化文公司，民國 76 年。

31. 張治安，《明代政治制度研究》，臺北，聯經出版公司，民國 81 年。

32. 張其昀等，《陽明學論文集》，臺北，華岡出版公司，民國 66 年。

33. 陳元暉，《中國古代的書院制度》，上海，教育出版社，1981 年。

34. 陳東原，《中國教育史》，臺北，商務印書館，民國 25 年。

35. 陳榮捷，《朱熹》，臺北，三民書局，民國 79 年。

36. 陳榮捷，《王陽明傳習錄詳註集評》，臺北，學生書局，民國 72 年。

37. 陳榮捷，《王陽明與禪》，臺北，學生書局，民國 73 年。

38. 陳郁兼，《江門學記》，臺北，學生書局，民國 76 年。

39. 黃仁宇，《萬曆十五年》，臺北，食貨出版社，民國 77 年。

40. 黃仁宇，《放寬歷史的視界》，臺北，允晨文化公司，民國 77 年。

41. 盛朗西，《中國書院制度》，民國 23 年出版。

42. 葉啓政，《社會、文化和知識分子》，臺北，三民書局，民國 73 年。

43. 勞思光，《中國哲學史》，臺北，三民書局，民國 79 年。

44. 潘振泰，《湛若水與明代心學》，台灣師範大學歷史研究所碩士論文，民國 81 年。

45. 湯志敏，《明代嘉、隆、萬三朝的反王學議論》，文化大學史學研究所碩士論文，民國 80 年。

46. 傅衣凌，《明代江南市民經濟初探》，臺北，谷風出版社，民國 75 年。

47. 嵇文甫，《左派王學》，臺北，國文天地雜誌社，民國 79 年。

48. 嵇文甫，《晚明思想史論》，上海，商務印書館，民國 33 年。

49. 楊布生等，《中國書院與傳統文化》，湖南教育出版社，1992 年。

50. 楊聯陞，《國史探微》，臺北，聯經出版公司，民國 72 年。

51. 楊愼初等，《嶽麓書院史略》，長沙，嶽麓書社，1986 年。

52. 劉伯驥，《廣東書院制度》，中華叢書委員會，民國 67 年。

53. 劉岱總主編，《中國文化新論》，臺北，聯經出版公司，民國 71 年。

54. 錢穆，《國史大綱》，臺北，商務印書館，民國 74 年。

55. 錢穆，《中國近三百年學術史》，臺北，商務印書館，民國 79 年。

56. 錢穆，《中國學術通義》，臺北，學生書局，民國 77 年。

57. 錢穆，《朱子學提綱》，臺北，三民書局，民國 64 年。

58. 錢穆，《中國思想史論叢》（七），臺北，東大圖書公司，民國 75 年。

59. 錢穆，《宋明理學概述》，臺北，學生書局，民國 76 年。

60. 蕭公權，《中國政治思想史》，臺北，聯經出版公司，民國 71 年。

61. 謝國楨，《明清之際黨社運動考》，北京，人民出版社，1980 年。

62. 謝國楨，《明末清初的學風》，臺北，翻印本。

63. 嶽麓書院文化研究所，《嶽麓書院 1010 周年論文集》，湖南人民出版社，1986 年。

（二）論 文

1. 王家儉〈晚明的實學思潮〉，《漢學研究》，7 卷 2 期，民國 78 年 12 月。

2. 王家儉〈呂坤的憂患意識與經世思想〉，《師大歷史學報》，13 期，民國 73 年 6 月。

3. 王蘭蔭〈明代之鄉約與民眾教育〉，收在《明史研究論叢》二。

4. 甲凱〈明代的學風與士習〉，《中國歷史學會史學集刊》，7 期，民國 64 年。

5. 吳景賢〈安徽書院沿革考〉，《學風》，2 卷 8 期，民國 32 年。

6. 岑練英〈明太省之教育政策及其得失〉，《中國歷史學會史史學集刊》18 期。

7. 何佑森〈兩宋學風的地理分布〉，《新亞學報》1 卷 1 期，民國 44 年。

8. 何佑森〈元代書院之地理分布〉，《新亞學報》2 卷 1 期，民國 45 年。

9. 胡適〈書院制史略〉，《東方雜誌》，21 卷 3 期，民國 13 年 2 月。

10. 柳詒徵〈江蘇書院志初稿〉，《江蘇國學圖書館年刊》，第四年刊，民國 31 年。

11. 荒木見悟著、連清吉譯〈陽明學的心學特質〉，《中國文哲研究通訊》，2 卷 4 期。

12. 徐道鄰〈明太祖與中國專制政權〉《清華學報》新八卷一期。

13. 徐泓〈明代社會風氣的變遷〉，《第二屆國際漢學會議論文集》「明清近代史組」。

14. 梁甌第〈明代的書院制度〉，《現代史學》2 卷 4 期。

15. 張克偉〈王、湛二子之論交與學說趨歸〉，《漢學研究》，7 卷 2 期，民國 78 舞 12 月。

16. 張克偉〈王陽明門人弟子所建書院及講舍考錄〉，《孔孟月刊》，26 卷 10 期。

17. 張灝〈宋明以來儒家經世思想試釋〉，《近世中國經世思想研討會論文集》。

18. 陳東原〈廬山白鹿洞書院沿革考〉，《民鐸》，7 卷 1、2 期，民國 26 年 1、2 月。

19. 陳榮捷〈宋明理學中的「格物」思想〉，《史學評論》，5 期。

20. 陳道生〈中國書院制度新論〉，《國立師範大學教育研究所集刊》，1 期。

21. 曹松葉〈宋元明清書院概況〉，《中山大學語言歷史學研究所週刊》，第 10 卷，民國 29 年。

22. 程玉瑛〈王艮與泰州學派：良知的普及化〉,《師大歷史學報》十七期。

23. 劉翠溶〈明清時代南方地區的專業生產〉,刊《大陸雜誌》56 卷 3,4 期。

24. 錢穆〈五代時之書院〉,《責善半月刊》,2 卷 18 期。

25. 錢新祖著、林聰舜譯〈新儒家之闢佛〉,《鵝湖》104 期。

26. 顧頡剛〈明代文字獄禍考略〉,《東方雜誌》,32 卷 14 期。

五、英、日文論著

1. 何炳棣 *The Ladder of Success in Imperial China*,《明清社會史論》,臺北,宗青圖書公司,民國 67 年。

2. Charles O. Hucker ed. *Chinese Government in Ming Times*, Columbia niversity Press, 1969.

3. WM. Theodore e Bary ed. *Self and Society in Ming Thought*, Columbia University Press, 1970.

4. 李弘祺 Chu His, Academies and the Tradition of Private Chiang-hsuie,《漢學研究》,2 卷 1 期。

5. Goodrich fang ed. *Dictionary of Ming Biography*《明代名人傳》, Columbia university Press 1976.

6. 大久保英子,《明清時代書院の研究》,東京圖書刊行會,昭和 51 年。

7. 林友春〈中國における書院の推移〉

8. 岡田武彥〈王陽明の教學精神〉

以上二文皆在多賀秋五郎編,《近世東アジア教育史研究》,東京學術書出版會,昭和 45 年。